U0934919

珞珈问道文丛

近代新闻史论稿

Studies of Modern Jouralism History

周光明 著

社会科学文献出版社
SOCIAL SCIENCES ACADEMIC PRESS (CHINA)

总　序

呈现在读者诸君面前的这套丛书，是一群常年耕耘于珞珈山的同仁奉献的心得之作。这些性情各异、风格有别、思想多元的君子从未想过建构什么学派，而是一任自己的思想与现实问题共舞，就像珞珈山上空自由飞翔的小鸟。他们看上去各有各的玩物之心，玩山玩水玩媒介，可在内心深处都隐藏着“志于道”的情怀，试图在珞珈山寻求安身立命之所。于是，这些心得之作便有了一个内在的主题：珞珈问道。

珞珈山并非什么名山，亦非挺拔、奇绝的高山，所依之东湖也没有什么响亮的名头，留在古代诗人吟唱中的，也就剩下“只说西湖在帝都，武昌新又说东湖”的普通诗句。在一般人眼里，东湖美则美矣，只是相较于西湖“文胜质”的冶艳，便只能称其为“质胜文”的粗犷了。居于此地的人大概看上了一种山水相依的静美，陶醉于“山得水而活，得木而华，得烟云而秀媚”的物外桃园之境。此山原名罗家山，又称落驾山，听上去有些落俗，隐含一点小家子气，外加一点迷恋权贵的味道。让人称奇的是，在首批来此任教的28名教授中，深通佛心的闻一多先生不仅看山似一尊佛像，还把这落俗之名听成了“珞珈”的谐音，遂将此山改名为珞珈山。珞珈之名源自梵文“Potalaka”，译为“普陀洛迦、补怛罗迦、布怛落伽”，乃佛教“观自在菩萨往来其间”的道场。当时的师生特别认同新山名，仿佛通过它赋予的想象，看到了入世与出世、此岸与彼岸之间的通道。从此，珞珈山收敛起粗俗之气，融自然美与人文美于一体，而变得文质彬彬了。

以学术为业的人们在这里与三教九流比邻而居，谈笑有鸿儒，往来亦有白丁，接地气之风不期而养成。身居陋室，心游八仞，“无丝竹之乱耳，无案牍之劳形”，专注于理性的世界，如切如磋，如琢如磨，遂成问道之传统。薪火相传之际，文、法、理、工、农、医的学科架构铺展开来，蔚为大观，“问道”渐成珞珈人的存在之道：面向万事万物的真道或本源，探寻它的虚静无为而又复杂多变的特征，同时追寻形而上的终极价值，成就自强、弘毅、求是、拓新的人生。问道者身处波光粼粼、小山相连的山水校园，偏偏喜吟“荡荡东湖，巍巍珞珈”，看上去有些夸张，实际上潜意识里内涵一种精神自由舒展的自我期许。珞珈山水校园表现的就是这种精神的舒展：校园建筑是中西合璧的，映衬着融汇中西的学术志趣；校内绿荫如盖（植物达到 151 科 738 种），春桃秋桂，夏榴冬梅，更兼有百鸟吟歌（鸟类亦有 28 科 118 种之多），标示着多元并包的学术风格。

此山此水，仁智合一，乐山乐水者皆可寻得归宿。登高望远，明理致知，可谓山水相依藏真情，鸟语花香皆禅意。

谢天谢地，我们有缘聚集在这块修身养性的宝地，让一切烦恼与困苦消解于珞珈问道的过程之中，让我们的新闻传播研究涵泳于多学科的思想海洋。

1983 年，正值中国新闻改革如火如荼之时，新闻传播人才的短缺、老化与非专业化、非国际化等问题凸显，武汉大学应时之需，毅然开拓新闻传播教育领域。学校把我们从文学、哲学、史学、经济学、外国文学等多领域调配过来，加上少量从外面引进的新闻传播学者，组成了一支新闻传播教育的“杂牌军”。最初，我们这支队伍的杂色与不入流是如此明显，以致并不被人看好，我们也一度陷入迷茫。好在我们可以冷静下来，寻找突破口，发现重新起步的中国新闻传播学的发展并不充分，不仅理性能力不足、超越性与创造性匮乏、视野狭窄、诠释力很弱，而且还感染上“抽象与僵化”的痼疾。所谓抽象只不过是对狭小经验范围内的事情做貌似科学的定义，所谓僵化则是把学术话语简化为意识形态话语。审时度势，我们意识到，只有突破这种局面，新闻传播学科才可以自立，研究者才有出路。幸运的是，学科交叉的优势发挥了作用：我们可以通过马克思主义意识形态学说批判新闻传播领域的异化现象，重新思考新闻传播的基本原理；可以运用“历史向世界历史转变”的整体史观重新建构新闻传播史；可以透过现代化理论重新诠释新闻专业主义和新闻实践；可以导入结构主义理论、接受美学、社会心理学、批评性话语分析理论，拓展新闻思维的空间，可以借助比较文化学、比较政治学、比较哲学、比较经济学等视野，开创中西新闻比较研究。随着学术的积累，大文化视野中的新闻传播研究便成了同业诸君所认同的一个特点。直到今天，我们都保持着在开放的视野中开展新闻传播研究的习惯，以抵抗思想的衰败与老化。

当然，只停留于书斋的抵抗是无力的，还必须把目光投射到现实，以问题意识突破新闻传播研究的樊篱。我们的问题大致可以概括为三类：第一类是“新闻为何存在，新闻如何存在”，它综合了行为主义和人文主义的问题，以此对抗教条化的研究；第二类是“传播为什么不自由，传播如何自由”，它充分吸纳马克思主义和西方马克思主义的问题，以此解构功利主义研究的单向性；第三类是“传媒产业与文化产业如何表现创造性”，它以创造思维为导向，面向创意的世界，消解概念化、模式化的研究。问题总是具体化为现实的难题、疑问与话题，它使我们更深地介入到中国传媒的发展过程，让媒介发展的理性贯通于中国社会文化发展和全球化发展的现实，追求新闻传播学科的理论创新与方法创新。我们顺着这些问题不停地问，不停地想，积累成三大特色领域：新闻传媒发展与新闻传播理论创新、媒介化社会与跨文化传播以及广告与媒介经营管理。收录在这套文丛里的大致可以呈现我们在探索中留下的这些痕迹。

珞珈问道三十年，所留下的终究是一个梦，既有庄周梦蝶的欣喜与洒脱，也有蝶梦庄周的失落与羁绊，到头来得到印证的还是夫子所言："学然后知不足，教然后知困。"因此，我们为自己留下这些习作，作为下一个三十年自反与自强的依据。

珞珈山上痴蝴蝶，犹梦大道翩翩飞。我们是一群钟情于珞珈山的君子，尽管春天让我们伤感过，夏天让我们难受过，秋天让我们失望过，冬天让我们迷茫过，可我们还是选择了这块诗性、理性、佛性的栖居之地。这是说也说不清楚的情感和缘分，读者诸君只有在每位作者的书稿中慢慢体会了。

是为序。

单　波

甲午春于珞珈山

自　序

大约二十年前，我开始系统地学习中国新闻史。说是系统地学习，其实以自学为主。首先当然要全面地了解新闻史的知识。二十年前，通史类的著作尚不多见，我现在还记得当时阅读曾虚白主编的《中国新闻史》的情形，方汉奇先生主编的《中国新闻事业通史》三卷本是稍晚之后才陆续出版的。

相比较而言，我对近代新闻史的兴趣要大一些。事实上，我对大转型时代的中国具有广泛的兴趣，并不仅局限于新闻史。中国历史经历了若干次的转型，比如周秦之际，比如唐宋之际等。所谓大转型时代指的是晚清以来的现代化进程，是中国由传统社会向现代社会的全方位转型。这一进程迄今尚未终结，也许还将持续好几十年的时间。

因此，我很容易接受“长时段”的概念。年鉴学派对我的影响并不只是提供了这个概念。弄清楚某个事物的变化轨迹，总需要一个用以观察（或便于观察）的时段。总是要在一个较长的时间里，事物才能完整地呈现其生住异灭的全过程。以 30 年还是 60 年，以一个世纪还是三个世纪为单位，去观察某一特定对象，所得出的关于客观事物的认知肯定不一样。某种意义上讲，框架的确决定印象。从 30 年到 300 年，由近及远，那个特定的点就会逐渐变小，变成某条线上和某个面上的一个模糊的点，也许它本来就是那样模糊。

历史并不简单地等于过去。太史公著《史记》，欲“通古今之变”，就没把史书当成一般的述古之作。历史可能就是过去与现在之间的一种特殊关系。所以，我更愿意把历史看作是一个动态的过程，或者把它看作是过去、现在和未来三者之和，是由一个不太清楚的起点，经过当下——我们可以感觉到的“瞬间现实”，朝着不可确知的未来无限敞开的一个过程。

历史研究可分为“是什么”和“为什么”。首先是解决“是什么”的问题，这就需要对相关史料进行收集与考辨。但历史研究又不等于史料学，前面的工作做好了，那也只是整个研究计划进行到了一半，若某些研究者视其为完成之作，那不过是暂时实现了他们的文献学或档案学的目标。还需要接着解释它“为什么”是这样而不是另外的样子。解释的工作就是给史料赋予某种意义，使历史变成一种可以理喻的东西。但解释系统却是很容易出错的。

一些学者可能较为擅长做“是什么”的工作，而另一些学者可能较为擅长做“为什么”的工作，这其实是依其才华与兴趣所做的学术分工，本质上讲并不存在此优彼劣。谁都知道，最理想的是能够将两者结合起来，但那又谈何容易！改革开放以来，新闻史研究成果不可谓不多，但述论结合、形神兼备的杰作名篇毕竟还是太少了，此中的甘苦我也略知一二。

新闻媒体或新闻业是既有体系的构成部分，也是新社会体系的一种重要的缔造力量。在近现代转型期，新闻史具有更多一些文化史、社会史的内涵。此时，通史让位于断代史和专题史或专门史，实际上，通史原本就是由若干断代史和专门史构成的。熊月之的《晚清社会与西学东渐》、卓南生的《中国近代报业成立史》和赖光临《中国近代报人与报业》这三本著作，我曾读过好几遍，并作了一小本的学术笔记。

学习是为了研究，研究为了更好地学习。一旦着手初步的研究工作，就得去发现问题。说到底，是问题启动了某项研究。有学者称，学问，学问，就是学习提问。这个说法很有道理。从第一份近代中文报刊《察世俗每月统记传》的出版到1949年，经历了晚清与民国两个重要的历史时期，其中问题多多。一部134年的新闻传播史，就是一部新闻传播事业问题史。

本书收录了我近二十年来对近代新闻史研究的二十篇论文，绝大多数已经发表。本次结集出版时，对原稿重新作了校对，并对引文进行核实，正文的少数内容有若干增改。

本书将论文分为三篇：上篇“报人与报史”，中篇“中日近代新闻交流”，下篇“新闻学概念或术语”。后两组论文多属于“中日新闻交流史”（教育部人文社会科学规划基金项目）和“近代术语生成演变与中西文化互动研究”（教育部哲学社会科学研究重大课题攻关项目）。

是为序。

2014年5月于珞珈山

目　　录

上篇　报人与报史

中篇　中日近代新闻交流

下篇　新闻学概念或术语

上篇　报人与报史

《循环日报》之“循环”议*

一

创办于1874年2月的《循环日报》，是中国近代第一张政论报纸，在新闻史上占有相当重要的地位，自不待言。然而，主持人王韬所起的这个报名未免有些古怪①，让后世学者猜测不已。现略举几种如下。

（1）“循环云者，意谓革命虽败，而藉是报以传播其种子，可以循环不已。”②

（2）“所谓循环是指太平天国革命虽败，但可藉该报传播其种

---

* 此文发表于《新闻学探索录》（二），吴高福主编，武汉大学出版社，1995。

① 王韬似乎没有正面解释过报名，创刊号所载《本馆日报略论》没有提及，又《本局日报通启》仅称“是报之行，专为裨益华人而设。周年酌取阅费五大圆，稍以襄助纸墨之需，其命名则曰循环日报”。转引夏良才《王韬的近代舆论意识和〈循环日报〉的创办》，《历史研究》1992年第2期。

② 戈公振：《中国报学史》，台湾学生书局，1982，第153页。

子，循环不已的意思。"①

（3）"王韬以'循环'名报，当然有'循环不已'的意思。但是他所期待的那个'终而复始'、'若循连环而无穷'的东西，绝不是'革命'，而只是他心目中的亘古不变的'三王之道'，和他所尊崇的正在东渐之中的西方资产阶级的学术政治思想。"②

（4）"王氏所办报纸的命名，含寓着自强的深意。"③

（5）"《循环日报》的'循环'二字，并没有寓意什么太平天国必将再现的思想。天道循环，人事变迁，周而复始，反本归初。这种观点是王韬对自己报纸命名的初衷。因为他认为'循环'才是世上万事万物发展变化的根本规律。"④

（6）"王韬的循环论，实际上是一种隐晦的变法论；他创办的《循环日报》，在某种意义上来说可命名为《变法自强报》。"⑤

以上所列 6 种，大致代表了海内外学者对《循环日报》报名的看法。戈公振先生过于看重王韬上书太平天国一事，从而误解了王韬以"循环"一词名报的意思；曾虚白主编的《中国新闻史》承前说，一误又误。后 4 种看法摆脱了戈先生的结论，大抵接近了王韬的原意，只是语焉不详。其中，方汉奇先生将"三王之道"与西方学术政治思想并列，认为它们正是王韬以"循环"名报的"期待"，其实这两者在王韬思想中是不能相容的。新近出版的《王韬评传》中的说法可算是比较全面的了，但仍有遗漏。⑥

王韬《循环日报》中的"循环"一词，笔者认为包含着三个方面的意思：其一，"循环"是宇宙间一切现象发展变化的普遍规

---

① 曾虚白主编《中国新闻史》，台湾三民书局，1984，第 196 页。
② 方汉奇：《中国近代报刊史》，山西教育出版社，1991，第 69 页。
③ 赖光临：《中国新闻传播史》，台湾三民书局，1983，第 61 页。
④ 胡太春：《中国近代新闻思想史》，山西教育出版社，1994，第 41 页。
⑤ 夏良才：《王韬的近代舆论意识和〈循环日报〉的创办》，《历史研究》1992 年第 2 期。
⑥ 张海林：《王韬评传》，南京大学出版社，1993，第 138～154 页。

律；其二，“循环”是一种历史运行的模式；其三，“循环”是世界大势所趋，而中国则代表人类的未来。这三个方面的意思其核心是“变法自强”。以下分述之。

二

王韬的循环观来自于《易经》。在我国古代典籍中，《易经》是“长于变”的，所谓“易以道化”①，举凡天地阴阳四时五行，无一不居于变动之中，且既分立又相统一，其中有“否极泰来”“物极必反”“盛衰相继”“治乱相循”等循环概念。《易经》既然是“中国人文文化的基础”②，作为晚清知识分子的王韬自不免要受到影响。

在谈到如何治理内忧外患之世时，王韬说：“请以民心卜之。民心静，则天心厌乱；大劫之后，归于平淡，兵气自此而消。所以历古以来，一治一乱，迭为终始也。”③ 在《普法战纪前序》中，他分析了普胜法败的原因，写道：“善觇国运者毋以胜为吉，毋以败为凶，盛即衰之始，弱即强之渐。”④ 其他还有“综地球诸国观之，虽有今昔盛衰大小之不同，而循环之理，若合符节”⑤，“天时人事，倚伏相乘，道不极则不变，物不极则不反，否极则泰至”⑥等。这些“循环”词义在王韬著述中比比皆是，可以说，循环论贯穿了王韬的全部思想。

在王韬看来，循环之理天时人事皆莫不同，但他着眼点放在人

---

① 司马迁：《史记·太史公自序》，中华书局，1982，第 3297 页。

② 南怀瑾、徐芹庭译注《白话易经》，岳麓书社，1988，第 1 页。

③ 方行、汤志钧整理《王韬日记》，中华书局，1987，第 181 页。

④ 王韬：《弢园文录外编》，中华书局，1959，第 231 页。

⑤ 王韬：《弢园文录外编》，《地球图跋》，中华书局，1959，第 279 页。

⑥ 王韬：《弢园文录外编》，《杞忧生易言跋》，中华书局，1959，第 322 页。

事上。他说："国家之兴，虽曰天命，岂非人事哉！"[①] 又说："盖天道变于上，则人事不得不变于下。易曰：穷则变，变则通。此君子所以自强不息也。"[②] 这样，他就把循环论的重心由天转移到人，由"天之变"转移到"人之变"上。这一点是王韬循环观的一个关键。

天道既"与时消息"，人事就该"与时变通"，这样才能因时制宜，因势利导，转危为安，立于不败之地。而当今之世，中国面临着怎样的情形呢？对此，王韬的见解非常敏锐，他称之为："三千年未有之创局"[③]，在另一处他甚至说是"四千年未有之创局"[④]，总之，是"极其变也"。西方列强以炮舰为前驱，叩关互市，纷至沓来，这与汉之匈奴，宋之辽、金、元大为不同，其不在于一时的劫掠，而是与"地球相始终"的通商夺利[⑤]；其势不仅事关一王一朝的兴废，而且"中国三千年以来所守之典章法度，至此而几将播荡澌灭"[⑥]，俨然关系着整个中国文化的存亡。以中西形势而论，我之刀矛与彼之枪炮相比，强弱之形立现；以彼之进与我之退相比，盛衰之势判然。彼之所有，在我则全无。而我之所长呢？"无他，曰因循也，苟且也，蒙蔽也，粉饰也，贪图也，虚骄也。"一言以蔽之，中国今日所处的局面乃是"穷局""危局""极变之局"。依《易经》或依循环论，今日变法既为理之固然，又为势之不得不然，不仅要变，而且要"大变"[⑦]。处于如此险峻的局面而不思振作，"不变法以自强"，王韬认为此非但于理不明，"岂尚有

---

① 王韬：《弢园文录外编》，《普法战纪代序》，中华书局，1959，第 236 页。

② 王韬：《弢园文录外编》，《答强弱论》，中华书局，1959，第 200 页。

③ 王韬：《弢园文录外编》，中华书局，1959，第 322 页。

④ 王韬：《弢园文录外编》，《变法下》，中华书局，1959，第 40 页。

⑤ 王韬：《弢园文录外编》，《睦邻》，中华书局，1959，第 28 ~ 29 页。

⑥ 王韬：《弢园文录外编》，《变法中》，中华书局，1959，第 14 页。

⑦ 王韬：《弢园文录外编》，《答强弱论》，中华书局，1959，第 202 页。

人心血气哉!”[①]

为了进一步说明变之必然，他还从中国历史中寻找支持。他既驳斥了西方人士认为中国“五千年来未之或变”[②] 的看法，又批评了抱守“圣人之道”不作变通的态度，他认为，圣人之道“贵乎因时制宜”[③]，而孔子正是这方面的典范，“孔子圣之时者也，于四代之制，斟酌损益，各得其宜，曰：行夏之时，乘殷之辂，服周之冕，乐则韶舞。试使孔子生于今日，其于西国舟车枪炮机器之制，亦必有所焉”[④]。

三

在王韬的循环观中，除了把“循环”当作万事万物之公理外，还隐然有一种历史运作的模式在其中。如果说前者归结为中西强弱对比上，那么后者则侧重于古今兴盛变迁上，虽然都不出一个“变”字，但一为“借法自强”，一为“承敝易变”。这种历史运作的模式就是“三王之道若循环”。

《易经》中的“变”，“并非乱变”[⑤]。王韬在考察中国历史之变迁时，发现了历史变迁的阶段性。“巢、燧、羲、轩，开辟草昧，则为创制之天下；唐、虞继统，号曰中天，则为文明之天下；三代以来，至秦而一变；汉、唐以来，至今日而又一变。”[⑥] 王韬把中国历史划分为五个阶段，晚清被纳入秦以后的拥有 2000 年历史的第五阶段。继而，他看到中国历史的阶段性呈现出循环运动的

① 王韬：《弢园文录外编》，《杞忧生易言跋》，中华书局，1959，第 322 页。
② 王韬：《弢园文录外编》，《变法下》，中华书局，1959，第 10 ~ 11 页。
③ 王韬：《弢园文录外编》，《变法下》，中华书局，1959，第 14 页。
④ 王韬：《弢园文录外编》，《杞忧生易言跋》，中华书局，1959，第 323 页。
⑤ 南怀瑾、徐芹庭译注《白话易经》，岳麓书社，1988，第 2 页。
⑥ 王韬：《弢园文录外编》，《变法上》，中华书局，1959，第 10 ~ 11 页。

模式，他写道，三代之治不相因袭，“如夏尚忠，商尚质，周尚文”[1]。这个模式司马迁曾在《史记》中描述过。“太史公曰：夏之政忠。忠之敝，小人以野，故殷人承之以敬。敬之敝，小人以鬼，故周人承之以文。文之敝，小人以僿，故救僿莫若以忠。三王之道若循环，终而复始。周秦之间，可谓文敝矣。秦政不改，反酷刑法，岂不缪乎？故汉兴，承敝易变，使人不倦，得天统矣。”[2] 这个模式可简化为：夏（忠—野）→殷（敬—鬼）→周（文—僿）→汉（忠—野）。其兴为忠、敬、文，其衰是野、鬼、僿。司马迁讨论古今之变其中心就是“承敝易变”[3]。王韬继承了这种历史观，他概括为“质胜则饰之以文，繁极则御之以简”。所谓“饰”、“御”，就是司马迁所说的“救”，即质有敝可用文救，繁有敝可用简救。王韬认为，“自汉至今，凡二千余年，人情之诈伪极矣，风俗之浇漓至矣。律例繁多，刑狱琐碎；文法之密，逾于罗网；辞牍之多，繁于沙砾。动援成法，辄引旧章，令人几无措手足”[4]。有感于此，王韬提出了“尚简”的主张，比如，在律例（法律）方面，应效法汉高祖入关约法三章的简洁[5]；在取士方面，也应“略如汉家取士之法”，废时文而崇尚“实学”。如此便可救文、繁之敝，而达于质、简，“返朴归醇”。

在王韬看来，“三代下之国家”多承“周末文胜”之敝，岌岌可危，而今日中国社会面临的内部体制问题同汉代立国之初差不多，因而，他主张“以简治天下”，通过一系列的改革，最终“臻于汉代文、景之隆”[6]。在这些改革中，他区别了洋务与时务，指

① 王韬：《弢园文录外编》，《尚简》，中华书局，1959，第 47 页。
② 司马迁：《史记·高祖本纪》，中华书局，1982，第 393～394 页。
③ 汪荣祖：《史传通说》，中华书局，1992，第 88 页。
④ 王韬：《弢园文录外编》，《尚简》，中华书局，1959，第 47～48 页。
⑤ 王韬：《弢园文录外编》，《变法中》，中华书局，1959，第 15 页。
⑥ 王韬：《弢园文录外编》，《原士》，中华书局，1959，第 8～10 页。

出了变法中的轻重缓急。“取士之法”、“练兵之法”、“学校之虚文”、“律例之繁文”，这四方面“宜亟变”，“四者既变，然后以西法参乎其间。而其最要者，移风易俗之权操之自上，而与民渐渍于无形，转移于不觉。盖其变也，由本以及末，由内以及外，由大以及小，而非徒乎西法也”①。这样，我们可以看到，由于他的循环观中包含着“承敝易变”，所以在他所主张的变法措施中，虽然从技艺上学习西方与从体制上取法三代是可以并行的，但后者却是根本。②

四

王韬的循环观还表达了一种对于世界未来的看法，他相信世界将走向大同，因为整个人类的发展正经历着由同到异再到同（即大同）的过程，正经历着由中国到世界再到中国（复兴的中国）的过程。

“天下之道，其始也由同而异，其终也由异而同。”循环论这个方面的含义包含在一与多的关系中。王韬认为，“天下之道，一而已矣”③，这里的“一”表明存在着一个最高真理，它就是“人道”，是“儒道”。儒道是人伦之始，也是人伦之至。凡有人类活动，便得遵从此道。“一”又表明人类文化的同源性。王韬说：“中国天下之宗邦也，不独为文字之祖，即礼乐制度天算器艺，无不由中国而流传及外。”接着他便论证中国不仅开化最早，文化成就最高，而且外国的文物技艺如果不是学中国的，就是像中国的。

---

① 王韬：《弢园文录外编》，《变法中》，中华书局，1959，第14～15页。

② “西学西法非不可用，但当与我相辅而行之可已……故治民本也，效西法其末也。”王韬：《弢园文录外编》，《上当路论时务书》，中华书局，1959，第297页。

③ 王韬：《弢园文录外编》，《原道》，中华书局，1959，第1页。

他断定，在“西学东渐”之前，存在着一个“由东至西渐”的过程。于是，他得出“中国为西土文教之先声”① 的结论。

可是，他仍不得不正视近代中国的困境。他在惊叹西方技巧的精良优异的同时，反省了中国的落后。当然，首先是人心不古。至于技术方面，他解释说：“器物之精，中国已先西人而为之。惟异巧绝能，世不经见，人死而复失传，世之人又不肯悉心讲求，畏难自域，俾器与人同亡，殊可惜已！”② 不过，也许正因为落后，倒使中国知识分子获得了一种新的“天下观”：如今的天下，中国不是位于世界的中心，而仅在“东南”一角；全球已连成一体。在这个新世界里，分布着许许多多的国家，既有自得其乐不知“圣教”的，也有自称高明前来“传道”的。重要的是，在欧洲诸国面前，中国显然衰弱了，因此，他大声疾呼“变法自强”，礼既失则求诸野，向西方学习，“师其所能，夺其所恃”③，从而使中国在这个纷乱的世界站稳脚跟。然而，这并非最终目的。

中国所需要改变的是技术的落后，是形而下的，而“道”是万万不能改变的。因为，中国政教之道放之四海而皆准，世界上所存各教莫能出其范围，就是“泰西所传天道”（指耶稣、天主教），也“必归本于人”④。英国政治虽美，但绝没有超出“三代之治”⑤。王韬确信，中国是人类道德的故乡，正如孔子在春秋之时对于鲁国的期待那样，鲁国虽弱，但周礼尽藏于鲁，所以鲁可以新周，那么，“孔子之道”必将帮助中国重现辉煌，且自身也将因此发扬光大。王韬乐观地指出，如今的这种几千年未有的局面，正包

① 王韬：《弢园文录外编》，《原学》，中华书局，1959，第2～3页。

② 王韬：《瀛壖杂志·瓮牖余谈》，岳麓书社，1988，第200页。

③ 王韬：《弢园文录外编》，《答强弱论》，中华书局，1959，第202页。

④ 王韬：《漫游随录·扶桑游记》，湖南人民出版社，1982，第99～100页。

⑤ 王韬：《弢园文录外编》，《纪英国政治》，中华书局，1959，第109页。

孕着一个伟大的契机：“天之聚数十西国于中国，非欲弱中国，正欲强中国；非欲祸中国，正欲福中国。”[①] 这是个新的战国时代，中国仍然是时代的核心[②]，那些已经发达并且盛气凌人的列强，它们将会因强而衰，而中国则会因弱而强，这乃是历史的必然。王韬预计“中国不及百年，必且尽用泰西之法而驾乎上”[③]。到那时，“无事则礼乐雍容，有事则甲兵奋武，鹰扬八荒，虎视六合，方且轶汉超唐，驰乎域外。呜呼！谓不足见大一统之盛哉！”[④]

五

王韬以“循环”名报，显然是受到了古老循环变易观的影响，然而循环论并非仅为他所偏爱[⑤]。在严复引入进化论之前，循环论作为早期变法的哲学依据，既是最方便的，也是最自然不过的。

但是，循环论有其自身的困难，王韬也不免为此发愁。一次，有人诘问王韬，既然“强为弱之渐”，那何以还要讲究“富强之术”呢？这本是循环论的逻辑困难，不过王韬绕过了它，他只是回答说：“亦视其时其地而已。自强之道，有为守御计者，有为征伐计者，有为侵并计者，非一端也。当先审力之足以胜人，万全而无害，然后可以发难，否则宁先为自固计。故与其本弱而示之以强，不如内强而示之以弱，此善于谋国者也。”[⑥]

可见，王韬在强弱循环观中，因为着眼于“弱”，故而大谈特谈“弱为强之机”，这可警示国人，又可用来激励国人奋发图强。

---

① 王韬：《弢园文录外编》，《答强弱论》，中华书局，1959，第201页。
② 王韬：《弢园文录外编》，《遣使亲俄》，中华书局，1959，第117页。
③ 王韬：《弢园文录外编》，《变法上》，中华书局，1959，第11页。
④ 王韬：《弢园文录外编》，《除弊》，中华书局，1959，第44页。
⑤ 参见李泽厚《中国近代思想史论》，人民出版社，1986，第64页。
⑥ 王韬：《弢园文录外编》，《强弱论》，中华书局，1959，第204页。

至于国家强盛之后又该如何，那是很久以后的事，故不便深究了。这的确是一种有利于变法、倾向于中国的辩证法。与此相关，王韬对“强”的一方的推论与断言就难免有些不充分了。

王韬虽然强调“人事”，强调“人之变”，但左右循环运动的是“天心”、“天命”。“天”虽然被描述为颇对中国（弱者）有些好感，但终究是不可捉摸的。循环论在给王韬一种乐观主义情绪之外，也给了他不少命运无常的感慨。

也许正是因为循环论的这些局限，后起的思想家们转而去寻找新的变革理论了。

中国近代报业的文化传播背景分析*

报刊的出版与发行，是一种文化传播活动。在我国漫长的古代历史中，有着丰富的新闻传播活动，不过，无论学者们如何慎重其事，也不能不承认中国古代的报刊活动确实没有产生过很大的影响，① 原因是它严重地受制于我国传统的文化结构。但是，这一格局在19世纪突然被打破，中国面临了“近代新闻媒介带来的西方文化传播的挑战”②，中国的新闻文化传播进入了一个全新的阶段。本文试从文化传播的角度谈谈对中国近代报刊活动（时间范围限定在20世纪之前）的一些理解，包括以下几个问题：一是传教士何以成为中国近代报刊活动的先驱者，他们的宣传方式是如何被决定的；二是中国社会对西方近代新闻媒介的接纳过程；三是前后两代报人之间的关系。这几个问题都是中国近代新闻史中的重要问题，笔者不惧浅陋，想以此文就教于大方之家。

一

众所周知，中国近代新闻史的第一页是由外国传教士写下的，

---

* 此文发表于《新闻与传播研究》1998年冬季号。

① “官报从政治上言之，固可收行政统一之效；但从文化上言之，可谓毫无影响，其最佳结果，亦不过视若掌故。”参见戈公振《中国报学史》，台湾学生书局，1982，第85页。虽如此，但广义上讲，政治也属于文化之一种。

② 刘智：《新闻文化论》，云南人民出版社，1989，第160页。

那么外国传教士与中国近代报刊之间到底是一种什么样的关系呢?按理，传教的方式有很多，传教士的使命与中国近代报刊实在并无必然关系。传教士就是传教士，他们是受欧美各国基督教会团体派遣前来中国传播基督教的。[①] 但是，19 世纪初，当两种截然异质的文化相遇时，作为西方文化输入的先导，传教士具有了多种角色。他们创立教堂，出版书刊，开办医院和学校，他们引进技术、知识和观念，这一切都是围绕着传布基督福音这一中心而展开的。就他们的工作而言，影响较大的不是教义反倒是所谓的西学，从这个意义上讲，19 世纪外国传教士出版书刊的活动可以看成是从明末开始的西学东渐过程的第二阶段。就近代报业而言，报刊是传教的形式，西学或实学是传教的内容。为便于说明，这里先对明末清初与 19 世纪初这两个时期的传教作一简单比较。[②]

时期	传播主体	传播媒介	传播对象与线路
明末清初	天主教耶稣会教士	著书	官员学者,由上而下
19 世纪初	基督教新教教士	著书兼重办报	平民,由下而上

传教士的传教方式看起来是自行决定的，其实含有被动的意味。在文化传播中，存在着互相选择的关系。影响选择的因素包括需要、方便、习惯和机缘等。这一种类的信息接收下来了而另一些则被拒绝，这一渠道开通了而另一些渠道弃之不用，这一部分人成为受众乃至活跃的受众而另一部分人则处于传播范围之外，此一过程中，齐普夫的“最省力的原理”起着决定性的作用。[③]

① 顾长声:《传教士与近代中国》，上海人民出版社，1991，第 450 页。

② 晚清来华传教士的传教及办报活动，既有新教的，也有天主教的。天主教在华办报活动始于 19 世纪 70 年代末，与此同时，新教也有一个由教而政的改变。此处因说明 19 世纪初期的情形，故省略之。

③ 〔美〕威尔伯·施拉姆、威廉·波特:《传播学概论》，陈亮、李启、周立方译，新华出版社，1984，第 59 页。

新旧教都重视文字工作。传教士发现中国人有两个很重要的习俗：其一，“崇尚阅读书籍”，这一点跟汉字的特性有密切关系。中国地广人多，方言无数，但文字却是统一的。其二，“极厌恶群众集会”，因为中国社会是宗法的而非社区的。至于说新教何以“兼重办报”[①]，原因很简单，当旧教入华时，近代化报刊在欧洲尚处于萌芽状态，200 年后，当新教前来时，欧洲的新闻传播事业有了长足的发展，从早期商业性报刊至政党报刊，到 19 世纪初逐渐进入大众化报纸的新阶段，而且在一些国家宗教报刊也有较长的历史[②]，于是报刊这一近代媒介也就顺手拈来。

“旧教由上行下”，“新教由下向上”[③]，这是就一般情形而言的。利玛窦到京城（南京、北京）之前，曾在广东地区滞留了好几年。旧教结交官员、学者，但也有平民（如胡二、安三之流）。旧教由上行下的传播线路可能与旧教相对浓厚的贵族色彩有关，此外，利玛窦等人来华时多少带有倾慕东方文化的心情[④]，当然会更多地结交官员学者，据统计有包括徐光启、梅文鼎等著名人士在内的一百多位。[⑤]

新教传播线路有所不同。马礼逊时期入教华人如梁发、屈昂、蔡高等人，确系平民。[⑥] 19 世纪末之前来华的传教士，受过西方高等教育者不多，马礼逊、米怜等人不比他们的前辈更睿智，更有学识（排除时代的因素），但由于欧洲的整体水平比中国先进，他们来中国做个老师还是够格的。不过，他们似乎更擅长启蒙与普及的工作。值得注意的是，新教由下向上的传播线路以及将平民确定为

① 参见赖光临《中国近代报人与报业》上册，台湾商务印书馆，1987，第 14 页。

② 方汉奇主编《中国新闻事业通史》第一卷，中国人民大学出版社，1992，第 252 页。

③ 戈公振：《中国报学史》，台湾学生书局，1982，第 142 页。

④ 樊洪业：《耶稣会士与中国科学》，中国人民大学出版社，1992，第 4 页。

⑤ 参见熊月之《西学东渐与晚清社会》，上海人民出版社，1994，第 77 页。

⑥ 参见麦沾恩《中华最早的布道者梁发》，《近代史资料》1979 年第 2 期。

主要传播对象，与近代报刊的出版之道颇有暗合之处。在雅俗关系中，他们选择了俗的发展方向。从他们早期报刊的创办策略上看，他们重视占大多数的“贫穷而作工者”[①]，提倡口语化，注重开启民智。归结为一点，那就是他们有着“强烈的读者观念”[②]。

无论新教旧教的传入都面对着一个中国国情的问题。文化传播的成功最先必须从求同开始，换句话说，来华的传教士必须先经历一个“先期中国化”阶段。

利玛窦等人习汉文，操华语，着儒服以及研究中国经典，即必须将其假定为本土文化中的一员来看待。实际上，中国文化给天主教的传入空出了两个位置：一是因为佛教传入而留出的“极乐世界”的位置，所以利玛窦因可以被视为“西僧”而找到立足之地；一是我国文化在东方世界的放射性优越感所留出的“来远人”的位置，于是利玛窦就有了一个“朝圣者”的身份。因此，被接纳并不十分困难。这还要归功于天主教传教士的苦心孤诣，他们改造自己的教义以使之与儒家学说协调起来，他们辅之以实学和“奇技淫巧”以取悦于中国的士大夫。尽管如此，明末清初的传教活动仍由于孔子竟然必须被视为与上帝并列乃至高于上帝的偶像这一过分中国化的结局而遭受重大挫折（传教士反而变成了受传对象）。

到了 19 世纪初，中国文化排斥外来文化的情形变本加厉。清朝虽许广州一口通商，但却增加了禁教一项。中国之门坚如磐石。这一次中国文化吸收机制中起关键作用的不再是自信而是虚假的自负。中国文化没有给西方人士留下什么位置，留下的反倒是上一次传教士离去时的不良印象。

1807 年来华的马礼逊也预习了中文，他做好了进入中国的一

---

① 《察世俗每月统记传》序。转见卓南生《中国近代报业发展史》，台湾正中书局，1998，第 257 页。

② 方汉奇主编《中国新闻事业通史》第一卷，中国人民大学出版社，1992，第 260 页。

切准备，但最终他还是发觉自己处境不妙。他在向伦敦方面作的汇报中写道："余等在中国之传教及印刷业，均受当局所限，即或个人居留尚属疑问，是以急需在中国邻近寻觅一属基督教之欧洲政府统治之地区，设立华人宣教总部。"[①] 于是，作为中国新闻史上第一份近代化中文报刊的《察世俗每月统记传》在远离大陆的马六甲诞生了，马礼逊、米怜也因此必须在南中国海待上一段时间，直到战争爆发。

战争总是协调失败的产物。问题是，这一次中西双方的对比发生了很大的变化。200 年前，西方在舰艇和武器上并没有绝对优于中国，当中国想要拒绝与西方的关系时，西方人没有力量来抵制这一举动。但是，两个世纪后，西方发生了工业革命，通商成为西方人的第二天性，真正意义上的世界史出现了。由于西方在技术上的优势显而易见，因此当西方前来叩关时，中国已没有多少讨价还价的余地。

一句话，由于技术力量对比悬殊，西方文化这一次要反客为主了。明末清初，中西文化的强势似乎在伯仲之间，两者的传播关系是平缓而表面的，如同两股水流之间不存有什么位差就不会有较大的势能一样。这一次，战争简化了文化输入的手续，传教士不需要再多作克制，而是趾高气扬地闯进中国。但也由于他们是借着硝烟而来的，其面目颇有些狰狞可怖。[②] 新的不平等取代了旧的不平等，战后传播主体与受传对象之间的心理距离反而变大了。[③]

19 世纪初的中西方化是一对强烈尖锐的矛盾，就像两股水流

① 马礼逊的"十条设想"之一，译文参见李志刚《早期基督教士由澳迁港之事业及贡献》，转引自熊月之《西学东渐与晚清社会》，上海人民出版社，1994，第 103 页。

② "文化侵略者"的谥号即为一例。

③ 早期宗教报刊多有对中国社会的一些风俗习惯的批评，这些批评后来渐渐引起了中国读者的反感，有的读者甚至认为传教士没有资格"改造他人"，因为西方蛮夷在仁义礼智信"五伦"中居然缺了四项。参见卓南生《中国近代报业发展史》，台湾正中书局，1998，第 51 ~ 52 页。

之间因为落差太大形成了瀑布一样，传播更多地采取了不容商量的灌输的方式。传播一方的强者形象显得特别突出。中国漫长的海岸线不再是阻隔外来文化输入的屏障，反而有助于形成包围的态势，变为一张用来射击自己的弓箭。传播路线与撞击路线大体一致，先是五口通商，至19世纪60年代增至17口，这样早期报刊出版的发行区域也因此确定下来了。

虽然战争使西方文化的输入获得了种种便利，但是传播自身有其一定的法则。教义不是必需品，一味地传讲基督教义肯定不行。创办《东西洋考每月统记传》的郭士立披露了自己的出版意图："就是要促使中国人认识我们的工艺、科学及基本信条，与其高傲和排外的观念相抗衡。此刊物将不谈政治，也不要在任何问题上以刺耳的语言触怒他们。我们有更高明的办法显示我们并非'蛮夷'。编者认为更佳之手法是通过事实的展示，从而说服中国人，让他们知道自己还有许多东西需要学习。"① 正如前述，传教士本不是来华讲学的，但事实上他们若不"以输入学术为接近社会之方法"②，那么传教的最终目的便不易实现。结果，西方的技术、知识和观念被证明比西方的基督教义更受欢迎，前者被统称为西学，其发达情形梁启超以26门作了概括。③ 这一现象符合汤因比所说的"文化辐射律"④，技术性的东西比宗教更具穿透力。宗教要求比较多的先决条件，它的全面传播是一个伤筋动骨的过程，而技术在文化变迁中往往处于第一顺序。从近代报业上看，传教士的早期报刊这一近代出版形式很快被接受了。

---

① 卓南生：《中国近代报业发展史》，台湾正中书局，1998，第59页。

② 戈公振：《中国报学史》，台湾学生书局，1982，第139页。

③ 参见梁启超《西学书目表序例》，《饮冰室合集》文集之一，中华书局，1994，第123页。

④ 〔英〕汤因比：《文明经受着考验》，沈辉等译，顾建光校，浙江人民出版社，1988，第272页。

二

一个报刊需要编者，也需要读者，这样传播才能进行。对于文化来说，有两种异质文化之间的传播，也有同一文化中主文化与亚文化之间的传播。

19 世纪初，中西文化传播（冲突与交流）的形势有这样两个特点：一是两种文化全面接触，西方人士面对的不光是某一地区，甚至不光是清王朝而是全部中国文化，同样，中国人士面对的也不只是某一职业、某一国度的西方人士而是全部西方文化；一是就总体而论，西方文化处于主动一方，而中国文化处于被动一方。作为中国文化来说，传播主要是一个反响与接纳的过程，是一个文化适应或称之为“涵化”的过程。①

《察世俗每月统记传》创刊 20 多年后，外报受到了中国方面的注意。在广东的地理位置上，林则徐面对不断升级的中英冲突，以现实主义的态度认识外来媒介，使我们能够看到现存 6 册的“澳门新闻纸”。他的编译班子里有梁发之子梁进德。译报虽属情报工作，并没有超出兵法上“知己知彼”的范围，但外报这一近代媒介毕竟进入了中国人士的视野。② 今天我们不能推测如果林则徐继续留在广州任所，关于报刊还能够给我们提供些什么。幸运的是，他的友人魏源继承了注重外报的思路。魏源“倡议译报最

---

① 〔美〕C. 恩伯、M. 恩伯：《文化的变异——现代文化人类学通论》，杜杉杉译，刘钦审校，辽宁人民出版社，1988，第 546 页。

② 林则徐将澳门“夷人刊印之新闻纸”视为“内地之塘报”，对这一点有的学者非常注意，其实在西方新闻媒介传入之初这种比附是很自然的事。参见黄旦《试论林则徐的新闻观——兼论中国近代新闻思想之源头》关于林则徐新闻观的研究，《新闻与传播研究》1998 年第 1 期。

力"[①]，他的名著《海国图志》就参照了大量西方书报，其中《东西洋考每月统记传》被征引多达26处。[②]

1857年，魏源去世，但中国中上层官员学者关注外报这一线索并未中断。在现存吴煦（时任松江府海防同知）的档案中可查到1858年的译报[③]，吴的译报工作肯定要稍早于这一时间。1868年，江南制造局设立翻译馆，曾国藩拥有了比林则徐好得多的翻译条件：专门的翻译机构和大批人才，其中时任江南制造局总办的冯焌光非常热心于翻译西洋书报，以至张之洞在《劝学篇》中将冯氏与魏源并提。[④]

19世纪50年代末，国人自主办报的问题也在酝酿之中。1859年，洪仁玕在《资政新编》中提出了建新闻馆，设新闻官，准卖新闻篇的想法。重要的是，这些想法不是本土文化相关理念自然演绎的产物，更不能归功于"农民起义"。洪在自传中说他因金田起事而"不能家居也"，其中大部分的时间避祸于香港，"在夷馆学习天文历数"，并"授教夷牧"，其间一度游历上海。[⑤] 因此，我们可以说他的新闻思想里充斥着他对异域文化的观感，甚至可以是墨海书馆新闻传播影响力的一种折射。[⑥]

有趣的是，与此同时，流亡香港前的王韬则不赞同他的友人关于仿效西人设立"新闻月报"的意见[⑦]，他的主要顾虑是"中外异治"。不过，在稍后的19世纪70年代，中国人自办的中文报纸终于崭露头角了。选择的地点是香港。作为西方文化传播前哨，香港

---

① 戈公振：《中国报学史》，台湾学生书局，1982，第127页。
② 熊月之：《西学东渐与晚清社会》，上海人民出版社，1994，第261页。
③ 马光仁主编《上海新闻史》，复旦大学出版社，1996，第72页。
④ 张之洞：《劝学篇》广译第五，中州古籍出版社，1998，第127页。
⑤ 罗尔纲编注《太平天国文选》，上海人民出版社，1956，第205页。
⑥ 马光仁主编《上海新闻史》，复旦大学出版社，1996，第35页。
⑦ 方行、汤志钧整理《王韬日记》，中华书局，1987，第112页。

确实具备了近代报刊中国化的各项有利条件。

战后，香港与上海逐渐取代了澳门与广州的地位，而香港与上海之间又同时上演着一场两种命运的生动竞赛；但本文在这里的重点是想描述一下作为母体的外报如何逐渐变异的过程，即如何不断中国化的过程。这一过程几乎同时以两条路线来展开：一是中文子报从英文母报中分离出来，一是华人由协办到主办或自办的过渡。

在这个西方近代新闻媒介不断中国化的过程中，有一个很重要的背景，那就是外报的不断深入。在这里，“深入”不光是指外报由海外到沿海到内地的推进，还包括传教士办报中由言教、言学到言政的变化，以及从传教士办报到商人办报的变化。就中国近代报业的形成而言，外国商人的办报活动作用似乎更为直接一些。

先看看香港地区。《孖剌报》（中国第一家英文日报）1857 年 10 月创刊，不到一个月即出中文版《香港船头货价纸》（周三刊），后者稍后改名为《香港中外新报》（1873 年成为中文日报），黄胜、伍廷芳参与其事。《德臣报》1845 年 2 月创刊，是香港报史上最著名的英文商业报纸之一，不过它迟至 16 年后才推出其中文专页《中外新闻七日报》，一年后后者改为《香港华字日报》，并脱离《德臣报》独立出版，陈蔼亭为第一任主笔。[①] 值得注意的是陈氏有一系列关于报纸出版的思想，表现了较高的华人办报的自觉。他的主张与实践对王韬成功地创办《循环日报》不无正面影响。

再看看上海地区。就早期情况而言，不用说，上海是落后于香港的，但 19 世纪 60 年代以后上海逐步赶上并超过了香港[②]，又由于上海的地理位置等因素，使上海在中国近代新闻史上处于其他地区无法企及的突出地位。不过，香港地区的一些重要演变在上海也

① 参见卓南生《中国近代报业发展史》第七章、第八章，台湾正中书局，1998。

② 方汉奇主编《中国新闻事业通史》第一卷，中国人民大学出版社，1992，第 305 ~ 306 页。

有过重现。1850年8月，《北华捷报》创刊了，这份由前来“开发上海”的拍卖商所办的只有薄薄4页的周刊，意义非同寻常，“它是与英国本土新闻纸及其海外新闻事业相衔接的”[①]。它还是一份重要的母报。在1861年底或1862年初，它利用墨海书馆的中文铅活字，筹办了上海最早的中文报纸《上海新报》。《上海新报》在创刊10年后引出了一个对手——美查的《申报》，并于当年年底因激烈竞争而停办。

上海地区近代新闻史给我们描绘了一幅由一家报馆逐渐发达成一个行业，由一枝独秀发展为两军对峙再到三家鼎立继而群雄并立的精彩画面。这其中点睛之笔为美查的《申报》。美查办《申报》有许多“创制”，但最值得一提的是他任用华人主持编务，这是《六合丛谈》开创的“秉笔华士”模式的继续，所不同的是，《申报》吸引了更多的中国籍知识人士。

中国知识人士的接纳与参与，以及美查将《申报》办报原则定位为“与华人阅看”，使《申报》彻底摆脱了洋人社会的小圈子而步入民间。连作为精明的商人美查自己无法意识到的《申报》的重要意义是，它在中国近代的转型时期迅速推进了西方新闻媒介的中国化。[②]

进入19世纪70年代后，国人自办报纸相继出现。1873年8月汉口出版的《昭文新报》被认为是最早的一种，不过若没有《申报》的两则消息我们对其几无所知。在国人自办报纸的历史中，上海依然处于突出位置，令人吃惊的是，1874年的《汇报》竟是因对《申报》不满而负气创办的。1876年11月，冯焌光以上海道台身份创办了《新报》，终使三十多年前林、魏的译报活动画上了一个句号。

---

① 马光仁主编《上海新闻史》，复旦大学出版社，1996，第11页。

② “《上海新报》仅完成了舶来新闻纸的‘中文化’，而《申报》问世，才达到‘中国化’的水平。”参见马光仁主编《上海新闻史》，复旦大学出版社，1996，第62页。

从《察世俗每月统记传》的创办到1870年代国人自办报纸的出现，时间过了半个世纪。

三

甲午战败以后，晚清社会掀起了一股国人办报高潮，涌现了一大批新型报人，他们与他们的前辈有哪些不同之处呢？为进一步说明中国近代报业的文化传播背景，下面将这两批报人作一简要对比。见下页简表。[①]

前期报人从正统的标准看，只能算作下层绅士。梁发被称为“正式服务报界之第一人”[②]，他11岁才入学，仅读了4年村塾，在“志于学”之年却辍了学，连童生都不是，以至于追念他的人也只能称其“不学无术”[③]。沈、王两人属下层绅士，容闳、伍廷芳、陈蔼亭包括黄胜，不入流品。总之，前期报人大致属秀才级。

前期报人社会地位偏低，还可以从许多报人事迹不显中看出。[④] 有的生卒年不详，如沈毓桂卒年不知，陈霭亭的生年不知，邝其照、艾小梅生卒年均不知，甚或有连人名都失载的，比如《述报》的创办人及编辑人，就连著名报人王韬也不能幸免（王的卒年曾有过争论）。

与社会地位偏低相关的就是“记者的地位”不被看重。梁启超曾检讨甲午之前报界“发达之迟缓无力”的原因，列举了四个方面，

① 以甲午为界分前后两期，后期下限至19世纪末。前后期各暂选取五人，以出生先后为序。“报刊”一栏指主办或协办之报刊，有多种者只取一种。

② 戈公振：《中国报学史》，台湾学生书局，1982，第91页。

③ 从行文中看，“不学无术”是学术平平的意思。参见麦沾恩《中华最早的布道者梁发》，《近代史资料》1979年第2期。

④ 彼时留学生（更不用说教会学生）不为国人所重。此处所列多人在他们一生中的中后期都成了有名的人物。此处只就其早期报人的身份而言。

人物		生卒年	籍贯	功名或学历	报刊
前期	沈毓桂	1807～?	江苏	附贡生	《万国公报》
	容　闳	1828～1912	广东	留美学生	《汇报》
	王　韬	1828～1897	江苏	秀　才	《循环日报》
	伍廷芳	1842～1922	广东	留英学生	《香港中外新报》
	陈蔼亭	?　～1905	广东	教会学校肄业	《华字日报》
后期	严　复	1854～1921	福建	留英学生	《国闻报》
	康有为	1858～1927	广东	进　士	《中外纪闻》
	汪康年	1860～1911	浙江	进　士	《中外日报》
	唐才常	1867～1900	湖南	拔贡生	《湘学新报》
	梁启超	1873～1929	广东	举　人	《时务报》

“由于主笔时事等员之位置，不为世所重，高才之辈莫肯俯就”，是其中之一。[①] 其实这个情况更像是互为因果的。当时的客观情况是，社会上的优秀分子大都醉心科举，不屑从事新闻事业，而一般人的心理又以为“报馆为朝报之变相，发行报纸为卖朝报之一类”，故而把主笔访员看成不名誉的职业。[②] 这就大大影响了早期报人的整体素质，虽其中不乏优秀分子，但毕竟鱼龙混杂，参差不齐。

后期报人上中下层绅士都有，但核心是中上层。后期报人中有很多进士出身的，除康、汪外，还有夏曾佑、黄遵宪、江标、王修植等。唐才常、谭嗣同，三湘才子，只因不屑举业，故而学历不高。总之，后期报人大致属举人进士级，诚如戈公振先生所谓“执笔者皆魁儒硕士”[③]。后期办报活动还得到政府高层的支持与响应，张之洞可作为一个代表。他对强学会和《时务报》的捐助是

① 梁启超：《饮冰室合集》文集之六，中华书局，1994，第53页。
② 戈公振：《中国报学史》，台湾学生书局，1982，第131～132页。
③ 戈公振：《中国报学史》，台湾学生书局，1982，第145页。

有案可查的，他在《劝学篇》中称后期报人为“志士文人”[①]，这与左宗棠对前期报人所作的“无赖文人”[②] 的讥评成一鲜明对比。

早期报人虽不至于像梁启超所说“于全国社会无纤毫之影响”，但影响不大却是事实。究其原因，其一是早期报人社会地位偏低，已如前述；其二是“由于风气不开，阅报人少，道路未通，传布为难”[③]；其三是报馆偏于一隅，主要在香港和上海。表中列出的王、伍、陈所办三种在香港，沈、容所办两种在上海。香港是英国殖民地，上海是两江总督治下的一个小县城。[④]

把前后期报人进行比较，有一个重要因素不应忽略。这个重要因素在前期报刊活动中可称为“个人兴趣为主”，在后期报刊活动中可称为“组织兴趣为主”。

“个人兴趣为主”表现之一是将报馆视为一个商业单位。“报馆好似一家洋行，华经理称为买办，主笔呼为师爷”[⑤]，这虽是指外人经营的申新两大报，国人自办报纸也有类似之处。《香港华字日报》是陈氏家族的产业，陈言出任外交官后，报馆交其子陈斗垣经营，陈斗垣去世后，报馆再由其堂弟陈止澜负责。就是王韬创办《循环日报》也有维持生计的考虑。[⑥] 报馆既作为一商业单位，主笔和访员就成了可以养家糊口间或大赚其钱的职业。“个人兴趣为主”表现之二就是文人的“求自见”，说得糟一点就是那帮落拓文人、疏狂学子借报纸“发抒其抑郁无聊之意思”[⑦]，说得好一点

---

① 张之洞：《劝学篇》阅报第六，台湾学生书局，1982，131 页。

② 转见戈公振《中国报学史》，台湾学生书局，1982，第 131 页。

③ 梁启超：《饮冰室合集》文集之六，中华书局，1994，第 52～53 页。

④ 上海的开埠时间是 1843 年 11 月 17 日。上海的崛起是中国社会近代转型期中的一个重大事件，但是从一个旧县城蜕变为全国的经济中心和文化中心，是经历了相当长的时间的。

⑤ 包天笑：《钏影楼回忆录》，香港大华出版社，1971，第 229 页。

⑥ 赖光临：《中国近代报人与报业》（上册），台湾商务印书馆，1987，第 117 页。

⑦ 戈公振：《中国报学史》，台湾学生书局，1982，第 132 页。

就是看重立言的价值，但这已经是退而求其次了。[①] 如王韬所谓“以著述自见，托之空言，传之后世，圣人有作，必验吾言”[②]。

后期办报活动以“组织兴趣为主”，具体表现为报刊的政治性和组织性强。梁启超批评前期报人“无思易天下之心，无自张其军之力”[③] 是有道理的。在这方面，后期报人明显强于前期报人。所谓“政治性强”就是说办报为政治服务，为变法和救亡图存服务。所谓“团体性强”就是指后期报刊多为学会机关报或维新派机关报。康、梁的基本思路是，要开风气就得合大群，要合群就得“开会”（指组织团体），要开会就得办报“先通其耳目”。[④] 在康、梁眼里，办报纸绝对不是作为一条谋生的出路，而是他们政治事业的一部分。报馆也不是他们的安身立命之所，而是他们组阁的跳板。康、梁真可谓中国政治家办报传统的开创者。

以上简单地比较了前后两个时期的报人，用意不专在找出他们的差异，还要寻找那个支配着他们的共同命运：他们同属于一种新的社会角色——近代报人，他们在文化传播中是一种递进的关系。

一个文化的变迁总要产生新的社会角色。19 世纪初发生的中西文化传播就给中国社会安排了许多这样的社会角色，其中有译员（如袁德辉）、买办（如郑观应）、外交官（如马建忠）、律师（如何启）、职业革命家（如孙中山）以及近代报人（如王韬）等。

近代报人当然同他们的那些古代的同行不一样，他们不是默默无闻的消息传递者。他们参与国事，议论时政。他们是知识分子，但却脱离了传统士阶层的归宿。他们中的许多人没有走上科举之

---

① 立言乃“三不朽”之一。“太上有立德，其次有立功，其次有立言，虽久不废，此之谓不朽。”语见《左传·襄公二十四年》。

② 王韬：《弢园尺牍》，《与邹梦南观察》，中华书局，1959，第 127 页。

③ 梁启超：《饮冰室合集》文集之六，中华书局，1994，第 53 页。

④ 参见《康有为自编年谱》，中华书局，1992。又见丁文江、赵丰田编《梁启超年谱长编》，上海人民出版社，1983，第 29～40 页。

路，许多人走上了又中途退了下来，也有许多人走完全程，并通过办报活动超越了仕途，证明了不做官也能干出一番事业，照样能够既闻又达。[①]

近代报人的出现，从一个侧面给我们描绘了中国知识界大分化的场景，他们不再或官或绅，为朝廷全部吸收。他们回流到民间，由于自己的新身份，无法对政府采取全然支持的态度。他们是中西文化传播的产物，但同时也作为中西文化传播的媒介，让中国与世界相互沟通。他们扩大和清理了政府与人民之间的渠道，但同时继续保持那种“威胁体制”的品格。[②]

前期报人对后期报人似乎没有什么直接的影响，虽然有汪康年欲与天南遁叟一较雄长的说法，但梁启超更推崇王韬的《普法战纪》。可是从近代报业的发展来看，前期报人的办报活动无疑是积蓄力量的过程。前期报人在新闻史的著作中被提及的大约只有50位左右，设定当时的中国知识人士总数为50万人[③]，其比例不过万分之一，仅为星星之火，但到了19世纪末却演成燎原之势，出现了国人办报的高潮。若从文化传播的角度看，这一过程又具有一种特殊意义，即从边缘到中心的递进。

早期报人对外情、西学的了解，一点也不比后期报人差，但他们大都是缺乏传统功名的“边际人”，他们的声音往往不易被听到。后期报人对中国国情及其严重性的感受，要比他们的前辈深刻得多，他们已不屑于做“中国宜亟图富强论”之类的表面文章，他们需要的是对中国进行全面而具体的改革的措施，但他们又大都

① 闻与达是儒家的成就观的一种表达。语见《论语·颜渊篇》。

② 大意是指，中国近代报业由于不能与中央政权有机结合，遂成为一种“基本游离于政权系统之外的异己势力”。参见李磊《传统与变革：中日两国近代传播事业起源及其影响的比较分析》，载《国际新闻界》1998年第3期。

③ 张仲礼：《中国绅士》，上海社会科学院出版社，1992，第98页。

属于士绅的精英分子，如果不是中国危机日渐加深，帝国的根基几乎不保，恐怕他们也不愿作狮子吼的。所谓从边缘到中心的递进，就是指从口岸到腹地到京师的递进，从下层绅士到中上层绅士的递进，从作为“边际人”的早期报人到作为“精英分子”的后期报人的递进。这一递进恰与中国的“半殖民地化”程度不断加深相吻合。

单从报业的发展来看，前后期报人好像分属两个传统，但是当作为士绅的精英分子开始运用新式报刊这一近代媒介时，对前期报人无疑是一种承认。总之，前期报人是“启动”，后期报人则使之“合法化”①。

① 〔美〕柯文：《在传统与现代性之间——王韬与晚清改革》，江苏人民出版社，1995，第2页。

梁启超受众观新论*

梁启超是近代启蒙思想的领军人物，一生著述丰厚，影响深远。他与报刊的结缘正是源于他的启蒙宣传活动。在中国近代新闻传播史上，梁启超卓有成就，赢得了“言论界骄子”的美誉，是一位卓越的传播大师。

一直以来，梁启超的新闻思想都是重要的学术话题，研究成果相当多，对其受众观近几年也有所涉及①，这些研究不再是对梁启超新闻思想的泛泛之论，其专题性研究的学术路径值得肯定，传播学研究方法的引入证明是有效的，但不可讳言，也存在一些值得商榷的地方。首先，已有的研究中存在一个共同的问题，就是把“国民”等同于受众。在阅读梁启超的基本文献时，我们发现，梁启超的传播活动有很强的针对性，并且在不同阶段面对的群体也不同，笼统地将国民与受众画等号，恐怕不妥当。其次，问题在于基本判断上的失误，如有学者在其论文的最后，得出梁启超的受众观是“受众中心论”的结论，这显然与梁启超的精英主义传播观不相符合。最后，我们可以看到，这几位研究者在收集梁启超研究的前期文献资料上是有缺陷的，大都局限在基本文献上，而对第二手资料收集少之又少，资料的不足也导致文章的论证稍欠力度。如果

---

* 此文发表于《新闻春秋》（第 12 辑），南京师范大学出版社，2010，合作者沈文慧。

① 主要有以下四篇论文：胡军华、刘海贵的《国民能被向导吗？——梁启超受众观论析》（《西南民族大学学报》2005 年第 12 期），路利云的《梁启超的精英受众观》（《社会科学论坛》2006 年第 1 期），陈世华的《梁启超的受众观研究》（《五邑大学学报》2007 年第 8 期）以及李明明的《浅析梁启超的受众观》（《魅力中国》2009 年第 5 期）。

说梁启超的受众观是近代中国受众研究中的一个点，那么现有的受众观研究又都是局限在这个点上，而忽视了线和面的关系，缺乏宏观的整体性关照。总的来说，关于梁启超的受众观研究才刚刚起步。

有鉴于此，本文试图将梁启超的受众观放在中国受众成长这个大的背景下，并把他的新闻思想放在其整个思想体系中进行思考，结合梁启超自身的各种复杂因素，重新解读梁启超的受众观。

一　国民即受众吗

在讨论受众之前，我们先要区分公众（the publics）、大众（the masses）、受众（audience）这几个概念。公众最重要的特征在于它所造就的舆论，在传播学里，公众通常环绕着公共生活中的议题而形成，其主要目标是促进某种利益、意见或者促成政治变革。[①] 受众往往和大众相勾连，它产生于大众社会。大众不是组织严密的社会群体，而更接近于一个聚合体。他们没有固定的成员，每个人都是独立无关联的个体。因此大众的组成是庞杂的，包括各个社会阶层和各类人口。[②] 而受众，麦奎尔认为它是社会环境和特定媒介供应方式的产物。[③] 因此，受众之间的必然联系物是大众媒介，它作为信息传播的终端而存在。它分布广阔，但成员互不相识，而且其组成也不断变换。

晚清时期，大众传播事业在中国刚刚兴起，人际传播和组织传

① 〔美〕丹尼斯·麦奎尔著《大众传播理论》，崔保国、李琨译，清华大学出版社，2006，第 35 页。

② 范东生等编《传播学原理》，北京出版社，1990，第 328 页。

③ 〔美〕丹尼斯·麦奎尔著《受众分析》，刘燕南等译，中国人民大学出版社，2006，第 2 页。

播仍是当时传播的重要手段，大众媒介是属于少数人的特权。因此我们对这一时期的受众界定就要考虑到时代的特殊因素。翻阅梁启超的文章，其中对受众的表达也是多种多样，从早期的“阅报人”、“阅者”，到后期的“读者”、“听众”。不难看出，梁启超的受众实际上是其传播活动所面对的接收者，包括大众媒介的受众，如报刊的读者，也包括人际传播中的受众，如演说的听众。“听众”在梁启超时代不具有电子媒介信息接收者的含义，因此这一时期的受众称为“受者”可能更加合适。

在学术界对梁启超的受众观所做的研究中，多数研究者都将“国民”理解为受众。的确，梁启超曾提出报刊有两大天职，其中之一就是“向导国民”，但是在梁启超的传播生涯中，其受众真的就是国民吗？

“国民”一词源自西方政治学的日文版，梁启超解释道：“国民者，一国之为公产之称也。国者积民而成，舍民之外则无有国。以一国之民，治一国之事，定一国之法，谋一国之利，捍一国之患，其民不可得而侮，其国不可得而亡，是谓之国民。”[①] 这里的“国民”类似西方现代意义上的公民。国民涵盖广泛，上至总理大臣下至婴孩，都是国民。虽然对“国民”或“国民性”的考察可以帮助我们了解当时“受众”的状况，但如果将国民等同于受众，那么梁启超所面对的受众则是中国所有的民众。而其真正意义上的受众，应该只是一部分民众在接触媒介时的特殊形态。

从另一方面来说，晚清的社会背景也决定了梁启超的传播受众不可能是国民大众。近代以前，中国并无真正意义上的大众媒体，在中国传统社会中，虽有官报民报之别，但它们并不是普及性读

① 梁启超：《论近世国民之竞争之大势及中国前途》，张品兴主编《梁启超全集》，北京出版社，1999，第 309 页。

物。到了近代，大众媒体产生之初，其地位仍然低下，既没有政府的支持，也不受士人的重视，而普通民众甚至不知有报纸者[①]。这种现象到 20 世纪初，才有所改善，但报纸仍是少数人的读物。

纸质媒介在传播过程中有两个必要条件：第一，要求一定的文化素养；第二，要求便捷通畅的传播渠道。而据统计，1880 年国民识字率：男人为 30% ~45%，女人为 2% ~10%，平均识字率在 20% 左右。[②] 梁启超在归纳报刊发展缓慢的原因时也提到："风气不开，阅报人少，道路未通，传布为难。"[③]

近代报刊从出现之时，便带上了精英主义的印记。所谓精英是指受过高等教育、有着一定的阅读经验的人士。这一类人脱胎于士阶层，他们受过传统的儒家教育，对西学有一定的兴趣，希望借助新的传播方式来开启民智。但在中国近代社会，精英与普通民众之间的隔膜是十分明显的，由于价值观念、审美趣味的诸多隔绝，形成了精英文化和一般大众之间的"传播障碍"，结果是报刊只能在与其知识、心智、审美情趣相当的阶层中间流传。

梁启超所创办的近代报刊，无疑也只是在一定的范围内传播的，其受众始终是少数人。他主办的《时务报》是相当受欢迎的一份报纸，但纵观《时务报》，不难发现：其读者基本局限于精英圈子，身份多为中青年绅士，其中有科举正途之士，有洋务专门人才，也有少数留学生，他们均可谓中国知识界的精英。而这些人的阅读习惯较为成熟，在当时的中国实属"小众"。[④] 即使到了《新民丛报》时期，情况也没有很大的变化，梁启超就自称"吾之论

① 《论阅报者今昔程度之比较》，《申报》1906 年 1 月 12 日。

② 金观涛：《开放中的变迁》，（台北）风云时代出版公司，1994，第 171 页。

③ 梁启超：《〈清议报〉一百册祝辞并论报馆之责任及本馆之经历》，张品兴主编《梁启超全集》，北京出版社，1999，第 478 页。

④ 潘光哲：《时务报和他的读者》，《历史研究》2005 年第 5 期。

著，以语诸大多数不读书不识字之人，莫于喻也。即以语诸少数读旧书识旧字之人，亦莫予闻也，于是吾忠告之所得及，不得不限于少数国民之最少数者”。[①]

二　梁启超的传播活动中受众的阶段性

我们将梁启超的传播活动大致分为三个阶段：戊戌变法时期，这一时期梁启超为变法宣传而参与或创办了《万国公报》《中外纪闻》《强学报》《时务报》等政论报刊；流亡时期，包括流亡日本前期和后期，前期以《清议报》和《新民丛报》为代表，后期以《国风》《政论》为代表；归国之后，梁启超也创办或主持了一些报刊，但其影响不大，故本文对这一时期的考察从略。

1. 戊戌时期——官绅阶层

梁启超为康门大弟子，早年受康有为影响颇深。在维新派早期的报刊活动中，康有为实为总策划人。办报——开会——合大群——开风气——变法，是康有为式政治家办报的基本走向。在这一走向中，变法是最终依归，其他都是通往这一最终目标的步骤。

1895 年，康、梁先后创办了《万国公报》《中外纪闻》用于变法宣传，这些报刊每天被免费送到京城的各处官宅。何以将第一批政论报刊的出版地选择为近代报业落后且具有较大政治风险的“首善之区”？对此康有为解释道，“变法本原，非自京师始，非自王公大臣始不可”[②]，从而把“王公大臣”作为了首选的读者群。因为要实现政治的革新，对官绅阶层的改造是势在必行。“兴民权”，“开民智”固然重要，但梁启超认为当时人民政治程度低下，

① 梁启超：《新民说·论私德》，张品兴主编《梁启超全集》，北京出版社，1999，第 714 页。

② 翦伯赞等编《戊戌变法》第 4 册，上海出版社，1957，第 131 页。

“欲开民智”就要先“开绅智”，要实现制度变革的愿望，就必须借助官绅的力量。因此开官智，成为“万事之起点”[①]。在变法过程中，借助学会、报刊、学堂对绅士群体和官员予以近代观念的启蒙，使他们成为变法活动中的可供利用的政治资源。

维新派早期创办的“乙未三报”，虽存世不长，但作为维新报刊的先锋，在开风气方面起到了一定的作用。1896 年《时务报》在上海创办。维新派选择上海，不是因为上海是近代报业的重要基地，而是看中了上海作为“南北士大夫走集之所”的地域优势。而《时务报》的确也获得了成功，成为维新派最重要的舆论阵地。

这一时期，康、梁将其受众定位于官绅阶层，不仅是出于康党的政治诉求，同时也是官绅阶层自身的需要。官绅阶层较早以来就是中国报刊的主要读者。但在早期，他们对报刊这种大众产品谨慎地保持着距离。直到甲午战败，中国的先进人士嗅到了民族危亡的恶劣气息，认识到要救国就要维新。一时间，“求新求变”成为他们的价值追求，以变法为主要宗旨的维新报刊迎合了这个群体的心理需求，他们对维新报刊的出版表示出相当的热情。有官员就称赞《时务报》“议论确切，曷胜钦佩”，认为该报的文字“上以当执政者之晨钟，下以扩士君子之闻见”，湖南读者邹代钧也提到：“此报名贵已极，读书人无不喜阅。”[②] 自己喜读之余，一些官员还自发地向周围宣传该报，并购报赠送。湖广总督张之洞更是饬令湖北全省官销《时务报》，其他开明官员也多鼓励下属订阅该报。

戊戌变法时期是中国政论报刊勃兴的一个时期，作为受众的官绅阶层对报刊有了新的认识，报刊成为他们获取信息开阔眼界的有

---

① 梁启超：《戊戌政变记》附录二：湖南广东情形，张品兴主编《梁启超全集》，北京出版社，1999，第 245 页。

② 上海图书馆编《汪康年师友书札》（三），上海古籍出版社，1986，第 2658 页。

力工具。而对报纸越是看重，报纸对于受众的影响也就越大。

2. 流亡时期——学生群体

1898 年，戊戌变法失败后，梁启超避走日本，开始了他的流亡生涯。在此期间，他大量地、系统地吸收西方学说，自称“脑质为之改易，思想言论与前者若出两人”[①]。

流亡前期，他创办了《清议报》和《新民丛报》。变法的失败让梁启超对上等社会很是失望，他将目光投向了一个新群体。在《过渡时代论》中，他将国人分为两种：一是“老朽者流”，是“过渡之大敌”；二是“青年者流”，是“过渡之先锋”，他赞赏青年在社会变迁中的重要地位。

作为中等社会主体的学生群体，是一个新兴的社会阶层，包括新式学堂培养的学生、留学生和从传统士人脱颖而出的新知识分子。与传统士人不同，他们与求取功名的官僚政治绝缘，同时他们接触西学，关注时事，对西方政治理念有一定的认同。更重要的是他们有着严重的民族危机感，政治参与热情比一般士人要高，并且对新知识极为渴求，他们成为这一时期政论报刊的主要读者。[②] 据统计，“1903 年间，杭州、南京、武汉、南昌、镇江、扬州、常熟、泰州、衢州、埭西、海盐等 12 个地区的报刊销售中，主要由学堂学生订阅的报刊达 51 种，总销量 8000 份”[③]。

另外，青年学生也是传播的中介。近代报刊传播过程中所遭遇的障碍，可以通过学生这一中介来解决。许多学生在假期中，通过“演说会”的方式与下等社会交流，这种演说会颇受民众的欢迎，

---

① 梁启超：《夏威夷游记》，张品兴主编《梁启超全集》，北京出版社，1999，第 1217 页。

② 林白水在 1903 年发表的《敬告阅报诸君》中提到在报刊的订阅群中“以学生社会为多数”。

③ 唐海江：《清代政论报刊与民众动员》，清华大学出版社，2006，第 201 页。

“入座听讲者，上自士林，下至贩夫走卒，每日有五、六、七百人，座为之不容”[①]。除此之外，学生还模仿新兴大众传播媒体的形式，编辑新式书报发行，以广泛播撒新知识。学生作为传播中介，还存在一种渗透式传播。清末社会变迁之时，社会阶层分化重组，而学生阶层的人员流动性大，在一定年龄之后就纷纷流入其他各个阶层。他们本身就像一个个思想源，在融入不同的群体之时，也带去了新的观念。最为明显的例子就是辛亥时期的新军，其中就有很多青年学生，因此，相较于其他群体，新军的革命意识是很强烈的。

《新民丛报》声称欲造就新中国，必先造就新青年，它成功地吸引了大批有着强烈求知欲的学生读者。《新民丛报》开馆月余，销数直线上升，前三册售完，因需求而“从速补印”。到后来甚至出现“每册一出，内地翻印刻本辄十数”[②]。梁启超也将留学生称为“最敬最爱之中国将来之主人翁”[③]，并言“学生日多，书局日多，报馆日多”，算是近代中国几件差强人意的成绩。[④]

至于流亡后期的《政论》《国风》两份刊物，均是梁启超为应和立宪运动而创办的。此时国内政局正处于微妙时期，清政府将要赦免戊戌党人的传言让梁启超对政府又有了期盼，此时，梁启超言语日趋温和，不再言“种族革命”，更倾向于和平的改制。因为有可能重归体制之内，梁启超仿佛又回到了起点，其关注的对象再一次落在了官绅身上。与此相反的是，在日益壮大的中等社会中，革

---

① 《纪常州演说会事》，《苏报》1903 年 3 月 23 日。

② 赖光临：《中国近代报人与报业》，台湾商务印书馆，1980，第 190 页。

③ 梁启超：《敬告我留学生诸君》，张品兴主编《梁启超全集》，北京出版社，1999，第 961 页。

④ 梁启超：《敬告我同业诸君》，张品兴主编《梁启超全集》，北京出版社，1999，第 969 页。

命思潮愈演愈烈，他们的政治心态也更加激进。昔日站在时代前沿振臂呼喊的梁启超在青年学生看来已是暮气沉沉，畏葸不前，而青年学生强烈的“破坏主义”也让梁启超无法赞同。因此，这一时期梁启超所办刊物，并没有吸引作为主要读者的中等社会，其影响力稍不如前。

三　作为传播大师的梁启超

梁启超在《清代学术概论》中自评其文“笔锋常带情感”，对于“读者有一种魔力焉”。这种“魔力”让梁启超的文章“举国趋之如饮狂泉”[①]。这样一群“疯狂”的读者，他们几乎没有什么批判力，而危机时刻对信息的渴求造成了他们对传播者的推崇，随之而来的是信任和追随。这与传播学早期的魔弹论情形相仿。魔弹论中，受众被视为如同散沙一样的被动消极的个体，媒介传递信息给受众就像子弹击中身体一样，可以引起直接有效的反应。因此，在清末民初这个信息匮乏的危机时代，梁启超不仅仅是一个信息的传递中介，其所担负的导师角色更为人们看重，因而他的言论更能耸动群情，赢得社会舆论的广泛支持。

作为舆论界的领军人物，梁启超在各个领域都有重大影响。胡适谈到，他在求学的年代，得到一本刊载有梁启超的文章的书是极为兴奋的。[②] 梁启超之所以有如此之大的影响，绝对不仅仅是因为他那支生花妙笔。

梁启超在输入新学新知时，并非凭借单一传播媒介，他善用一切传播方式。他在谈到文明开化时说道：“日本维新以来，文明普

① 梁启超：《〈清议报〉一百册祝辞并论报馆之责任及本馆之经历》，张品兴主编《梁启超全集》，北京出版社，1999，第477页。

② 胡适：《四十自述》，安徽教育出版社，2006，第53～57页。

及之法有三：一曰学校，二曰报纸，三曰演说。”[①] 这三种方法被他称为“传播文明之三利器”。因此，他的传播活动往往结合学堂、学会、报馆三边展开。在这三种传播活动中，先利用报刊打开局面，造声势，再办学会、建学堂。学堂上的面对面教学是人际传播，学会为组织传播，对内交流新思想，对外组织出版刊物，而报刊则承担了最大量的宣传任务。这里面，就蕴含了原始信息→受众，原始信息→大众媒介→受众，原始信息→大众媒介→组织媒介→受众这样三个传播模式的组合。可以说，在传播障碍诸多的清末民初，这种组合大幅度增加了受众群和传播力。

在晚清民众文化水平整体较低的情况下，文字印刷物的传输毕竟是有限的。而作为组织媒介的学堂、学会，在传递过程中，可以充当舆论中介，弥补文字宣传的缺陷，信息的传播范围也能随之扩大，从而增强大众传媒的影响力。在湖南，《湘学报》先行，南学会跟进，时务学堂则是这三部曲的最后一环。《湘学报》鼓吹变法，南学会组织宣传，而时务学堂则又培养维新人士，于是湖南“官与绅一气，士与民一心，百废俱举，异于他日”[②]。

我们将梁启超称为传播大师，不仅是肯定他在报界的贡献，同时也钦佩他在演说方面展现的出色才能。针对当时的受众水平，梁启超认为：“国民识字多者，当利用报纸。国民识字少者，当利用演说。”[③] 因为报纸、学堂、学会有一个共同点，都对受众有文化素养上的要求。而演说这种面对面传播，突破了文字障碍，是最简单也最有效的方法。演说者的言辞、情感、动作都是听众关注的对

① 梁启超：《传播文明三利器》，张品兴主编《梁启超全集》，北京出版社，1999，第359页。

② 梁启超：《戊戌政变记》附录二：湖南广东情形，张品兴主编《梁启超全集》，北京出版社，1999，第250页。

③ 梁启超：《传播文明三利器》，张品兴主编《梁启超全集》，北京出版社，1999，第359页。

象，这种情理共用的方式也更能感染听众。

梁启超一生大约进行了几百次大大小小的演讲，话题时尚而广泛。梁启超演说的出色在于他情感丰富、立意新颖、知识广博。他游历欧美之时，在波士顿发表了一场演说，听者无不受其感染而心潮澎湃，当时的报纸这样描绘演说的盛况："演说终止在暴风雨般的掌声中。那些被视为象羊群一样麻木而不动声色地走在波士顿街头的中国人，走上前去握着演说家的手。"①

梁启超是较早意识到报刊为取得话语权关键的先觉者。从参办《万国公报》开始，他的传播活动围绕着报刊出版、学堂教育、演讲展开，尤以报刊为主，并取得了极大的成功。而梁启超的传播生涯从另一面来讲也是一部中国受众成长的断代史。

传统官绅阶层是近代报刊的第一个读者群。他们早先习惯于沉闷的单向传播，近代报刊的新鲜论调对他们来说是洪水猛兽，避之唯恐不及。但在国家危亡之际，报刊所传播的求变思想，切合了他们的需求并且指导着他们的行为。而当官绅阶层面对市场上泛滥的种种改革论调，觉察其已经威胁到自身利益时，转而开始利用或谋求代表自己利益的报刊。此种转变，是受众对媒介认识的提升。

与此同时，部分报纸倡言革命的言论吸引了一批新的支持者——学生群体，他们有学识，而且年轻。这个群体极易受到报刊言论的影响，并有着强烈的实践欲望。他们从报刊中学习新思想，将读报视为生活中的一部分。在后来相当长的时间里，他们都是报刊的主要读者。而日益激进的革命心态，让他们在报刊市场开始逐渐分化之时，选择了革命派报刊。

"公共话语如何建构受众，受众如何认知自我，受众如何作

① 〔美〕约瑟夫·阿·勒文森著《梁启超与中国近代思想》，刘伟等译，四川人民出版社，1986，第93页。

为，这些都依照历史事件而确定产生。”[①] 在梁启超以国民性教育为核心的启蒙宣传中，他影响了不止一代的中国读者，同时也培养了清末民初的新型受众。他是时势造就的英雄，也是英雄造时势的典范。他对世纪之交的中国影响之大，以至于成长起来的受众选择对其“导师”的背叛，也无损于他作为传播大师的荣光。

① 〔美〕理查德·布茨著《美国受众成长记》，王瀚东译，华夏出版社，2007，第7页。

五四新闻史的书写[*]

一个国家或民族需要历史记忆来维系，而历史记忆必须首先通过历史书写表达出来。历史和历史书写经常是分裂的[①]，这一点很容易被忽视。历史可以通过“口述”和“书写”这两种方式来表述、记忆和传承，而历史的叙述以书写为主要认同依据。[②] 不同的书写方式只要是公平竞争，纵然无法完全复原历史，也至少能让当代读者走近现场。倘若不幸出现了历史话语霸权，其结果必定会长期淡化或屏蔽一部分历史事实，而另一部分则被浓墨重彩。其实，那极可能是些为某种光环所笼罩着的一大堆历史事实的碎片。

五四运动[③]是近代中国的一场波澜壮阔的社会运动，也是公认的 20 世纪最重要的事件之一，余波所及，就连九十年之后的当代中国仍时有强烈的感受。“五四运动是一个复杂现象，它包括新思潮、文学革命、学生运动、工商界的罢工罢市、抵制日货运动，以

---

* 此文发表于《北大新闻与传播评论》(第 5 辑)，2010 年卷，合作者沈静。

① 王迪主编《时间·空间·书写》，浙江人民出版社，2006，第 5 页。

② 彭兆荣：《口述/书写：历史的叙述与叙述的历史》，《广西民族研究》2004 年第 1 期。

③ 关于“五四运动”历史阶段的界定目前还未达成共识，主要有四种观点：第一，以 1915 年 9 月《青年杂志》的创刊为上限，1921 年 7 月中国共产党的创立为下限；第二，以 1917 年为上限，1927 年为下限，如陈崧所编的《五四前后东西文化问题论战文选》(增订本)、林毓生所著的《中国意识的危机——“五四”时期激烈的反传统主义》；第三，以 1915 年《青年杂志》的创刊为起点，1923 年为终点，持这种观点的有张玉法等；第四，以 1917 年《新青年》杂志和北京大学所发起的新思想运动和新文化改革为起点，1921 年为终点，持这种观点的有周策纵等。本文对五四时期的界定参照了第三、第四两种观点。本文中，“五四”、“五四运动”、“五四新文化运动”在大部分场合是可以换用的。

及新知识分子所提倡的各种政治和社会改革。”① 五四运动时期中国新闻业有着长足的进步，这固然与当时的思潮激荡有关，同时它也是“一战”后民族经济大发展的结果。但是，长期以来，中国大陆学界对五四新闻史的书写自觉不自觉地受制于特定的历史话语体系，而后者旨在论证或强调其革命与执政的政治合法性，从而在历史书写上呈现出听命于主流意识形态的教条主义的叙事框架。这样造成的后果是新闻史研究成了政治史或政治思想史研究，而新闻史的真正主体却处于迷失状态。② 可喜的是，最近几年来，学界尝试着一些新的书写方式，开始了对主流意识形态的突破之旅，其中有许多问题很值得我们及时检讨或反思。

一　从一元到多元的书写范式

“历史书写理论”认为，书写的历史不是“历史本身”，它包含了书写者的主观建构成分，所以历史的书写不可能是历史的复原，而书写者的主观建构成分中最核心的就是书写范式。“范式”是历史书写所涉及的一个重要概念，由托马斯·库恩首创，一个范式就是一个科学共同体的成员所共有的东西，包括一整套的理论框架、思维模式和研究方法。③ 范式的改变往往意味着一种新的研究观念和思维方式的突破。目前新闻史书写采用了革命史、现代化、自然史、社会史等多种范式，对五四新闻史的研究大体呈现出从一元书写范式到多元书写范式的轨迹，这可从中国新闻史的五四书写

---

① 周策纵：《五四运动史》，岳麓书社，1999，第6页。

② 参见黄旦的相关论文：《报刊的历史与历史的报刊》（《新闻大学》2007年第1期）、《拓展新闻传播学的研究视野：跨学科与多维度——黄旦教授访谈》（《甘肃社会科学》2009年第1期）。

③ 〔美〕托马斯·库恩著《科学革命的结构》，金吾伦、胡新译，北京大学出版社，2003，第157~158页。

中理出脉络。

我国早期的新闻史研究以戈公振的《中国报学史》为代表，许正林将其书写范式称为“新闻事业史范式”或“早期报学史范式”。[①]《中国报学史》以陈述报业自身的发展为主，较少关涉意识形态，重视史料和细节的考证。该书对于五四新闻史的书写，并没有将其看作一个单独的历史阶段，甚至没有形成“五四新闻史”这一概念，五四新闻史仅散见于第五章“民国成立之后”的叙述中。

新中国成立后，五四新闻史的书写基本上是与“革命史范式”紧密结合的。革命史范式[②]是在新民主主义反帝反封建的革命话语的语境中所运用，它以马克思主义的阶级斗争和唯物史观为指针，因而其书写常常伴随宏大政治叙事，这一派学者对“历史主线”有着强烈兴趣，对历史真相或全貌则不大在乎。这一范式长期以来支配着中国新闻史的书写，成为主流的书写范式。例如，由方汉奇先生编著或主编的《中国新闻事业简史》、《中国新闻传播史》和大部头的《中国新闻事业通史》，都花了大量篇幅来叙述五四新闻史。尤其是《中国新闻事业通史》中设置专章“五四时期的新闻事业”（第八章），共设置了六节内容（《新青年》及其主编陈独秀；五四运动和新闻事业；中国无产阶级新闻事业的诞生；私营大报的发展；新闻学研究和新闻教育事业的初步发展）进行叙述。这部通史对五四时期新闻史虽竭力铺陈，但主体内容却难以摆脱政治框架，社会革命的视角过于突出，革命实践、阶级分类、矛盾分析等切分了新闻史的本体，或造成新闻史本体的迷失。[③]总的来说，这一书写范式强烈要求将五四新闻史独立出来，并始终贯穿着

① 许正林：《中国新闻史》，上海交通大学出版社，2008，第6~14页。

② 此种范式在中国似乎首先为国民党人所采用，但在台湾学界影响力较小。

③ 许正林：《中国新闻史》，上海交通大学出版社，2008，第17页。

“运动的新闻史”的基调。

从20世纪80年代开始，新闻史学界开始对革命史范式进行反思，此后便呈现出了新闻史书写范式的逐步转换和日益多元化的趋势。革命史范式不断受到其他书写范式的冲击，如社会史范式、叙事学方法与文学范式等，这一定程度上达到了“纠偏”效果，有利于新闻史研究的开拓和进步。杨念群在其近著中就揭示了意识形态化的政治史叙事之外的一种全新的“社会史化”的“五四”研究路径。[①]

社会史范式主要从社会结构与日常社会生活视角关注历史，从过去的以阶级斗争为主线分解历史，转向对鲜活生动的社会生活场面的全面呈现，使历史变得有血有肉。[②] 李彬的《中国新闻社会史(1815～2005)》以全新的视角和开阔的视野，将新闻传播置于整个社会有机体之中，既关注新闻本体的内在关联，更对新闻与社会的复杂互动进行了探究，而且不乏趣味性的叙事。以社会史范式书写新闻史的还有陈昌凤所著的《中国新闻史：媒介社会学的视角》等。

叙事学方法，也被认为是书写历史的一个重要关注点。李彬将此看作新闻史研究中无法回避的问题，即新闻史研究缺乏叙事，少情寡趣，并认为史学的叙事问题是当代新史学的核心问题，特别是后现代史学更是将史学径直当作文学。[③] 这就引出另一种书写范式——“文学范式”，即在历史书写中强调生动有趣的叙事，适当使用一些文学的笔法和语言来书写历史。吴廷俊先生所著的《中

① 杨念群：《“五四”九十年祭：一个“问题史”的回溯与反思》，世界图书出版公司，2009。

② 何云峰：《也谈中共历史研究的范式——兼与沈传亮博士商榷》，《党史研究与教学》2006年第4期。

③ 李彬：《“新新闻史”：关于新闻史研究的一点设想》，《新闻大学》2007年第1期。

国新闻史新修》，不仅采用了新的框架和体例，而且叙述充满文采，给人耳目一新的感觉。该书对五四新闻史的书写，已经改换了书写体例，该书第七章“新文化运动与启蒙报刊”集中于五四新文化运动时期的报刊，而将无产阶级和共产党报刊诞生的内容剔除，移入下一章。该部分的书写也很活泼，比如第一节“启蒙报坛的三剑客”、第二节“启蒙报刊的旗舰《新青年》”。

目前，五四新闻史的研究呈现了越来越明显的多元书写范式之趋势。郭若平认为不同时代有不同的话语方式，当代若干青年学人的研究体现了全新的研究范式转换，已挣脱了旧有的政治宣传模式，从而拓宽了“五四”研究与评论的学术空间。[①] 用这一观点评价五四新闻史的研究现状也是恰当的。

对于五四新闻史的书写，我们还须注意到：五四时期新闻业的发展虽然很快，但还没有达到构成分水岭的程度。“五四”不再是近现代分界点，这就直接影响到了五四新闻史的书写，比如方汉奇先生在 1981 年版的《中国近代报刊史》中把五四新闻史纳入现代史框架，而后确定近现代分界点移至 1949 年，分期随之变化；同台湾学者的新闻史书写作一比较，便发现意识形态与政治框架对大陆学者新闻史研究影响之深刻。赖光临的中国新闻史著作对五四新闻史的书写就较少受到政治干扰，更为客观和学术化。

但是，目前对五四新闻史的书写仍有一些具体的问题未得到很好的处理，比如，重政治轻经济、重思潮[②]轻习俗、重杂志而轻报纸，在整个报刊业中又重激进报刊而轻温和（或保守）报刊，这说明未来的五四新闻史研究仍具有较大空间。

---

① 郭若平：《评“五四”研究范式的转换》，《福建论坛（人文社会科学版）》2003 年第 5 期。

② 朱学勤在《问答录：对一种反省的反省——九十年代学界时风之我见》（日本《中国研究》1996 年第 9 期）曾提出“思变打不过事变”。许纪霖也持有类似看法。

二 重杂志而轻报纸

与其说杂志对五四运动有诸多贡献，还不如说杂志较适合生存于五四时期。一般认为，《新青年》的创办是新文化运动兴起的标志，紧随《新青年》之后，《每周评论》《新潮》《建设》等一批杂志同《新青年》一样，介绍西方文学、阐明学理、宣传新思潮，为五四运动推波助澜。此前学界对五四时期新闻业的研究，更多的将眼光放在杂志上。例如，方汉奇先生的《中国新闻事业通史》(第二卷）第七章《五四时期的新闻事业》，就用专节介绍了《新青年》及其主编陈独秀；台湾曾虚白的《中国新闻史》认为在新文化运动中，“首先倡导，并站在第一线的是杂志，而不是报纸”。该书虽然对《新青年》的研究并不多，但仍设有专节介绍倡导新文化运动的杂志以及五四以后的杂志。

对于报纸在五四新文化运动中的作用，较深的研究并不多见。陈平原所著《触摸历史与进入五四》以“《晨报》在五四运动中的新闻报道”为线索试图还原五四，刘永明所著《国民党人与五四运动》以“《民国日报》在五四运动中的新闻报道”为线索描述国民党人的贡献，这两本著作的问世，是值得关注的学术进展。现今对于五四时期报刊的研究，一是较多关注与中共意识形态相一致的报刊，如《湘江评论》、《天津学生联合会报》，对其他报刊却少有涉及；二是侧重于从报纸业务改革以及报纸副刊的变化上研究而忽视报纸的其他方面，并认为在五四运动中出力最大的是副刊：“报纸后来虽然也参加服役，但是并没有总动员。而且立大功的，不是掌报社大旗的言论栏，而是被认为‘报屁股’敬陪报纸末座的‘副刊’。”①

---

① 曾虚白：《中国新闻史》，三民书局股份有限公司，1984，第317页。

不过，一些学者同时也承认，在五四新文化运动中，“杂志虽然打了头阵，抢了头功，但是如果没有报纸的支持，收效还是有限”[①]。这是由杂志和报纸的不同特点所决定的。在社会激烈转型时期，杂志有其传播上的优势，它宜于刊载解释性、忠告性的稿件，尤其喜欢议题或话题丛生的社会环境。[②] 但是有利也有弊，张玉法在《新文化运动时期的新闻与言论》中提及：“报纸的言论较为务实，即配合新闻的发展；而期刊的言论，比较形而上，即谋求基本的改造，期刊的言论，一般而言与时事的关系较远。”[③] 报纸每天出版，紧随时政变化发表言论；而杂志出版周期较长，比较适合阐明学理，但不能很好地满足读者对信息的迫切需求。例如，《新青年》杂志，从总体上说是一份思想理论期刊，陈独秀在《新青年》发刊词中曾说：“改造青年之思想，辅佐青年之修养，为本志之天职。批评时政，非其旨也。”它的主要任务是阐明学理，介绍新思想和新文学。《新青年》作为大型理论性月刊，刊期较长，显然不能适应读者对时政批评的渴望，《每周评论》的创刊部分原因即为此。有学者指出，《新青年》最辉煌的时期是在 1918～1919 年，其影响并不能覆盖整个五四时期。[④]

实际上，在五四运动时期，报纸与杂志形成了很好的传播组合，春兰秋菊，各擅胜场。

由《申报索引》可以看到，当时《申报》上载有大量关于五四运动的新闻报道。该索引在“五四学生运动”的专题下有 842 条消息，对运动发生、发展的全过程以及由此引发的中国社会各种

① 曾虚白：《中国新闻史》，三民书局股份有限公司，1984，第 324 页。

② 参见张觉明《现代杂志编辑学》，台湾商务印书馆，1980，第 27 页。

③ 张玉法：《新文化运动时期的新闻与言论》，见王洪钧主编《新闻理论的中国历史观》，远流出版事业股份有限公司，1998，第 367～378 页。

④ 王奇生：《新文化是如何“运动”起来的——以〈新青年〉为视点》，《近代史研究》2007 年第 1 期。

政治力量的消长都有详尽报道。以《申报索引——1919》为例，5月的大事记中有这么几条：

> 5月4日，北京大学等十余所学校学生三千余人集会天安门，举行爱国示威游行，火烧曹家楼，痛打章宗祥，五四学生运动爆发，军警镇压学生，三十余人被捕。
>
> 5月5日，北京中等以上学校成立学生联合会，要求惩办卖国贼，释放被捕学生。
>
> 5月6日，上海学、商、新闻、律师各界，江苏学界、教育界纷纷通电支援北京学生运动。
>
> 5月7日，津、宁、沪、浙各界继续通电北京政府支援学生运动，北京政府被迫释放被捕学生。
>
> 5月9日，北大校长蔡元培被迫辞职，离京赴沪。

这些新闻及时且连续地报道了事件的来龙去脉和前因后果。为支持学生运动，上海的《申报》《新闻报》《时报》《神州日报》《时事新报》《中华新报》《民国日报》七家报纸一致决定不再刊登日商广告及日本船期汇市商情，这一决议于5月15日起实施，此后在长达十六七年之久的时间里，日商的广告商情绝迹于这些报纸。直到中日订立塘沽协定以后，才又重新出现在这些报纸上。[①]

王郅隆时期的《大公报》对五四报道也很投入。在五四期间，胡政之是极少数到巴黎和会现场采访的中国记者。他的"巴黎专电"使国人及时了解到巴黎和会的议程。从1918年12月1日起，《大公报》连续刊登《本报特告》："现在欧战告终，和议方开，此际消息关系全球，而事实真相仅凭邮电遥传，未易明瞭。本报记者

① 胡道静：《新闻史上的新时代》，世界书局，1946，第18页。

胡冷观君有鉴于此，特于一二日内出发为欧美之游，将以调查所得各种情形，通缄本报披露，以告国人，俾各瞭然于世界将来大势。特此布告，请留心时事者注意焉。本报启。”此广告一直刊登到1919年1月中旬。

自1919年1月25日和会开幕起，胡政之发回14封“巴黎专电”，报社收到后，第二天就刊登在报纸上。至9月，《大公报》共发表了5篇相关通讯——3篇“巴黎特约通讯”：《平和会议之光景》《中国代表为青岛问题向平和会议提出之说帖》《外交人物之写真》；2篇“专件”：《平和会议决定山东问题实纪》《一九一九年六月二十八日与中国》。

在五四运动期间，《大公报》除了刊载胡政之的“巴黎专电”和“巴黎特约通讯”外，还载有各国报刊中与此相关的报道，如：“特约路透电”、“东方通讯社电报”、“西报（英文《京津泰晤士报》、《字林西报》）论和会与山东问题”、“东报（《大阪每日新闻》）论山东问题之前途”等。《大公报》“采用多种信源的消息，而且有本报记者亲自采访，在时间和内容上构成相互补充的态势”①，使该报对巴黎和会的及时全面报道成为可能。

对于五四运动的进展，《大公报》也密切关注，并及时加以报道。4日北京学生游行示威，5日《大公报》便刊载题为《北京学界之大举动》的通讯一篇：“欧议中之青岛问题，至近日形势大变，我国朝野均奋起力争，而北京学界尤为愤激，乃于昨日（四日）星期休假国立大学及各专门学校学生举行游街大会，一位国民对外交表示誓争到底。”

正是在如此激烈变动与全面转型的社会发展的关节点上，杂志与报纸相互靠拢，杂志承受着刊期较长的压力，而报纸则需腾出版

① 王咏梅：《胡政之与巴黎和会》，《国际新闻界》2007年第8期。

面，副刊地位上升并转化为突出思想性的综合性副刊就是很自然的事了。关于五四时期副刊的情况，研究较多，在此不必赘述。

三　重激进报刊而轻温和报刊

五四时期政治势力影响下的主要报刊分属于下述三个派系：

（1）共产党系报刊：《新青年》《每周评论》《湘江评论》《天津学生联合会报》，代表人物为陈独秀、李大钊。

（2）研究系报刊：《晨报》《时事新报》《解放与改造》，代表人物为梁启超、张东荪。

（3）国民党系报刊：《民国日报》《建设》《星期评论》，代表人物为孙中山、叶楚伧。

台湾学者张玉法将五四时期的报刊分为三类，一类是较为激烈的，如《新青年》《新潮》和《每周评论》；一类是较为中庸的，即立场上比较进步，但不趋于激烈，如《星期评论》和《建设》；一类是较为温和或保守的，如《解放与改造》。[①] 这里，我们将后两类都视为较温和的报刊。对于政治倾向比较激进与比较温和的这两种报刊的相关研究，呈现出一种失衡状态。

对《新青年》《每周评论》《湘江评论》《天津学生联合会报》等，学界有较多关注。对此，有学者表示不解："毛泽东在湖南主办的学联刊物《湘江评论》，总共只出版了五册（1～4号，加上临时增刊1号。），文章质量再高，也无法挤进五四时期重要刊物的前三名。"[②] 但在中共政治话语体系中，《新青年》《每周评论》

① 张玉法：《新文化运动时期的新闻与言论》，参见王洪钧主编《新闻理论的中国历史观》，远流出版事业股份有限公司，1998。

② 陈平原、夏晓红主编《触摸历史——五四人物与现代中国》)，广州出版社，1999，第9～10页。

《湘江评论》标志着其新闻事业的发端，自然不同凡响。另一方面，对构成“五四形象”的非主流报刊（包括报人、观念）研究则很不充分。实际上，激进报刊与温和（或保守）报刊，在五四新文化运动中如鸟之双翼、车之两轮，缺一不可。

《晨报》是研究系的言论机关。梁启超在巴黎得知中国外交失败无可奈何之下致电国内同志林长民，林长民随即根据来电写就新闻稿[①]，5月2日，《晨报》全文刊出，消息马上传开。两天后，呼喊着“外争主权”、“内惩国贼”口号的北京学生就走上了街头，五四运动遽尔爆发。

《晨报》随后继续关注五四运动的事态变化并作相应的及时报道。5月8日，中国代表在巴黎和会交涉山东问题濒临失败，《晨报》刊载《山东问题之外报论调》，说明问题的症结所在；5月9日，交涉失败，《晨报》发表《呜呼大事去矣——是可忍孰不可忍》，力陈失去山东之痛并痛斥政府无能；12日，发表《我国民承认此种合约耶——请看列强对华问题之处分》；13日，发表《雨黯风凄之北京教育界》，报道因学生运动风起云涌引起的北京教育界之不安；17日，发表《国耻纪念日学生被辱事件真相》。

《晨报》在五四运动期间，及时迅速地报道和评论事态的发展，可谓出力不少。虽然有学者已探讨了《晨报》介入五四运动的背景和条件，但是，对于这份在五四运动中有着重大贡献的报刊来说这还远远不够。国民党系机关报《民国日报》也有同样情况。

此外，当时的报界还联合发起抵制日商广告的运动和拒买运动。1915年4月15日，上海《民国日报》、北京《晨报》等83家报纸在上海成立“全国报界联合会”，上海《民国日报》总编辑叶

① 张朋园：《梁启超与五四运动》，汪荣祖编《五四研究论文集》，（台湾）联经出版社，1979。

楚伧任主席，全国报界联合会呼吁全国新闻界消除党派歧见，结合群力，以期能做到“外为和会专使之后盾，内作南北代表之指导”[①]。爱国运动深入后，全国报界联合会还发表了拒登日商广告的通告：“在山东问题未能圆满解决以前，对于日商广告，一律拒绝，予以示我同业爱国之热诚，事关国民公意，务希坚决执行。”[②]

杂志在激烈转型期具有特殊的作用，但一份《新青年》并无搅动天下之势。五四时期，杂志界整体非常活跃。国民党系主办的《星期评论》，同《新青年》一样，也大力传播新知、阐明学理。《星期评论》共发表诗文四百一十二篇，其中国内问题评论三十八篇，国际问题评论十五篇，苏俄问题十九篇，新思潮五十二篇，劳动问题十五篇，妇女问题十九篇，文学问题七篇，小说十一篇，白话诗五十五篇，杂文一百五十一篇。[③] 它对劳动问题的关心，对妇女与青年问题的关切，对新思潮的传播，对文学问题的研究以及白话诗的实践都是与《新青年》一致的。以梁启超为首的研究系所主办的《解放与改造》（后改名为《改造》），也介绍了很多新学新知。比如，其对妇女解放问题也很重视，曾发表《女子解放论》《女子教育之革新》《我国妇人问题》《妇女问题杂评》等文章。民间商业出版机构所办的《东方杂志》在五四新文化运动期间也有不俗表现。[④]

然而在大陆，《星期评论》《解放与改造》《东方杂志》却未曾被当成重点来评述，或者说在五四新闻史的书写中它们位次偏低。因为《星期评论》是国民党人所办，其主编人戴传贤、沈玄

---

① 戈公振：《中国报学史》，三联书店，1955，第284页。

② 上海《民国日报》1919年5月16日。

③ 吕芳上：《革命之再起——中国国民党改组前对新思潮的回应》，台北中研院近代史研究所专刊，1989。

④ 参见洪九来《宽容与理性〈东方杂志〉的公共舆论研究（1904～1932）》，上海人民出版社，2006。

庐是反马克思主义的，该刊是从预防未来社会主义革命立场出发，研究中国革命问题和劳动问题。它宣扬三民主义，主张在中国发展民族资本主义，宣扬传统中国的阶级平等、互助、仁爱思想，抵制阶级斗争学说。而《解放与改造》则不赞同马克思主义，倾向于一种“特别的社会主义”。

对于五四时期人物的研究也是如此。在大陆新闻史著作中，五四时期的人物往往局限于陈独秀、李大钊、鲁迅等所谓主流人物，而胡适多以配角现身，梁启超则几乎完全淡出。

四 结语

重写五四新闻史，首先应该对五四新文化运动有一个全面的认识。五四时期是各种社会思潮涌动的非常时期，是各种流派争鸣的关键时期。其中有各种各样的重要人物，激进派人士有首倡之功，温和派人士（包括郭齐勇所称的文化守成主义者①）有协助之功。评判这些人物，并不能使用越激进越好的标准。

五四时期新闻业的发展是当时中国政治、经济、文化等各方面因素综合影响的一个结果。政治只是其中的一个因素，与其说政治与报业发展非常密切，还不如说它们之间的关系非常复杂和微妙。清末激进报刊曾为革命而造谣，此种宣传并不能保有长期的效果；民初报界因为受到政府的高压，报刊政论地位的下降反而促使了民初记者群的登场；“一战”后民族经济的发展给报业的现代转型提供了物质条件；从文化上讲，五四与清末的关联比我们想象的要密切得多：启蒙运动始于清末、白话文运动始于清末、黄远生被称为

① 郭齐勇：《“五四”的反省与超越——以现代性与传统为中心的检讨》，珞珈山之思·郭齐勇学术网，http：//blog. sina. com. cn/guoqiyong，2009 年 4 月 25 日。

五四新文艺运动的先驱（胡适语）、陈独秀的《新青年》与章士钊的《甲寅》的血缘关系等。我们需要全新的五四新闻史的书写，重要的是不能孤立地看待五四运动，更不能从单一视角凭一己之好恶选择事实和评判人物，如此，五四新闻史的书写便可最大限度地趋近历史真实。这也是我们新闻学术界对五四运动的最好纪念。

主要参考文献

陈平原：《触摸历史与进入五四》，北京大学出版社，2005。
陈万雄：《五四新文化的源流》，三联书店，1997。
方汉奇：《中国新闻事业通史》（第二卷），中国人民大学出版社，1992。
李金铨：《文人论政：知识分子与报刊》，广西师范大学出版社，2008。
林毓生：《五四：多元的反思》，香港三联书店有限公司，1989。
刘桂生、张步洲编《台港及海外五四研究论著撷要》，教育科学出版社，1989。
王迪主编《时间·空间·书写》，浙江人民出版社，2006。
王洪钧主编《新闻理论的中国历史观》，远流出版事业股份有限公司，1998。
杨念群：《五四九十年祭：一个“问题史”的回溯与反思》，世界图书出版公司，2009。
张朋园：《梁启超与民国政治》，吉林出版集团有限责任公司，2007。
周策纵：《五四运动史》，岳麓书社，1999。
周作人：《中国新文学的源流》，华东师大出版社，1995。

中国早期的文摘报*

创刊历史长达八十七年并拥有全球影响力的美国《读者文摘》（*Reader's Digest*），2009年8月提出了申请破产保护。作为一份老牌的，甚至曾一度成为流行文化符号的文摘类杂志，《读者文摘》的兴衰不仅书写了自身的荣辱史，也是一个关涉到文摘报刊业、纸质媒体产业以及整个新闻出版行业的话题。当代中国文摘报刊在报刊市场中占有不可低估的份额，据不完全统计，文摘报刊在中国大陆已达近300家。目前业界和学界对文摘报刊的信息选取、编辑出版、发行销售等问题，关注度较高。而对中国文摘报刊近代成长史的研究还不多见。本文将对“文摘”这种报刊种类从产生至成熟的过程进行一番考察；通过解读此类媒体在社会转型期的新闻传播功能，以便更好地理解中国近代的“文摘报”这一混合着“报”与“刊”的特殊媒介角色。

一　最早的文摘报

中国近代第一份文摘性质的报刊出现在什么时候？多数学者认为，最早的文摘刊物是1897年5月6日创刊的《集成报》，在上海出版，旬刊，由陈念萱倡设。该报内容丰富，举凡政治、实业、科技、历史、地理及掌故等均有摘录，尤以新闻为主，摘录范围主要

* 此文发表于《东南传播》2011年第3期，原稿题为“中国早期的文摘报”，发表时编辑改为“中国早期文摘报的发展及其特点研究”，今改回。合作者马文萍。

有四个方面，即中外报刊、中外电讯、记者采访和各地来信等。“这就是中国第一份‘以采录中外各报为主’的文摘刊物”[①]。出至第34期后，《集成报》于1898年5月中旬停刊。

也有学者认为，1884年4月18日在广州创刊的《述报·中西近事汇编》，应该作为中国最早的文摘报。该报取“述而不作”之意，由广州墨海楼石印书局承印。这是一份图文并茂的石印报纸，每日出版，主要摘自香港的《循环日报》、《华字日报》，以及上海的《申报》和《沪报》等[②]。《述报》是近代国人在广东地区创办的第一份大型中文报刊（日报），据研究，《述报》正文有四页内容，除去第四页的广告内容，其余三页汇编成了《中西近事汇编》各卷；而另外辑录的、较为长篇的西方科技内容则另编为《格致遍览》卷[③]。这种类似于现在的“报摘”式的汇编，在中国近代早期的报业史上是少见的。[④] 该报的《缘起》说：“中国现有之各报，靡不购阅，至于通商各国，其著名之报馆凡可购阅者，亦必多方罗致，以便译读。固欲以兼收并蓄，集思广益。”又说：“本馆多聘通儒，温阅各报，去疑存信，加以论断，事必核实，语戒荒唐。……庶合众长而衷一是，以为讲求时务者之一助，若言渔利犹后也。”这表明该报主编人员之所以注重广录外稿，旨在帮助读者开阔视野，以更好地了解当前时局。[⑤] 虽然报纸上留出一定篇幅选录和译载中外报刊的文稿，在中国近代报界已有先例，但是《述报·中西近事汇编》这种将固定时段的报纸整理后形成的“汇

① 方汉奇、李矗编《中国新闻学之最》，新华出版社，2005，第62页。

② 孙文铄、谢国明编《中国新闻界之最》，社会科学文献出版社，1993，第17～18页。另外，在《中国走向近代化的里程碑》中，汪林茂也赞成《述报·中西近事汇编》为中国近代第一份文摘报。详见该书第711页。

③ 李磊：《〈述报〉研究》，兰州大学出版社，2002，第35页。

④ 黄大赛：《广州〈述报〉研究》，硕士学位论文，暨南大学新闻系，1996。

⑤ 方汉奇主编《中国新闻事业通史（第一卷）》，中国人民大学出版社，1992，第482页。

编”文本，已经初步具备了一定的文摘刊物性质。

《集成报》之所以比《述报·中西近事汇编》得到更多认可，原因有三：一是《述报》存世短暂，影响力相对偏低；二是《集成报》本身的报刊宗旨更加明确其“采录”性质，创刊即提出“以采录中外各报为主”。更为重要的原因是，《集成报》的创办与中国近代报业发展的特殊时期相牵连。与其说1897年的《集成报》是国人第一次办报高潮中的一朵浪花，不如说是办报大潮催生的一道景观。《集成报》创刊三个月后，1897年8月22日《萃报》也于上海创刊。这两份颇具分量的报刊的创办，“实开我国文摘报之先河”[①]，自此以后的几年内，文摘报刊逐渐发展为一个小的群体，成为中国近代报业发展链条之重要环节。

而《集成报》《萃报》文摘类报刊在近代报业重镇上海的出现正是此时期报刊出版繁盛的最好注解。众多报刊的云涌而出，使得当时识字本就不多的中国读者目不暇接，普通民众很难一一看到这些众多的报刊。这就为专门摘录、萃选、编译中外报刊的报刊——文摘类报刊之应运而生提供了首要的前提条件，正如孔昭晋在《集成报叙》中所言：“综观非易，遍购又难”，故“专集各报，节其所长，去其所短，取其所是，缺其所非，类聚群分，都为一册”，“以餍阅报诸君无穷之愿望”[②]。

除了读者需求的因素外，我们也可从上海“维新报刊密集效应”的角度思考文摘报刊的产生。“为了方便派报人员发行报纸，各商业性报纸的馆址所在地或印刷发行点总相对集中于某一个地区。”通过同一时期数十家报馆位置的分析，就可以注意到一个有趣现象：《集成报》创刊不久即迁址于新马路（即现在的凤阳路），

① 秦绍德：《上海近代报刊史论》，复旦大学出版社，1993，第54页。

② 孔昭晋：《集成报叙》，《集成报》第1期，1897年5月6日。

《萃报》则一开始就在新马路上，它们都集中于《时务报》报馆周围。这些报馆除了新闻信息资源的共享外，也有人才方面的互通协作。《时务报》提携支持过后起诸报，如《求是报》主办人之一陈寿彭，在《求是报》办不下去之时就进了《农学报》[①]。梁启超曾不遗余力地支持各种维新报刊的出版，他在《时务报》上亲自为它们写“序”和“叙”，予以鼓吹，发表的有《〈农学报〉序》（第23期）、《〈萃报〉叙》（第33期）等。从报馆分布上看，文摘报刊尤其是《萃报》最初的成立设想应该与这些报人间的相互交流有关。其中，梁启超在《萃报》出版之前就在《时务报》发表了《〈萃报〉叙》，很有可能是因为和该报主笔朱强甫[②]有往来，曾经交流过办一份文摘报刊的想法。

二　文摘报刊栏目设置渐趋成熟

在《集成报》和《萃报》之后、1905年之前的几年间，又陆续出版了几份文摘报刊。另一份《集成报》于1901年4月创刊，由英商集成报馆经营，编辑系中国人，代理人吕塞尔（H. C. Russell）。从第18期开始，没有再标出“英商代办”。该报停刊时间不详，共出49期。为便于区别，有学者将1901年出现的称为“新《集成报》”，与前者相比，两份报刊内容接近，形式也相似，区别在于两者刊印时间不同，刊印款式也不同，前者为连史纸石印，后者为有光纸铅印。从报刊发行上比较，后者范围更广，

① 马光仁：《上海新闻史（1850～1949）》，复旦大学出版社，1996，第132～135页。

② 朱克柔，字强甫，浙江嘉兴人，生于同治十年（1871年），卒于光绪二十八年（1902年）。曾任《萃报》主笔。朱克柔与武昌知府梁鼎芬为莫逆交，与张之洞关系密切，故《萃报》从第二十一册起，移至武昌出版。曾参与张之洞主办的《湖北商务报》（1899年）。朱卒后其友搜其遗稿，编为《朱强甫集》三卷，1906年武昌刻印。

发行系统更为发达，其仅在上海就有四个经售批发处、十余个售报处，在其他地区的三十多个城市也设有售报处。同年 11 月 11 日，《选报》创刊，由蒋智由、赵祖德在上海创办。它最初是旬刊，从第四十二期起改为周刊。停刊时间不详，现在所见到的最后一期是第五十六期，出版于 1903 年 9 月 21 日。①

新《集成报》与《选报》在中国近代文摘报史中占据着承上启下的重要地位，二者既承接了 1897 年的《集成报》和《萃报》，又启动了随后创办文摘刊物的小高潮，诸如《时事采新汇选》《经世文潮》《东方杂志》《萃新报》等报刊的创办，无不受到这两份报刊的影响。此时的新《集成报》和《选报》已经不再是简单停留于翻译、采录、分编等摘文阶段，它们在办报实践中不断地更改和调适栏目，已有了完善该报种栏目设置的自觉意识，以期实现《集成报》编者在《创设集成报缘起》中提及的阅报理想，让“阅是报者有三乐焉”，即“旬购一册，而华洋各报无不寓目，一乐也；条分件系，朗若列眉，偶欲检寻，开卷即得，二乐也；日积月累，裒然成集，其谕折时事各门即对作经世文编，其著作一门亦极文章之大观，三乐也”②。

为达到文摘报刊编排体例上的条目清楚、全而不繁，以便于阅者检索重要消息或论说，《集成报》和《选报》都作了可贵的探索。《集成报》摘录中外报刊消息时一般都注明消息来源。每条新闻前有四字标题，如“汴省告饥”、“布价看涨”、“刀匪扰民”等，并作扼要解释，字数从十几个字到数百字不等。各种消息分别门类，集中编排，栏目设置在创刊初期有多次变动。第一期有政治、仕宦、时事、文学、武备、商务、各国要事、本埠近事、杂

① 丁守和编《辛亥革命时期期刊介绍（第二集）》，人民出版社，1982，第 88 页。

② 《创设集成报缘起》，《集成报》1901 年第 4 卷第 1 期。

志、译报等十多类。后因“阅者犹嫌门类太多，有用之件太少”，从第三期以后，将新闻归并为四门：时事、商务、译报、杂志。[①]除了新闻摘要外，还有各报社论摘要。当然，报纸各栏目的顺序也随之调整。经过这样一番变动，门类稍减而内容却更加充实，不过，四门界限仍不大清晰，检索似有不便。

与《集成报》在栏目分类上的摸索相比，稍后创刊的《选报》虽然大部分篇幅仍是选载国内外各报的重要消息，但报纸编辑体例更加明了和固定，逐渐趋于成熟。这种风格得到业界的肯定，《新民丛报》曾赞其“记中国近事，亦简繁得宜，以视《时务》，过之远矣”，“诚为沪滨斯道之冠”。[②]《选报》之所以能获得如此好评，与其创刊时的总体规划分不开。《选报》一开始就设定了论说、谕旨、内政纪事、外交纪事、地球各国纪事、所闻录、土产志略、经济备览、他言集、国风集等栏目，在这些栏目中，《选报》编者间或加上一些按语。除了小部分栏目被分拆外，栏目总体较少变动，其余设置基本维持到了1903年9月21日的最后一期。

在《集成报》和《选报》的影响之下，1903~1904年，出现了三份文摘报刊。一是1903年6月25日创于上海的《经世文潮》。[③]这份刊物全部摘编其他报刊文章，没有编者自撰稿。面临着“腾报如烟，译书如雾”的报业现实，编者希望“译辑海内外名哲伟制及现行政策，按部成辑，以灌输我新中国之新少年，以世界风潮助学界速率为目的”[④]。该报刊录文章分为教育、宗教、人种、哲学等20部，每部有细目，内容广泛。但刊载文章一般不注明出处。共出8期。

① 《本馆广告》，《集成报》1901年第5卷第3期。

② 《绍介新著》，《新民丛报》（第六册）1902年4月22日。

③ 吴信训、向纯武等编《新闻传播百科全书》，四川人民出版社，1998，第409页。

④ 《经世文潮叙例》，《经世文潮》1903年第6卷第1期。

二是1904年3月11日问世的《东方杂志》[①]。这份中国报刊史上首屈一指的大型综合杂志，从办刊之初到1908年改版前的四年内，具有典型的文摘报刊特征。《东方杂志》鉴于“内地人士，无力遍阅各报者”，列出了办刊章程的纲目，“除本社撰译论说，广辑新闻外，并选录各种官民月报、旬报、七日报、双日报、每日报名论要件，以便检阅”。[②] 在刊物栏目分布上，《东方杂志》借鉴了前期文摘报刊的体例，尤其是《选报》的分栏方法，将“本社撰稿”、“选论”、“来稿”齐聚在一个栏中，这在一定程度上有效避免了各种稿件零乱分散在四处的不足。《东方杂志》在延续《集成报》《选报》等文摘报刊办刊理念的同时，又提升了文摘报刊言论的地位，不只是专注于新闻性内容的选录，而是重视“论说”分量，以选载众报论说为主。《东方杂志》一般是选录各报或者是学者来稿，然后杂以符合各个栏目内容的奏折、消息、各类规章条例等。在当时上下不通又昧于外情的情况下，《东方杂志》以大容量的集纳成为当时官绅阶级首选的时政参考。有些栏目文章介绍的新知还颇为专业，选择的角度也很独到，所摘录的内容和阐释的问题比较全面、深入，有一定权威性和学术性。

三是1904年6月27日在浙江金华创刊的《萃新报》，这是份地区性的文摘报刊，由张恭、盛俊、刘琨等激进人士倡办并主编[③]，半月刊。《萃新报》有别于前几份全国性的刊物，因而其创办缘起也独具特色。由于“我浙东上游诸府，万山崇沓，邮寄尤艰”，所以“同人有鉴于是，特创办《萃新报》。专采辑各新闻杂

---

① 东方杂志，由商务印书馆创刊，终刊于1948年12月（后曾于1967年在台湾复刊，1990年终刊）。作为近代中国出版时间最长的综合性刊物，《东方杂志》跨越了多个历史时期，被称为“杂志的杂志”，参见石雅洁《〈东方杂志〉的办刊特色》，上海社会科学院研究生学位论文，2007年5月。

② 《新出东方杂志简要章程》，《东方杂志》1904年3月第1期。

③ 吴信训、向纯武等编《新闻传播百科全书》，四川人民出版社，1998，第370页。

志，撷精萃华。其一切游戏闲谈，概勿录。务以养成我浙东上游一般人士德、智、力三者为宗旨”[①]。地区的偏僻使得报刊“邮寄尤艰”，文摘报可以“采辑海内外新报之学说丛谈”，从而“为我桑梓同胞作警醒钟，作渡津筏”[②]，文摘报刊在此不仅具有传达新闻信息的功用，还担负着鼓吹变革的启蒙者角色。

接连创办的几份文摘报刊，形成了文摘报刊初创期之后的一个小高潮。文摘报刊作为一个新的报刊种类，逐步得到报界和读者认可；报界的发展和读者的需求又进一步促使文摘报刊调适自身报刊体例，栏目设置随之日趋稳定。

三　早期文摘报刊的新闻性

早期文摘报刊在创设之初几乎无一例外地都是出于对报刊“综观非易，遍购又难”的考虑，有感于“流通不易”与“不能及众”，以将各类报纸精要加以汇聚的“集报”的努力，期望最终能让读者“虽购一报，如见各报；耗费无多，精要具在；留备调查，亦易检阅；分飨内地，沾匄斯广”[③]。报刊界繁盛之景况一方面使得文摘报刊创设具备了客观条件；另一方面，报业发达的同时也就意味着整体的庞杂，而文摘报刊对报社人员采写能力要求相对较低，只是需要一定的采集和编排能力，形成一个相对于大报较简易的报馆组织后即可很快投入实际运作，这就意味着该报种的专业门槛偏低。但偏低的专业准入度并未严重影响到初期文摘报注重内容的新闻时效性，如 1897 年《萃报》和《集成报》，主体部分都是摘自其他报纸的简短的、概括性的新闻，这些新闻多使用四字标题

① 《萃新报简章》，《萃新报》1903 年 6 月第 1 期。

② 《萃新报发刊词》，《萃新报》1903 年 6 月第 1 期。

③ 《本报缘起叙例》，《选报》1901 年 11 月第 1 期。

并注明出处。当然，这种与普通日报相类似的刊载形式，其实有着非常明显的不足，文摘报刊由于受自身出版周期和采编力量的限制，在新闻时效性上很难与一般日报相竞争。无论是早期的《萃报》还是1901年的《集成报》、《选报》，都未开设专门的“探访部”，即“并不专派访事”[①]，而报馆新闻的来源需要拥有一批访事记者以保证固定的新闻渠道，但当时报界却曾普遍存在这样一种现实：“新闻材料之蒐集，除京沪二三社于国内外各要地特派或特约专员随时通信外，其大部分悉仰给于剪刀及通信社”[②]，普通日报尚且如此，文摘报刊采访力量上的薄弱就更为明显了，就不得不设法展现其内容的新闻性。一方面，将近期新闻信息分门别类、集中梳理，既便于读者阅读和查找相关新闻，又能在整体上保持信息的新闻性。1901年《选报》在出版过程中，将出版周期由旬刊变为周刊，后来又由周刊变为五日刊，还不断扩充报纸容量，这也是从宏观层面重视“新闻性”。另一方面，早期文摘报刊在认识到追求时效性结果不甚理想后，转而注重新闻的准确度和解析度。《集成报》在《本馆广告》中就曾提出这种转变：“本报创设之意，原为利便远方起见，故所录各报，不嫌隔宿，惟求着实”，避开与日报在新闻时效性上正面竞争。

而与此同时，提高新闻言论的地位，一定程度上可以将出版周期较长这一弱项转化为一般日报不具备的强项。1901年《选报》在编排报刊时，就是从各报摘选的每一篇文章后都要配上一篇评论，“选取各报里国内外的重要消息，加一篇论说批评批评政治”[③]；其“论说”一栏放在卷首，最初多是本馆撰稿，也选载一些他报的言论，到第三十六期以后就没有本馆的撰稿了；集中体现

---

① 《本馆章程》，《集成报》1901年4月第1期。

② 任白涛：《应用新闻学》，亚东图书馆，1937，第131页。

③ 马叙伦：《我在六十岁以前》，生活书店，1947，第60页。

该报政治倾向的，正是这些“论说”和其他栏目中的一些按语。同期的《集成报》等虽然也设有“自撰”“论说”栏目，但它们是试图将这些各报的言论融汇在一起，达到既可呈现报界环境，又能补遗众报之缺的目标，而1904年的《东方杂志》则与之不同，其位列卷首、地位最为凸显的“社说”栏主要以“选论”为主，其他各栏开头也几乎都要择取一到两篇各报论说，“选论”成了这一时期该刊的重头戏，并意图通过对“本社撰说”的加强来与各报进行言论交流。所以，这份刊物在近代文摘报刊中有转承之意，开始超越强调新闻性的文摘报办刊主流，而致力于自我舆论理念的营造。刊物整体的新闻时效性追求降低，转向深度报道和重视新闻评论。

早期文摘报刊并不是单单靠“摘”编报纸而形成，也有少部分独家的采写报道和撰述。1897年创刊的《集成报》就曾先于其他报刊登载出多篇文章，保存下很多难寻的珍贵史料。该报与苏学会关系较深，“苏学会成立宣言”在《集成报》首先发表，后来该报又全文刊载了《苏学会试行章程》。包括选取的报摘、译论在内，《集成报》编者的选择眼光，特别注意“采访新政”。1898年春夏京师维新变法高潮期间，上海各报较少有完整的反映，而《集成报》则连续刊出了严复《拟上万言书稿》、浙江会试举人联名呈请代奏折、康有为译成《俄主彼得变政记》呈请代奏折等，其中《京都保国会章程》一文，为当时上海所有华文报刊拒登，而《集成报》全文刊登。1901年的“新《集成报》”在创刊之际提出“本报既曰集成，并不专派访事”，但随即又提出“如有紧要新闻、各报未载者，探访得实，亦当列入，以符新闻体例”，为达到“符新闻体例”而专门“探访”，既是为各报补遗的求“全”努力的体现，也是期望形成本报特色的表达。

四 近代文摘报刊样式的域外因素

19 世纪末文摘报刊的问世，是中外新闻文化交流的产物，其中既有被激活的本土资源，也有外来因素的诱导和介入。《集成报》《萃报》创办之前，当时的一些报人已经敏感地察觉到这一新生事物。梁启超发现“泰西诸国”虽也有“作者既盛，而一人之才力，势不能尽群报而阅之”的难题，然而，诸国已经创造出了“披沙拣金、和花成蜜之举”，即一种名曰“而立非吴亚夫奇而立非吴司报”的新报种。梁启超期望此种“而立非”报刊能在本土出现，从而“尽集举报，撷其精英，汰其糟粕，以饷天下。天下识时务知四国之士，其必有增益，而国家亦有所赖”[①]。

梁启超提及的“而立非吴亚夫奇而立非吴司报”，初读之甚觉怪异，笔者经研判认为，该词指称的是英美的“Review of Reviews”。*Review of Reviews* 原由英国人 W. T. Stead 和 George Newnes 创办，是从 1890 ~ 1893 年先后在伦敦（1890）、纽约（1892）和澳大利亚（1893）建立起来的一组杂志的名称。[②] *Review of Reviews* 分析当前的事务，转载其他期刊的文章，并对新书加以评论，一直持续出版至 1937 年。[③] 这份杂志成为近代中国报人较早注意到的文摘报刊，因而中国第一批文摘报刊办刊的理念方面与其有些相似之处，如分析评论时事、转载众报文章。让英美的“而立非”报在中国从隐到显、引起国人更多关注的是《东方杂志》。《东方杂志》在创刊词中即明白提出，“本杂志略仿日本太

---

① 梁启超：《〈萃报〉叙》，《时务报》，1897 年 7 月第 33 册。

② 从网页 http：//en. wikipedia. org/wiki/ Review of Reviews 翻译而得。

③ Albert Shaw，“Review of reviews”，*Review of Reviews*，1890.

阳报、英美两国而立费 Review of Review 体裁"[1]，此"而立费"正是梁启超所说"而立非"。从 1897 年到 1904 年，从《萃报》到《东方杂志》，从"幕后"到"台前"，"而立非"为中国报界所接受的变迁历程，也是文摘报刊在清末民初逐渐走向成熟的表征之一。

除了"而立非"，日本的《太阳》杂志也与中国早期文摘报刊的创设有渊源关系。《太阳》杂志虽然到 1904 年才被《东方杂志》提及，但其实梁启超 1896 年创办《时务报》时就已知道该杂志。《太阳》杂志创办于 1895 年 2 月，是当时日本有名的综合杂志。该杂志创办的初衷是因为当时报刊"种类的繁多造成了包括刊物质量在内的各种问题"，于是"动员各界权威、集结论文以及照片、插图精华"[2] 的《太阳》就面世了。梁启超办《时务报》时，招聘日本人古城贞吉作为"东文报译"栏的翻译。《太阳》是《时务报》"东文报译"栏的稿件来源之一，该栏目里曾有《地球大局之动力》、《论英国外交》等五篇文章明确标出译自《太阳》。但是梁启超并未对《太阳》的文摘性质作更多说明，即使是为《萃报》作叙时也只是涉及英美的"而立非吴亚夫奇而立非吴司报"，还是《东方杂志》更加直接地提出了仿照日本《太阳》杂志的体裁。

在中国早期文摘报刊创办之前，西方国家就已涌现出多家文摘性质的报刊。这与世界报业发展的阶段性表现是相契合的，"一八八〇年代时，全球的报纸均面临了一个新的局面。报业市场成长迅速，阅报人口激增"[3]。以美国为例，早在 1850 年就出现

---

① 《新出东方杂志简要章程》，《东方杂志》1903 年 3 月第 1 期。

② 〔日〕吉田薰：《梁启超与〈太阳杂志〉》，《学术研究》2008 年第 12 期。

③ 施拉姆：《人类传播史》，游梓翔、吴韵仪译，远流出版事业股份有限公司，1994，第 248 页。

了一份名为 *Harper's Monthly* 的杂志，即《哈泼斯月刊》[①]。这份月刊在创办初期具有较为明显的文摘性质。1890 年 *Literary Digest*（《文摘》），主要是概述当时各报的社论意见，“长期以来是一份很受欢迎的刊登美国报纸意见和时事的杂志”[②]。全球的报纸均面临了一个新的局面。报业市场成长迅速，阅报人口激增。单从数量上比较，中西方差距并不大。然而，由于当时社会环境以及文化传统的差别，中国早期的文摘报刊多以“报”为名，刊物的外在形式多是册报，而西方国家则多将文摘报刊归为“杂志”类；中国的文摘报侧重于采录新闻性强的文章，而西方关注更多的是文学类，譬如从 *Literary Digest* 的期刊名称即可看出较浓的文学色彩。

在西方，“文摘”事业开始于古罗马，那时有许多宫廷学者及私人雇佣的文书利用馆藏典籍进行摘要、节录、抄写等工作。[③] 而“文摘”一词的拉丁文原义为“抽取”，指当时的僧侣们抄写经文时通常在每一页上写有该页的“内容摘要”或“批注”，成为较有系统但不脱离原典的“文摘”。文摘刊物的出现则是在 18 世纪，如 1703 年德国莱比锡的《文摘月报》、1747 年英国伦敦的《国际知识与趣味杂志》、1772 年法国巴黎的《法国及外国杂志文摘》等，这些刊物重点是对文学著作的评介。到了 19 世纪，文摘类出版物增加，且多集中于医学、科技等领域。考察文摘刊物出现的背景，亦可发现西方与中国有着类似的因素。18 世纪的欧洲，各公爵领地之间道路和通信不顺畅，人们感到相互之间被隔绝。“他们

---

① Joseph R. Dominick：*The Dynamics of Mass Communication*，中国人民大学出版社，2003，第 122 页。

② 迈克尔·埃默里、埃德温·埃默里：《美国新闻史：大众传播媒介解释史》（第 8 版），展江译，新华出版社，2001，第 384 页。

③ 《文摘刊物探源》，《人民日报》1991 年 11 月 25 日。

需要知识的促进作用，当时的学术性文摘刊物起到了这种作用。文摘刊物成为全欧洲受过教育的人们之间的一种纽带。”[①]

中国早期文摘报刊的名称各具特色。“汇编”、“萃”、“集成”、“选”等词语，在汉语中多少都含有“摘”的意思。报刊刊名的拟定是报刊自身办报理想的表现。1897 年《集成报》发刊词中，“集群粟以见墉栉，集众缕以成经纬，集众木以成轮奂”，此报的“集成”可以拆分开理解，要广“集”各报有用信息，以促“成”读者通过读报以获益；1901 年的《集成报》对刊名作了更详尽的阐释，“本报虽曰集成，非剿袭者比”，理由是“报中分别门类、逐期编列目录，以清眉目”，“名曰集成，盖取中西各报汇集一册，以成大观，庶阅者全璧得窥而无遗珠之憾”[②]。此处刊名“集成”的意思，侧重的正是“集成”之法，即如何将采撷来的众报精华予以呈现，并使读者能够便捷地领略到各报要点。

文摘报刊的“温故”之意义和功能，也为在中国近代文摘刊物的创设者所注意。先是 1884 年《述报·中西近事汇编》的创刊号《缘起》，曾提及“本馆多聘通儒，温阅各报，去疑存信，加以论断”。此处的“温阅”是针对办报人而言的，也是文摘报刊在具体的办报编辑过程中有别于一般报刊的方面，报人通过翻读大量中外报刊，从中摘选出值得刊载的内容，“去疑存信”后呈现给读者，读者在阅读此文摘报刊的同时，也就是有选择地进行了二次阅读。梁启超为《萃报》写叙，引介西国之“而立非吴亚夫奇而立非吴司报”时，曾特意标注“译言温故”，这个注解与英美 Review of Reviews 的本义基本契合，不过后者偏重于 Review 这个词的“评论”意思，而不仅仅是“温习、复习”。除此之外，1901 年的

① 哈德罗·博科、查尔斯·L. 贝尼埃著《文摘的概念与方法》，赖茂生、王知津译，书目文献出版社，1991，第 38 页。

② 《本馆章程》，《集成报》1901 年 4 月第 1 期。

《〈选报〉叙》中，蔡元培谈到《选报》的缘由时说，“……创为《选报》，荟域中域外之国文报而抉择之，其在关天下之故、通古今之变者；咸具本末，间附评议，托体于温故，而取径于开新”[①]。“温故”不是目的，而是“开新”之路径。

在中国，正式使用“文摘”这个名称来命名的刊物，是1937年元旦创办的《文摘》月刊。主编孙寒冰曾赴美国留学，“他自称，创办《文摘》月刊是受了美国《读者文摘》的启发”。随着《文摘》影响力的增加，出现了各种仿效它并冠以“文摘”两字的文摘类报刊，如《半月文摘》（1937年10月，武汉）、《时代文摘》（1944年9月，北京）、《新华文摘》（1945年11月，山东）、《读者文摘》（1946年5月，上海）、《现代文摘》（1947年5月，重庆）等。在“文摘”刊物盛行的同时，也伴生了一批以“文萃”为名的文摘报刊，如《文萃》（1945年10月，上海）、《时论文萃》（1946年2月，西安）、《天下文萃》（1946年2月，长沙）等。综合起来看，“文摘”类占据明显优势。自此，文摘报刊名称之“文摘”才真正流行开来。

五　结语

文摘类报刊自清末出现直至20世纪三四十年代，近代报业体系的这一旁支展示了顽强的生命力，曲折前行了近半个世纪。混合着“报”与“刊”传媒角色的文摘类报刊凭借着对新闻信息的“再次加工”，实现“再次消费”，在社会转型期为读者提供了内容丰富、分类明晰的信息，从而为转型期迷茫的民众传递出了新闻、新知和新观念。而在当今这个瞬息万变的信息时代，网络的发展又

① 《〈选报〉叙》，《选报》1901年11月第1期。

带动出一种“网络文摘”的出现，即通过简易的电脑技术操作将有用的文章摘取出来后复制或另存形成资料文档的样式，加之数字出版、电子期刊、手机报等新媒体的日益涌现，都给了包括文摘报刊在内的纸质媒体行业以巨大的挑战，如何积极应对这种挑战而又不失“文摘”的本性和纯粹性，是文摘报刊业需谨慎对待的问题。在提出破产保护申请两个月后，美国《读者文摘》在北京举行“世界媒体峰会”之际透露，将为 iPhone 手机提供电子书内容，并将以手机应用程序的方式于 2009 年 11 月正式发布。相信《读者文摘》与新媒体联合的这一明智举动，对于包括中国在内的全球文摘报刊业都具有启发意义。

《我们对于新闻学的基本观点》一文的相关问题*

陆定一的《我们对于新闻学的基本观点》（以下简称《基本观点》）发表在1943年9月1日延安《解放日报》（第833号）上，全文共约5800余字。文章依据马克思主义的哲学观点与方法，力图阐明两个基本问题，即新闻的本源问题和新闻的真实性问题。该文是“我国党报理论的重要文献”①，它所提出的若干论点，曾受到广泛的关注和讨论。陆定一的新闻定义在今天的大陆版新闻传播学教科书中仍占有重要的篇幅。

延安时期是中国共产党新闻传播事业发展的一个非常重要的阶段，1942年至1944年的《解放日报》改版，是延安整风运动中的一个大事件，陆定一时任延安《解放日报》总编辑。今年是《基本观点》发表七十周年，我们为此重读了该文，我们试着把陆定一的新闻定义从当代教科书的各种新闻定义的辨析中拿出来，重新放回《基本观点》，放入20世纪40年代的特殊语境中。拙文即是我们重读《基本观点》过程中的一些发现和心得。

一　九一记者节

《基本观点》发表于1943年9月1日，这一天是第十个记者

* 此文发表于《东南传播》2013年第3期，合作者蔡倩。

① 陈力丹：《陆定一〈我们对于新闻学的基本观点〉思维模式对后世的影响》，《湖南大众传媒职业技术学院学报》2004年第3期。

节。九一记者节起因于1933年1月的刘煜生被杀案，同年9月1日，南京国民政府行政院迫于舆论压力，发出《保护新闻事业人员》的通令。1934年，杭州新闻记者会向全国新闻界发出通电，倡议将9月1日定为记者节。延安新闻界也一样纪念这一节日。

但是，1943年9月1日的《解放日报》展示了一种特殊的纪念方式。当天的《解放日报》借记者节之际，刊发了三篇文章：《反对国民党反动的新闻政策》（社论）、《国民党摧残新闻事业》（消息）、《国民党反动派摧残新闻事业的罪行》（通讯），一片讨伐之声。《解放日报》的这种反应在当时是很独特的，翻看当天的国内其他重要报纸可以比较一下。已沦落为敌伪报纸的老牌《申报》对九一记者节不置一词，姑且不论；权威的民间报纸《大公报》反应低调，仅仅发表了纪念九一记者节的通告；中国共产党在重庆发行的《新华日报》则不温不火，除发布纪念九一记者节的通告外，仅发表了一篇社论，号召新闻界提倡董狐直笔的良史精神：

> 古之史官，固然不能说就等于今日的新闻记者，其间有着很大的距离，但左史记言右史记事，原也不只是垂诸竹帛，留诸后代作为殷鉴，对当时的行政当轴亦发生了很大的制裁作用；说古时的史官和今日的新闻记者，在精神上自也有其一脉相承之处，并不为过。因此，我们觉得，在今天纪念记者节的时候，提出董狐那样大义凛然，威武不能屈的风格，来作为我们中国史上新闻记者的优良传统，是颇为适当的。[①]

身处国统区的《新华日报》对国民党的新闻检查制度提出了

① 《记者节谈记者风格》，《新华日报》1943年9月1日。

含蓄的批评。而国民党中央机关报《中央日报》则持所谓“正面报道为主”的方针，其当天社论称：

> 十年以前的今天，国民政府下令，“对于新闻事业人员应切实保护”，从此，九月一日便成为新闻记者最可贵的纪念日。十年以来，我们看到的是舆论界唤起民众，拥护国策，向抗战建国大道上迈进的事实。我们再也听不到类似北洋军阀时代摧残舆论的案件，我们只传诵着为打击敌寇汉奸和发扬民族正气而壮烈牺牲的新闻界英勇事迹。[①]

但延安的《解放日报》看到的不是这个事实，而是另一个事实：

> 在今年纪念九一节的时候，我国的新闻事业正经历着空前未有的严重危机……今天国民党反动派的新闻统制政策，其手段之毒，为害之烈，有过于袁世凯、张作霖等北洋军阀。袁、张等屠杀少数异己记者，已经闹得全国骚动，而国民党反动派则更进一步，企图窒死整个舆论界，拔去全国人民的喉舌，使整个舆论界法西斯化、特务化，失去灵魂，成为独裁政治的驯服工具。[②]

国共两党的中央机关报针锋相对，九一记者节在重庆这边是晴天，在延安看来则是阴云密布。其实，单看《解放日报》本报几年的记者节报道，也会承认1943年这一年的确非同寻常。1941年

---

① 《记者节我们的自勉》，《中央日报》1943年9月1日。

② 《反对国民党反动的新闻政策——为纪念九一记者节而作》，《解放日报》1943年9月1日。

5月16日创刊至1947年3月27日停刊的《解放日报》，过了六次记者节，1941年、1944年、1945年这三年没有相关报道，1942年、1946年这两年有比较正面的报道。1942年9月1日，第一版发表《纪念九一记者节》的社论和《渝昆新闻界纪念记者节》的消息，第四版整版文章悼念何云；1946年9月1日，第一版发表《改进我们的通讯社和报纸》的社论，第二版发表《边区通讯工作之光大批模范通讯工作者、优秀新闻通讯受奖》的消息，第四版有毛泽东题词——中华民族解放万岁为记者节题；朱德题词——拿着笔杆配合枪杆；配文三篇：《人人要学会写新闻》（乔木）、《献给山东新闻工作者》、《忆老百姓报及其与读者的结合》。

而1943年的延安却过着一个愤怒的记者节，问题倒不是出在新闻界或新闻事业。1943年夏季，国共之间关系爆发了一场严重的政治危机，中共称之为第三次反共高潮。两党从年初围绕《中国之命运》一书展开的论战，一直持续至当年的10月份。1943年10月6日，毛泽东致电驻在重庆的董必武："六日起解放报及新华社一切揭露国民党稿件暂时停止，风平浪静，以示缓和。"[①] 于是，由陆定一主持的《解放日报》对国民党政府的声讨运动方才告一段落。

二 《新闻通讯》专刊

《基本观点》发表在1943年9月1日《解放日报》第四版的《新闻通讯》专刊上。

《新闻通讯》作为《解放日报》副刊的一部分，显然没有引起

① 邓野：《日苏关系与国共的战略利益——1943年蒋介石制裁中共的策划与取消》，《近代史研究》2007年第6期。

学界足够的重视。出版于1998年由王敬主编的《延安〈解放日报〉史》从头至尾都没提及《新闻通讯》。该书的第十二章《副刊的宣传》对《解放日报》副刊的版面与内容进行了比较全面的评述，不仅对具有代表性的专刊如《文艺》、《敌情》、《军事》、《科学园地》、《卫生》等作了详细说明，还简略地介绍了《名词解释》、《常识讲话》、《世界知识》、《地理知识》、《读者服务》等小型专刊。另有一篇研究文章涉及《新闻通讯》，文中只是简略提到："在延安整风期间，《解放日报》特辟新闻学研究专栏《新闻通讯》"[①]，一笔带过。

我们找到了延安《解放日报》影印版（全十二册），仔细阅读《解放日报》近六年间的所有相关内容，依次确定《新闻通讯》的出刊日期及刊载文章。

《新闻通讯》自1942年10月28日到1945年3月23日，共出刊14期，发表文章总计73篇。这一专刊刊期不固定，有时一个月出两期，更多的是一个月左右出一期，三四个月出一期也常见，甚至还有两期出刊间隔达六个月之久的。该刊放在《解放日报》的副刊版，即第四版，占据整个版面。《解放日报》从1941年5月16日创刊至1941年9月15日，只有对开两版，没有独立副刊。1941年9月16日，《解放日报》改为对开四版，第四版开辟半个版面作为独立副刊。1942年4月1日《解放日报》改版，副刊由半个版变为第四版的一个整版。1945年3月23日第十四期后，到1947年3月27日延安《解放日报》停刊，《新闻通讯》在没有任何预告的情况下未再出刊。

《新闻通讯》由《解放日报》通讯采访部和青年记者延安分会合办，在第一期中刊登《我们的企望》一文，简短介绍了《新闻

---

① 张骏德、陈先元：《坚持辩证唯物主义的新闻观——重读陆定一〈我们对于新闻学的基本观点〉》，《新闻前哨》2003年第10期。

通讯》的办刊目的：

> 《新闻通讯》，并不是今天才创刊，改版以后，我们陆陆续续出过三期，原来目的，只是帮助本报通讯员同志写稿，文章也只是由本报采访通讯部的几位同志分担着写，油印出版，每期顶多印四百份。①

由于我们没能找到这三期油印的《新闻通讯》，因此猜测这三期并没有公开发行，仅供通讯采访部内部交流。《新闻通讯》在 1942 年 10 月 28 日才改为铅印出版，由通讯采访部和青记学会延安分部合办，读者群也得以扩大，因此对于办刊更多了一些“企望”：

> 第一，我们希望有写作经验的同志，经常供给我们稿件，告诉我们怎样写电讯、新闻、报告和通讯，把你们的经验用来帮助我们写作的进步，使我们的报纸办得更好些。
>
> 第二，我们希望利用本刊反映报纸读者对于报纸的意见，使得报纸与读者息息相通，使报纸能够更适合于读者的要求，使报纸给予读者的东西一天天的更丰富些，更好些。
>
> 第三，想把党报办好，必须依靠有广大的通讯员，因此我们最主要的目的依然是靠这个东西来联系并帮助我们的通讯员同志，鼓励大家写作的勇气，提高大家写作的技术；但是，我们又说给党报写稿，是每个同志的责任，因此，我们更进一步的希望，藉着这一刊物的出版，能够引起还未给报纸写稿同志们的写作兴趣。②

---

① 《我们的企望》，《解放日报》1942 年 10 月 28 日。

② 《我们的企望》，《解放日报》1942 年 10 月 28 日。

继第一期明确提出办刊目的后，《新闻通讯》较好地实现了这些“企望”，对于培养工农兵通讯员工作起到了很大的推动作用。专刊还十分重视搜集稿件，在《新闻通讯》第三期上发表了《征稿启事》：

> 本刊征求下列稿件：（一）新闻理论著述；（二）新闻工作经验介绍；（三）新闻写作研究；（四）世界新闻名著译稿；（五）通讯员组织工作经验；（六）各国新闻事业介绍；来稿字数以三千字为限，请直行缮写，译稿请附原文，寄交《解放日报》转“新闻通讯”编辑室，一经采用，稿费从优。[①]

在前四期中，专刊发表的文章主要是介绍办报方针、新闻工作经验与新闻写作技巧，如《报纸是人民的教科书》（胡乔木）、《论我们所需要的稿件及如何写作——致程行等同志的一封公开信》、《怎样把报纸办得通俗?》、《关于新闻写作的文艺性》等。从第五期开始，专刊的重点转向推进全党办报和群众办报，致力于培养工农兵通讯员，发表了一系列指导通讯写作的文章和工农兵通讯员作品。另外还有几篇关于新闻理论的著述和对各国新闻事业的介绍，陆定一的《基本观点》就发表在《新闻通讯》的第六期，属于“新闻理论著述”类稿件，具有一定的学术性。另外，在翻阅延安《解放日报》影印版时，我们发现《基本观点》这篇文章结尾处还有一个打上括号的标注：“（本段完，全文待续）”。据陆定一自己回忆：

> 那时报纸的编辑记者都是二十多岁的青年，其中有些人受了点资产阶级新闻学的影响……我准备写一篇关于新闻学方面

① 《征稿启事》，《解放日报》1943 年 3 月 5 日。

的文章，解决这个问题，只写了一段，还想写下去，没有写成。[①]

果然，直到《新闻通讯》栏目的最后一期，乃至延安《解放日报》发行的最后一期，我们都没有找到这一未完待续的部分。

顺便提一下，《解放日报》上所发表的新闻理论文章有些并没出现在《新闻通讯》上，如《给党报的记者和通讯员》、《政治与技术——党报工作中的一个重要问题》、《新闻必须完全真实》、《从5个W说起》等。

三　陆定一的事实观

陆定一的《基本观点》一文发表在1943年9月1日延安《解放日报》第四版《新闻通讯》专刊上，七十年过去了，留给我们最深印象的是陆定一的新闻定义——“新近发生的事实的报道”，与其他无数新闻定义相比，它胜在简洁明了。但是，若我们把这一定义放回《基本观点》一文，就会发现它真的很具有“哲学高度”[②]，对于现在的普通读者而言，要理解它，恐怕需要手持一本马克思主义辞典作为辅助工具，因为陆定一的新闻定义实际上不是我们所看到的十个字的句子那么简单，陆定一说：

唯物论者认为，新闻的本源乃是物质的东西，乃是事实，就是人类在与自然斗争中和在社会斗争中所发生的事实。因

① 《陆定一同志谈延安解放日报改版——在解放日报座谈会上的讲话摘要》，《新闻与传播研究》1981年第3期。

② 陈力丹：《新启蒙与陆定一的〈我们对于新闻学的基本观点〉》，《现代传播》2004年第1期。

> 此，新闻的定义，就是新近发生的事实的报道。新闻的本源是事实，新闻是事实的报道，事实是第一性的，新闻是第二性的，事实在先，新闻（报道）在后，这是唯物论者的观点。[①]

“因此”之前的话提醒我们，《基本观点》不能被视为一般的“学术论文”[②]。“因此”之前为因，“因此”之后为果，新闻的定义是如此推导出来的。我们可以说，陆定一新闻定义的关键点是“事实”，正是“事实”让这一定义富有内涵，使人着迷或困惑不已。

首先，这一事实是唯物论者眼中的事实，是“斗争中新发生的事实”，或可称为“斗争事实”、“政治性的事实”。其次，事实与新闻的关系，是物质与精神之间关系的具体化。最后，一条新闻即使具备了所谓新闻五要素，也未必能做到“十分真实”，除非它出自“为人民服务”的报纸。结论是，非共产党办的报纸是绝对办不好的：

> 任何一个报纸不能与我们竞争，因为它们有的不是为人民服务而是为反动派服务的，有的虽然要为人民服务但没有共产党的直接领导，也没有共产党这样先进的伟大的组织可以依靠。

从我们今天的新闻实践上讲，什么是事实，什么是新闻事实，事实与意见（或立场）如何区分，新闻事实与新闻作品到底是什么关系，这些问题其中并没有十分深奥的道理，动用哲学似乎是小

---

① 陆定一：《我们对于新闻学的基本观点》，《解放日报》1943 年 9 月 1 日。

② 徐培汀、裘正义：《中国新闻传播学说史》，重庆出版社，1994，第 388 页。

题大作。但是，在《基本观点》一文中，“事实”并不是一个明晰的概念；它也许是一种特殊的概念，是一种话语，中共新闻工作文献中的“事实”一词应作如是观。比如，1925 年 12 月，毛泽东在他撰写的《〈政治周报〉发刊理由》中说：

> 我们现在不能再放任了。我们要开始向他们反攻，“向反革命宣传反攻，以打破反革命宣传”，便是《政治周报》的责任。
>
> 我们反攻敌人的方法，并不多用辩论，只是踏实地报告我们革命工作的事实。敌人说：“广东共产”，我们说：“请看事实”。敌人说：“广东内哄”，我们说：“请看事实”。敌人说：“广州政府勾联俄国丧权辱国”，我们说：“请看事实”。敌人说：“广州政府治下水深火热民不聊生”，我们说：“请看事实”。①

即使使用如此斩钉截铁的语气，“事实”一词也并没有因此变得更清晰，反而使我们不由得对“事实”生疑。

在刊发《基本观点》的当天，《解放日报》发表了《国民党摧残新闻事业》的消息和《国民党反动派摧残新闻事业的罪行》的通讯，并配发了《反对国民党反动的新闻政策》的社论，这三篇文章所选用的事例是相同的，如史量才的被暗杀（1934 年）、杜重远的被判刑（1933 年）、大众生活等刊物被查封（1936 年）。这些都是事实，尽管是好几年前的事实，尽管因为愤怒（斗争的需要）甚至已经难以分辨这三种不同的新闻体裁，但我们认为，这仍然符

① 毛泽东：《〈政治周报〉发刊理由》，转引复旦大学新闻系新闻史教研室编《中国新闻史文集》，上海人民出版社，1987，第 156～157 页。

合总编辑陆定一的新闻定义，如果我们看到的是定义的完整版本的话。这说明，什么是事实，什么是新近发生的事实，什么样的事实才是“十分真实”的，也许最后只有少数人才知道。

四　邓仪的新闻定义

有学者认为陆定一的定义是“中国共产党新闻思想中的第一个新闻定义”[①]。这个说法可能并不一定准确。中共建党初期，李大钊 1922 年 2 月 12 日在《晨报》上撰文强调新闻事业是“活的”、“写真的”事业，他曾这样界定新闻：“新闻是现在新的、活的社会情况的写真。”[②] 二十年后，在《新闻通讯》专刊上，在《基本观点》发表前，还曾发表另一篇谈及新闻定义的文章——邓仪的《新闻观点和采访路线》（以下简称邓文）。

邓文发表在 1943 年 4 月 8 日《新闻通讯》专刊第四期上。该文认为新闻与政治分不开，立场不同便会产生不同的新闻观点，而新闻观点又会影响到采访的方式。邓仪提出，无产阶级与资产阶级关于新闻观点的不同，就在于无产阶级不把新闻定义局限在狭小的技术圈子里，而是把技术与政治统一起来，进而提出：

> 新闻是群众所未知、欲知和应知而能启发群众斗争性的最新事件，通过简明有力的文字而表现出来的社会政治斗争和对自然的斗争。
>
> 这样的看法自然还不能说已经很完全，但至少指出了新闻的时间性、空间性、政治性、教育性、战斗性和群众性。而这

① 黄旦：《中国新闻传播的历史建构——对三个新闻定义的解读》，《新闻与传播研究》2003 年第 1 期。

② 中国李大钊研究会编《李大钊文集》，人民大学出版社，1984，第 537 页。

正是我们的党报所需要的新闻。[①]

邓仪何许人也？是真名还是笔名，不得而知，但邓文的发表比《基本观点》早了五个月左右，是《新闻通讯》栏目中出现的最早试着对新闻进行界定的文章。但是得到认可并广为流传的是陆氏定义，邓氏定义却杳然无踪。

比较邓文和《基本观点》两篇文献，两者发表的时间接近，发表栏目相同，发表版面位置相同。此外，两者的思维模式一致，都采用了阶级分析方法，把新闻区分为“无产阶级新闻”和“资产阶级新闻”。

从对新闻定义的表述来看，邓氏定义突出强调了“斗争”这个词，提出新闻的作用除了报道“群众所未知、欲知和应知”的事件，还担负着“启发群众斗争性”的任务。比较两篇文献，邓文可以简化为：新闻即宣传；《基本观点》可以简化为：新闻主要是宣传。单就定义而言，“新近发生的事实的报道”，言简意丰，具有较专业的视角。

假若我们把陆氏定义说成是“报道说”，那么邓氏定义就是“事件说”、“斗争说”。邓文围绕着采访工作，而《基本观点》则不断追问新闻的实质。

值得注意的是，将邓氏定义与其他定义进行比较时，我们发现范长江的定义与其尤为接近。范长江在 1961 年的《记者工作随想》中提出：“新闻就是广大群众欲知、应知而未知的重要事实。”[②] 两者的关键词的使用，如“群众”、“欲知”、“应知”、“未知”等，都是相同的。“欲知”是指群众关心的事物，从群众出发；

---

① 邓仪：《新闻观点和采访路线》，《解放日报》1943 年 4 月 8 日。

② 范长江：《范长江新闻文集》，新华出版社，2001，第 1147 页。

“应知”是从领导的角度考虑，群众应该知道的事物；“未知”，又是从记者的角度来考虑群众对事物未知的方面和程度。角度不一，最后都归结到“群众”。我们甚至可以判定范氏定义是对邓氏定义的升级。

范氏定义经常被与陆氏定义相提并论。范长江强调的是采写新闻要到群众中去，与《基本观点》中的精神有相通之处，两者其实都是传者本位观。然而同中有异，有学者对范氏定义和陆氏定义的相异之处进行了分析：“陆定一的主要着力点，是办报者和人民群众的结合，大致相当于‘群众办报’的意思，范长江留意的是群众的需要和从群众观点出发，要解决哪些新闻报道受群众欢迎的问题。于此我们不妨先约略概括一下：范长江定义的中心不是事实，当然也不是报道，而是‘群众’。”[①] 由此可见“群众”在范长江心目中的重要位置，而这也是与邓文一脉相承的。

五 《基本观点》写作的假想敌

无产阶级新闻学或中国共产党新闻理论是在批判旧的新闻理论中构建起来的，《基本观点》一文具有很强的敌情观念，靶子是来自旧社会的一套新闻学理论即资产阶级的新闻理论（或称资产阶级新闻学），它们都是“唯心论的新闻学理论”，当然其中也包括“三民主义的新闻原理”：

> 最近几年，大后方反动派特务崽子们，在提倡所谓“三民主义的新闻原理”，这就是德意日法西斯“新闻理论”的变

① 黄旦：《中国新闻传播的历史建构——对三个新闻定义的解读》，《新闻与传播研究》2003 年第 1 期。

> 种。在这种“原理”之下，特务们提倡“合理的谣言”，公然伪造民意，压制舆论。

所有这些名称不一但实质相同的新闻理论，都奉行“性质说”：

> 新闻学理论中的唯心论，是很早就有的。唯心论者对于新闻的定义，认为新闻是某种“性质”的本身，新闻的本源乃是某种渺渺茫茫的东西。这就是资产阶级新闻理论中所谓“性质说”（Quality Theory）。最早的“性质说”认为“新闻乃是时宜性与一般性之本身”。后来，花样越来越多，代替“时宜性”“一般性”的，有所谓“普遍性”“公告性”“文艺性”“趣味性”“完整性”等等。总而言之，唯心论企图否认“新闻是事实的报道”的唯物论定义，而把新闻解释为某种“性质”的本身，脱离开了某种“性质”就不成其为新闻。

但是，陆定一在写作《基本观点》时，对“敌情”的了解似乎是不够的，他在1981年回忆说：

> 当时我的参考材料很可怜，只有一本戈公振的新闻学。但当时有大批青年从苏区外面来，他们在辩论新闻学，各执一辞，总起来说，就是所谓“性质论”。这种唯心主义的东西，花样甚多。但原理很简单。情况就是如此。[①]

戈公振的新闻学著作有《新闻学撮要》（编译，1925年）、

① 童兵：《童兵自选集》，复旦大学出版社，2004，第110页。

《中国报学史》（1927年）、《新闻学》（1940年）等，我们翻阅了戈公振的相关著作，可以确定陆定一的那本参考书是《中国报学史》。戈公振在书中对报纸进行界定时，顺带提及新闻的定义：

> 新闻（news）果为保物？此一极有兴味之问题也。美国各大学自设立报学科以来，对于新闻之科学研究，方开其端。其中较得要领者，以布乃雅（Bleyer），哈润登（Harrington）与弗润开宝（Frankemberg）为最。据布乃雅所绍介者，计有十种之多。各种研究之中，其简而赅者，如（一）新闻者，读者所欲知之事物也，（二）新闻者，使人人引起兴味之发生事件也。稍加详细之解释，如（三）新闻者，对于读者引起兴味与影响之事件发见意见等正确而得时之报告也。（四）新闻者，有人类之兴味，与人类生活上及幸福上能发生影响之一切事件及观念等相关之原质的事实也。[①]

戈公振在美国学者所提出的各种新闻定义的基础上，加入了自己的分析：

> 科学的眼光以决定新闻之形体者，即为（三）之见解，即哈润登与弗润开宝之性质说（Quality Theory）。由此见解而言，性质与具体的事实乃同一体，其结果可以避免谬误，不致以新闻事实之自身为新闻与否之区别，只须包含上述性质之事实，均可作为新闻，而广告一物为新闻与否之问题，亦即易于解决。[②]

① 戈公振：《中国报学史》，上海古籍出版社，2003，第25页。

② 戈公振：《中国报学史》，上海古籍出版社，2003，第25页。

《基本观点》一文以很不屑的口气给“性质说”作了一个结论：

> 这种唯心论的“性质说”歪曲了客观现实，一方面，把人人可以懂得的新闻说得神乎其神，只能“吓唬土包子”，一点积极作用也没有；另一方面，对新闻事业还起了消极作用，因为如果相信了这种“性质说”，天天去玄而又玄的研究这个“性”或那个“性”，就一世也不会有结果，必致流入脱离事实，向壁虚造，无病呻吟，夸夸其谈。

但我们的读后感却是，陆定一不过是以无产阶级的“性质说”取代了资产阶级的“性质说”，他其实并没有战胜“性质说”。

《基本观点》这篇未完成的文章，是建立无产阶级新闻理论体系的一次重要尝试。而在当时的“政治第一，技术第二”口号下，陆定一对“新闻即是政治”能保持一份警惕，尤为可贵。发表于1943年9月1日《解放日报》副刊版上的《基本观点》，除落实延安整风运动中对来自“旧社会”的青年记者编辑进行教育外，也从侧翼呼应了对国民党新闻政策的大批判。但是，使陆定一新闻定义流行至今的一个重要原因，与其说是定义本身表述得简练，还不如说是那十个字已被后人成功地剥离了当时的语境。

邵飘萍的两篇未再刊的新闻学专文*

邵飘萍（1886～1926）是中国近代的著名报人，也是中国最早一批新闻教育家和新闻学者中的佼佼者，对中国近代新闻事业的发展作出了多方面的杰出贡献。截至目前，关于邵飘萍的研究成果相当之多，在民国报人的研究中，可以说一直都属学术热点问题。经研究发现，邵飘萍著作总量近300万字①，但其中散佚作品似乎占有较大的比重，这说明目前尚不具备出版邵飘萍全集的基本条件，而对邵飘萍的全面研究来说，无疑也是一个不小的缺憾。

一 邵飘萍著作整理的基本情况

邵飘萍著作的整理工作在“文革”结束以后陆续展开。1987年中国新闻出版社出版了由余家宏、宁树藩等编著的《新闻文存》，该书收录了1923年邵飘萍在京报馆发行的《实际应

---

* 此文发表于《新闻春秋》（中国新闻史学会主办）2014年第3期，合作者张彦彦。

① 方汉奇先生在《邵飘萍战斗的一生》一文中，提到“邵飘萍从事新闻工作近二十年，一生所写的论说、时评、新闻、通讯、小说、诗词、剧本和各类专著近300万字。其中，不少作品由于原报无存，已经散失。保存下来的，不到120万字”。新华社新闻研究所与新华出版社合编《邵飘萍新闻通讯选》，新华出版社，1993年，第165页。笔者曾就邵飘萍作品总字数问题请教过方汉奇先生，方先生回复说：“那个字数是根据他一生从事新闻工作、学术研究工作和其他文字工作的工作量估计的。有的文字没有保存下来，因此也只能是估计。只能算是一家言，作为参考而已，未必准确。”（2013年11月18日的电子邮件）

用新闻学》一书。1987年至1988年间，中国人民大学出版社出版了方汉奇先生主编的《邵飘萍选集》（上、下册），该书汇集了邵飘萍生前除专著外在《汉民日报》《时事新报》《时报》《申报》《京报》《东方杂志》等多家报刊上发表的600余篇文章，全书分新闻通讯、论说、短评、专论和其他等五部分，共计70余万字。1993年新华出版社出版的《邵飘萍新闻通讯选》（作为“中国记者丛书”之一种）、1996年人民日报出版社出版的《邵飘萍》（作为“中外名记者丛书”之一种）以及2013年陕西人民出版社出版的《总统并非皇帝》（作为“可以触摸的民国”系列丛书之一种），以上各书选编的邵氏作品均未逸出《邵飘萍选集》的范围。

邵飘萍的著作可分为单行本与报刊作品。单行本除《实际应用新闻学》（京报馆，1923年9月）和《新闻学总论》（京报馆，1924年7月）外，邵飘萍还编著了《实用一家经济法》（商务印书馆，1917年2月）、《综合研究各国社会思潮》（商务印书馆，1920年4月）、《英日同盟之研究》（北京新闻编译社，1920年7月）、《新俄国之研究》（泰东图书局，1920年9月）和《失业者问题》（京报馆，1920年11月）。至于报刊作品方面，1998年杭州出版社出版了由华德韩编著的《邵飘萍传》，书中附有“邵飘萍著作目录（1911～1926）”，依篇名、发表时间、刊名及署名情况收录了邵飘萍的共计1906篇文章，在《邵飘萍选集》基础上，新增了近1300多篇目，应该说这是到目前为止收录最为全面的一份邵氏报刊作品目录。

在本文中，我们将把注意力放在邵飘萍的新闻学专文[①]上，就

---

① 我们把邵飘萍的新闻学作品称为新闻学专文。到底把此类作品称为新闻学作品、新闻学文章、新闻学论文、新闻学专论还是新闻学专文，学界尚未统一。其实也可以笼统称之为“新闻学关系文献”，本文中暂定为“新闻学专文”。

目前搜集到的此类报刊作品的情况来看，其数量应该达到三四十篇，现暂列其中20篇，见下表：

序号	篇　名	发表时间	刊名	署名
1	论新闻学	1915 年 12 月 13 日	《时事新报》	邵振青
2	敬诉诸世界各国舆论	1919 年 7 月 5 日	《京报》	飘萍
3	附录:在各代表招待中外新闻记者茶话会席间演说	1919 年 12 月 26 日	《国民(上海 1919)》	邵振青
4	靳揆与中外记者详谭	1920 年 11 月 6 日	《京报》	素昧
5	经济新刊之旨趣	1922 年 10 月 10 日	《京报》	飘萍
6	周之观念今昔之变迁:新闻学上之一小问题	1924 年 8 月 17 日	《国闻周报》	邵飘萍
7	“七种周刊”在新闻学上之理由:新闻社与学术团体之关系	1924 年 12 月 10 日	《京报副刊》	飘萍
8	新闻常识之一斑	1925 年 4 月 1 日	《民大周刊》	邵飘萍
9	杂录:邵振青导师在新闻研究会之演说(十一月三日)	1918 年 11 月 5 日	《北京大学日刊》第 245 号	署名不详
10	通讯社有可以操纵言论之能力否乎	1921 年 1 月 7 日	《京报》	素昧
11	京报三年来之回顾	1922 年 10 月 10 日	《京报》	飘萍
12	敬告因运动议长而埋怨报馆者	1922 年 10 月 20 日	《京报》	飘萍
13	北京报界之宜自警惕	1923 年 12 月 7 日	《京报》	飘萍
14	我国新闻学进步之趋势	1924 年 3 月	《东方杂志》	飘萍
15	本报并无过甚之要求——请同业公开批评	1924 年 6 月 22 日	《京报》	署名不详
16	从新闻学上批评院秘厅对新闻界之态度	1924 年 6 月 25 日	《京报》	某大学教授
17	附刊上言论之完全自由	1925 年 1 月 7 日	《京报》	素昧
18	国民之对外宣传	1925 年 6 月 7 日	《京报》	素昧
19	记者与读者	1925 年 6 月 7 日	《京报》	飘萍
20	飘萍启事	1926 年 4 月 22 日	《京报》	飘萍

表中的后12篇专文在方汉奇先生主编的《邵飘萍选集》和肖东发、邓绍根主编的《邵飘萍新闻学论集》（北京大学出版社，2008年）中已有收录，并皆附有原文；而前8篇专文则至今尚未全文再版。限于篇幅，本文选择《论新闻学》、《周之观念今昔之变迁：新闻学上之一小问题》这两篇新闻学专文进行简要评析。其中前一篇为国家图书馆馆藏缩微胶卷，后一篇为《民国时期期刊全文数据库（1911～1949）》的缩微胶卷。

二　对《论新闻学》的简要评析

论新闻学

《时事新报》　1915年12月13日　邵振青

本报留东记者振青君近编新闻学一书，大体已具，兹先以其绪言介绍于读者。（记者识）

溯欧美文明国政治界势力之变迁，君侧之权衰，移于政府；政府之权衰，移于国会；国会之权又衰，则移于新闻。十六世纪以前势在君侧，十七世纪以后势在政府，十八世纪以后势至于国会，十九世纪之后半以后势即至于新闻。苏老泉曰赏罚者天下之公，是非者一人之私。春秋则圣人以其是非所以代赏罚，新闻无帝王之统绪，无历史之因缘，不有其位，不有其权，然能明是非以定赏罚，犹古之圣贤以其道德之权，于帝王政府以外自立适意之政府。是故周道衰而春秋作，君侧政府议会之权衰，而新闻事业兴，今日新闻即古之春秋也。

新闻以数尺之纸著字数千言，果有若何权力可以是非赏罚天下也乎？有人评英国之议会权力，曰英国议会除不能使男女互变，以为实有万能之力云云。然今之新闻至夺此万能之力。政府即有命令，议会即已议，绝不经新闻之赞同则不能实行而有效。此何以故？

曰是不外新闻之性质，于平民时代代表国民之最智最强最高尚之思想与情感故也。平民时代之政治必以人民多数之意见为标准，新闻之能力，即引导疏通此多数之意见，以成国政之标准。故新闻者，国政标准之标准也。自古以来，有以武功建国者，有以神权建国者，总之不离乎民之所信。西谚曰：民之声神之声也。我国亦曰民视天视民听天听。新闻之能力则指导万民之视听者，谓为天之天可也。

更证之于以往之事实，以拿破仑之雄才犹比新闻为一联之军队，以俾士麦之怪杰，犹以新闻为外交之先锋，至十九世纪之后半其事益著。伊大利之独立，实得力于古拉脱斯栋之论文，今犹为伊大利议院之纪念。若夫普法国际之竞争，新闻界更发挥莫大之势力。当一千八百七十年，德意志已破法兰西为城下之盟，法人于败亡之余奋力以起，收拾残兵建设第三共和政府，于兵备财政教育实业着着进行突飞向上，有凌驾敌邦之势。俾士麦忧之欲乘法国羽翼之未成再击破之舆，伯林之新闻记者密议盛揭排法之言论，鼓煽民心，运动军队。法国驻德公使侦知之，即密告于本国，法国政府乃与伦敦泰晤士新闻记者商议揭载德将攻法之阴谋，寥寥数行曰德国将急进兵于法京占领亚普伦之高地，命令新条约于二十年间纳十亿之偿金云云。兹事一传，欧洲人心大动，公愤群相诟骂德国之贪残。俾士麦经此揭载至不得不中止其阴谋，法国遂免于兵祸。故无论开战和亲阴谋独立，或以新闻而成，或以新闻而败，势力之雄伟宁非可惊泰西。某名人评新闻记者之地位，曰国民之外交官云云，岂特外交官而已哉！有时为司法官，有时为行政官，有时为教育家，有时为宗教家。世人责任之重且殆莫新闻记者若矣。

或曰如子所言，君侧之权衰移至于政府，政府之权衰移至于国会，国会之权衰移至于新闻。然使有国焉，权未至于国会而逆移于政府，更由政府逆移于君侧则奈何？余曰此之谓政治之逆行，新闻记者不能代表国民以争之，实不能解其责任。自民国以来我国言论衰微，反不及有清之季，此实我国之亡征，深堪痛哭！切望有志之士不畏强御，奋笔以挽回既倒之狂澜，作中流之柱石！是即本书之所为作也。(篇中事实多取材于松本君平民之《新闻学》。附记)

一直以来，学术界对邵飘萍的这篇新闻学专文似乎不大重视。较早提及此文的是华德韩，他说邵飘萍在日本法政大学求学期间，“尤注意搜集海外新闻学知识”。还说1915年10月初，邵便着手编著《新闻学》一书，并于当年年底发表《论新闻学》一文，刊于12月13日沪上《时事新报》。[①] 几年之后，散木（郭汾阳）提到了邵飘萍当年在日本准备编著《新闻学》一事，并说“这部他无暇完成的著作，实际上就是他后来几部中国新闻学开山之作的雏形，其纲领也即他发表在上海《时事新报》上的《论新闻学》一文”[②]。邵飘萍1923年出版的《实际应用新闻学》是不是中国近代新闻学的开山之作，这部正在编著的《新闻学》是不是后来的《实际应用新闻学》和《新闻学总论》的雏形，这都姑且不论。但邵飘萍的这篇文章是中国近代最早以“新闻学”为论题的新闻学专文，应该是没有什么疑问的。邵飘萍是中国近代最早从事新闻学专科研究的，他从1915年5月即着手编著《新闻学》一书[③]，任白涛要稍晚一点，他是从1916年（冬）开始的，至1918年（夏）完成初稿[④]；而徐宝璜则是从1918年10月北京大学筹备成立新闻研究会才着手的，结果后来者居上，1919年底，徐宝璜的《新闻学》成为国人自著的第一部新闻学专著。

---

① 华德韩：《邵飘萍传》，杭州出版社，1998，第51页。在此书所附的“邵飘萍著作目录（1911～1926）”中，作者将《论新闻学》一文列入《时报》名下，显系笔误。

② 散木：《乱世飘萍：邵飘萍和他的时代》，南方日报出版社，2006，第104页。

③ 华德韩：《邵飘萍传》，杭州出版社，1998，第51页。

④ 任白涛：《应用新闻学·自序》，上海世纪出版集团，2011，第1页。

不过，散木称《论新闻学》一文为邵飘萍未来的两部新闻学著作的“纲领”，恐怕是因为他没能读到《论新闻学》的原文吧。原文开篇明确地说，此文为“振青君近编新闻学一书”的“绪言”，并在篇末“附记”中说，“篇中事实多取材于松本君平民（民字似为氏字之误植——笔者注）之新闻学”。我们查对了松本君平《新闻学》的日文版（1899 年）和中译本（1903 年），初步确认邵飘萍的《论新闻学》一文的写作，并没有参考已出的那个中译本，而是在日本直接阅读日文原版的。《论新闻学》的大部分内容取自竹越与三郎为松本君平《新闻学》一书所作的序文，竹越序的副题为《新闻记者论》。顺便说一句，即使是邵飘萍的编译部分，也明显带有“豪杰译”的痕迹，比如日文版原文中有“故に新闻纸は殆んど国民の脊髓骨とも云ふべき者を代表す”，邵飘萍则译为“故新闻者，国政标准之标准也”。当然，这种不忠实原著的做法在清末民初的中国翻译界并不少见。

现在的问题是，何以这篇无甚创见的新闻学专文却发表在 1915 年 12 月 13 日《时事新报》的头版头条位置呢？

《时事新报》创刊于 1911 年 5 月 18 日，由《时事报》（1907 年 12 月 5 日创刊）和《舆论日报》（1908 年 2 月 29 日创刊）合并而成（原名《舆论时事报》），是民国初年具有一定影响力的报纸。民国成立后，《时事新报》先后成为进步党和研究系的机关报，在护国运动中反袁态度坚决，梁启超称之为“吾党唯一之言论机关”。[①] 因该

① 丁文江、赵丰田编《梁启超年谱长编》，上海人民出版社，2009，第 486 页。关于《时事新报》遭受袁政府打压一事，梁启超回忆道：“筹安会起，各方面劝进文电，污我报界洁白之纸者累累相望，我同业盖莫不含愤，而未有以破之也。本报得洪宪政府指授机宜伪造民意之密电数十通，急发表之而为之疏证其真相，天下憬然。然发表未及半，本报已被命停止邮寄，不能有片纸出租界外。本报受此打击，两三年而元气犹不能复。”梁启超：《时事新报五千号纪念辞》（1921 年 12 月 10 日），参见梁启超《梁任公近著第一辑》，商务印书馆，1924，第 325 页。

报言论激烈，1915 年 10 月 21 日，曾受到北洋政府内务部的查禁处分，查禁电文如下：

> 上海时事新报任意造谣，意图扰乱，实属妨害治安，业经本部通电严禁，并由交通部禁止邮递，撤销访电执照。该厅有维持地方安宁之责，应即特派专员，切实侦察，随时检查，不准时事新报再行发卖散布。内地如有发现此项报纸，除没收外，仍科发卖散布人以应得之罪。①

1915 年 12 月 12 日，袁世凯宣布称帝，次日（也即《时事新报》发表《论新闻学》一文的当天）袁在中南海居仁堂接受百官朝贺。当时中国内地各大御用报纸纷纷出“红报”（套红印刷）庆贺，卑称“臣记者”者居然亦有之。对此，《时事新报》有它自己独特的反应方式，那就是在当天的头版头条位置上发表邵飘萍的《论新闻学》一文。需要说明的是，此前松本君平《新闻学》一书的内容被摘译、摘编加以发表的情况，已在清末民初报刊上出现过多次②，《时事新报》此次编译发表显然也不是出于对新闻事业强烈的学术兴趣。我们认为，在当时已经十分狭窄的言论空间里，《时事新报》实际上选择了一种以新闻学论文权充报纸社论的反应方式。这个一千二百余字的头版头条其实是为了要说出《论新闻学》一文的最后一段话，这最后一段话的百余字才是邵飘萍的“创见”，其他的百分之九十以上的文字不过是作为这一“创见”的铺垫，是最后一段的“绪言”，是“绪言”中的

---

① 中国第二历史档案馆编《中华民国史档案资料汇编》（第三辑文化），江苏古籍出版社，1991，第 512 页。

② 参见李开军《松本君平〈新闻学〉一书的汉译与影响》，《国际新闻界》2006 年第 1 期。

绪言。“是即本书之所为作也”可以读成“是即本文之所为作也”。

据统计，从1915年10月至1916年6月，邵飘萍在《时事新报》上发表的各类文章达214篇之多[①]，“阿平”真不愧是一位力挽狂澜的反袁斗士。

三 对《周之观念今昔之变迁：新闻学上之一小问题》的简要评析

周之观念今昔之变迁：新闻学上之一小问题

《国闻周报》 1924年8月17日 邵飘萍

述新闻纸之定义者不可忘之一重要条件焉，即定期发行是矣。所谓定期者，其初为一年一次或二次，如十六世纪德国所发行之邮报 *Post Reuter* 及市报 *Mess Relation*，前者为每年四月耶稣复活纪念节发行，后者则兼在每年秋节之圣米凯尔纪念日发行。可见最初定期的新闻纸之产生乃与宗教有莫大之关系。因此类纪念日德国各大都市皆有热闹之市场，故最便于新闻纸之发售。不独新闻纸为然，凡十六七世纪出版之书籍，亦每见其发行于上述之两种纪念日焉。

继此类定期的新闻纸而发生者，即为十七世纪初期（一六一五年）亦在德国所创刊之周报，是为世界各国周报之鼻祖。原夫周之观念，西洋诸国所以独强者，仍不外乎宗教之意味。故自一六一五年之德国周报出世而后，各国新闻事业发达之前驱，莫不先经过周报之一阶级。德国至一六六〇年始有日报，英国则一七〇二年，始有确定之日报出现，足证日报之比遥周报为迟。夫耶

① 散木：《乱世飘萍：邵飘萍和他的时代》，南方日报出版社，2006，第114页。

教之仪式，既重星期之礼拜与休息，则是日为最便于发售新闻纸者。各国周报事业之所以勃兴，殆莫不以宗教为其原力，骎骎乎传播于东方，普及于全世界。耶教与世界文化之关系自有不可磨灭之成绩焉。但再细察之，科学与宗教，其地位不两立者也。依进化之趋势言，科学之势力愈长，则宗教之势力益消。继承宗教之地位，据社会文化中心者，即为教育。此时周之观念亦即由宗教而移之教育。因教育方面皆有星期休沐之例，故周之重要不下于宗教极盛之时。虽为宗教势力所不及之地，而周报及种种星期副刊画报之发行，依然为一般民众所爱读。因周之观念虽不同，而视为重要则同故也。

近一世纪以来，耶教之信徒，有年年减少之势，而尚有继教育以为社会问题之中心者，即为劳动问题。劳动者与周之关系，如休息，如俸银，皆足以见周之观念之强度。工厂、公司等等星期无不休息者，可谓为周之新观念，与宗教无关系者也。

新闻社中周刊之附录，既以迎合上述教育界劳动界种种心理。而新闻社本身之关系，则因记者人才之备储，有常备预备后备之别。平时从事于日报之外交编辑者，为常备人员，万一有死亡、退引等事，第一战线人员不足时，可以预备后备之人员补充之。此类预备后备者，平日之事务较闲，可利用之以担任周报副刊之职。故以近世周之新观念愈强，周报之发行益盛，其变迁之关系皆不无蛛丝马迹可寻耳。

《周之观念今昔之变迁》发表于《国闻周报》第一卷第三期上。《国闻周报》是胡政之创设的国闻通讯社的附属事业，是一份以报道时事为主，兼及学术、文艺等内容的综合性周刊。此文仅有一千字，但在近代新闻学成立之初，仍具有相当重要的学术价值。

首先，文章对定期性（英文为 periodicity）颇为注意。定期性是近代报刊的一项重要特征，此前的几位新闻学者似乎对此不大重视，在徐宝璜的《新闻学》中，几乎只字未提。[①] 任白涛在他的《应用新闻学》中也只是一笔带过——“报纸之始祖搜集社会发生之事件，以一定期日印行者，最初为德国之《弗兰苦路特鲁》报，该报创刊于一六一五年，现尚存在。”[②] 世界上最早的近代定期出版物产生于德国，今天这在学术界已经成为共识，但从宗教影响的角度去理解“最初定期的新闻纸”，去理解“（西洋）各国周报事业之所以勃兴”，多少令人有些惊讶。近代新闻事业的兴起当然有着多方面的原因，比如说商品经济的发达、思想界的活跃、传播技术的进步等，宗教难道是其中的第一推动力（“原力”）吗？这是个问题。实际上，早先的新闻学著作论及近代新闻业兴起时习惯上把宗教或教会的式微当作一个重要的背景，多数学者认为，宗教不仅不是什么动力，甚至可以直接当作一种阻力来看待。但不管怎么说，邵飘萍的这个观点在当时是具有一定新意的。至于社会文化中心是否真的是由宗教转为教育再转为劳动的，也可另作讨论。

邵飘萍的这篇新闻学专文应该是他在《新闻学总论》的相关章节的基础上改写而成。在《总论》的第六章《新闻纸之进

① 徐宝璜稍晚于《新闻学刊》创刊号上，谈到“新闻纸之性质”，认为“新闻纸之特点有三：（一）用一定名称；（二）用纸印刷；（三）继续定期发行”。《新闻学概论》（上），1927 年 2 月。转见肖东发、邓绍根编《徐宝璜新闻学论集》，北京大学出版社，2008，第 136 页。顺便说一句，“定期出版”、“连续编纂”、“定期刊行物”这些汉语词语也是晚至 1911 年才出现的。

② 任白涛：《应用新闻学》，上海世纪出版集团，2011，第 104 页。又，更早一些时候，胡愈之有《欧美新闻事业概况》一文，谈到新闻纸的界定，称“新闻纸者，西名 Newspaper，盖指各种定期出版之日报周报等而言。其性质以记述时事为要旨，与他种论述政治学术及社会事件之杂志丛刊，微有不同”。胡愈之：《欧美新闻事业概况》，《东方杂志》，1918 年 2 月，胡愈之《胡愈之文集》（第一卷），生活·读书·新知三联书店，1996，第 22 页。

化史略》中，邵飘萍认为，“真正意味的新闻纸，即先实现于德国也。”并说，要成为现代的新闻纸，需满足以下三个必要条件：（一）用纸印刷者（有别于手抄本）；（二）有一定之时间发行（即定期发行）；（三）不问需求者是否先行订货。（有别于预约而制作者。邵认为“此即新闻纸商品化之第一步矣。”）而谈到新闻事业发达之原因时，他认为直接的原因有“机械之发明”、“电报之利用”、“政治的兴味”和“经济的原因”等四项。邵飘萍的这些相关章节，与此前同类新闻学著述中的报刊史部分很不一样，它不是那种仅仅通过一些数字组合而成的描述性的东西，而是倾注了作者很强大的理解力，所以他常常能够发现“新闻史中有趣味之事实”[①]，也无怪乎他将自己的新闻学著作名之曰总论，以区别于此前一般编写的《新闻学》的泛泛之谈。[②]

专文不是一篇关于“周”的概念史论文，它的重点放在周报上，是一个与周报编辑实践密切相关的小型理论文章，是用来解答周报编辑实践中的具体问题的。五四新文化运动时期，随着杂志的勃兴，报纸的增刊专刊也大量出现，原来报刊渐已分明的格局突然又变得模糊起来了。一些老资格的大报如《申报》《新闻报》《时报》，和一些新锐报纸如《时事新报》《晨报》《民国日报》，纷纷推出自己的系列增刊专刊。一时间，杂志办得越来越像报纸，而报纸也不遑多让，两种纸媒渐有趋同之势。在《时报》与《民国日报》的刺激下[③]，至1924年底，邵飘萍在他的《京报》上连续推

① 肖东发、邓绍根编《邵飘萍新闻学论集》，北京大学出版社，2008，第151～156页。

② 肖东发、邓绍根编《邵飘萍新闻学论集》，北京大学出版社，2008，第100页。

③ 参见徐凌霄《飘翁对于文化之努力》，《京报·邵飘萍先生被难纪念特刊》1929年4月24日，转见散木《乱世飘萍：邵飘萍和他的时代》，南方日报出版社，2006，第279～280页；荆有麟：《鲁迅回忆》，转见散木《乱世飘萍：邵飘萍和他的时代》，南方日报出版社，2006，第244～245页。

出了十余种副刊和专刊。[①]

至于新闻社为何要办周刊、办那么多周刊，本文只是简单地回答说，是要“迎合上述教育界劳动界种种心理”，并未就此展开深谈。于是，便有了当年年底邵飘萍在《京报副刊》第6期上发表的另一篇新闻学专文《“七种周刊”在新闻学上之理由：新闻社与学术社团之关系》。在后文中，邵飘萍解释了自己为何计划近期内在《京报》附设“七种周刊”，他说：一是“日报应力避单调之病”，报纸编辑要像高明的厨师那样，应该“预备各种不同之食物，以迎合多数不同之嗜好者”；二是，要依托不同的学术团体来主办各种副刊，从而促进新闻社与社会上各种学术团体之间的合作互动，更好地服务于社会大众。[②] 此文可以视为《周之观念今昔之变迁：新闻学上之一小问题》的下篇。

四　结语

邵飘萍曾说自己：“百无一嗜，惟对新闻事业乃有非常趣味，愿终生以之。”[③] 他从事新闻工作近二十年，为我国新闻界留下了大量宝贵的财富。早在1927年就有人留意邵飘萍的各种作品。由

---

① 附刊多，是《京报》的一大特色。在增设“七种周刊”之前，《京报》就有《小京报》、《经济新刊》、《教育新刊》、《社会新刊》等多种附刊。1924年12月起，增设附刊的情况如下：《戏剧周刊》（周一，12月4日创办）、《民众文艺周刊》（周二，12月9日创办）、《妇女周刊》（周三，12月10日创办）、《儿童周刊》（周四，12月18日创办）、《图画周刊》（周五，12月28日创办）、《文学周刊》（周六，12月13日创办）、《电影周刊》（周日，12月14日创办），外加原有的《京报副刊》日刊、《北大经济学会半月刊》、《社会科学半月刊》等。参见华德韩《邵飘萍传》，杭州出版社，1998，第151~155页。

② 飘萍：《“七种周刊”在新闻学上之理由：新闻社与学术团体之关系》，《京报副刊》1924年12月10日，第6期，民国时期期刊全文数据库（1911~1949）全文缩微胶卷。

③ 潘劭昂：《我负飘萍先生》，《京报·邵飘萍先生被难纪念特刊》1929年4月24日，转见肖东发、邓绍根编《邵飘萍新闻学论集》，北京大学出版社，2008，第249~250页。

黄天鹏主编的《新闻学刊》（共出 8 期），曾刊登过邵飘萍的一些遗著[①]，在其创刊号上发表了邵飘萍的《新闻事业篇》（遗著），小记者为其作序提到："惟飘翁著作，多属时事，关于新闻学者，已刊行二专集，殊少零篇，或除新闻学进步之趋势诸篇外不多见也。社友恐年久散佚，拟为纂集成帙，问名于彬彬先生，为之题曰，'新闻学类稿'。嗣后当竭力搜罗，以献阅者也。"[②] 从中可见当时新闻界对邵飘萍新闻学著述的重视程度。之后 1930 年另一篇邵飘萍遗稿为黄天鹏编辑的《新闻学名论集》所收录，题为《中国新闻学不发达之原因及其事业之要点（遗稿）》。[③]

邵飘萍生前的所有文字，据说可达 300 万左右，但保存下来的，却不到 120 万字，仅占总量的三分之一。因此，收录、整理与研究邵飘萍著作的工作可谓任重而道远。我们对邵飘萍的两篇新闻学专文的评析只是一次粗浅的尝试，就算是抛砖引玉吧。

---

① 散木：《乱世飘萍：邵飘萍和他的时代》，南方日报出版社，2006，第 287 页。

② 邵飘萍：《新闻事业篇（遗著）：我国新闻学进步之趋势：新闻学应列为普通学科》，《新闻学刊》，1927 年 1 月，第 1 卷第 1 期，第 25 ~ 28 页，民国时期期刊全文数据库（1911 ~ 1949）全文缩微胶卷。此文先发表于 1924 年第 21 卷第 6 期的《东方杂志》上，题为《我国新闻学进步之趋势：新闻学应列为普通学科》，署名飘萍。

③ 《民国丛书》编辑委员会编《民国丛书·第二编》（影印本），上海书店，1990，第 39 ~ 68 页。

中篇　中日近代新闻交流

日本步入近代化过程中的政府与新闻媒体之关系*

日本的新闻业与其经济发展一样取得了举世瞩目的成就。这一成就当然是众多因素共同作用的结果，它可一直追溯到明治前后甚至更早，特别是人们现在已注意到“19 世纪只有日本一个后进国家成功转型”，从而引起对作为日本“近代化的准备”的近世（德川幕府时代）的研究。我们不得不承认，日本文化传统中确实具有较易接近西洋文明的特质，而晚清中国似乎命中注定要作出最大的抗拒直至帝国大厦完全坍塌。这一进一退之中，政府与新闻媒体的关系乃是一个极具象征意义的指标。诚然，今天的日本仍然表现出许多与它的西方伙伴不同之处，但从近代化的角度看，其政府与新闻媒体的关系的主流是共存和协作的。明治政府将新闻媒体纳入近代化的总体战略之中，利用并且善用新闻媒体，表现出了非凡的苦心和技巧。

---

* 此文发表于《国际新闻界》2001 年夏季号。

一 德川幕府的政治情报收集与管理

日本的封建制度似乎处于西欧与中国之间：与西欧相比，多一些专制主义色彩，较诸中国，又多一些分权特征。江户时代的日本为一幕藩体制国家，幕府与皇室并存，这是一种平行分权；另一方面是幕府将军与诸藩大名的上下分权。以这种制度背景去理解情报系统的运作是必要的。

德川政权建立了完整的情报收集与处理系统，大抵上说是由其监察人员（“目付”）层层收集然后交给“评定所”分析处理。收集对象从将军侧近到大名、藩士再到底层的农民、町人。幕府直辖的各地方的情报工作还通过“远国奉行”（地方执政）来推进，边地的场合且兼有外国情报收集的职能。幕府系统之外，各藩也通过“留守居”进行对幕府、他藩等的情报收集。概言之，德川幕府和其他封建政权一样，推行的是言论统制政策。它也常颁发有关禁令，它的“隠し目付”之类监察人员也常游走于市井，让其士民不寒而栗，这不可避免地带有专制秘密政治的黑暗的一面。然而，很多学者还是发现近世的日本民众事实上可以处于比较活跃的言论状态，统治阶层看来并不拒绝来自民众的献策与建言，有时甚至主动谋求这种发展。研究表明，在诸藩，希望民众有政策上的建议，至少在18世纪前期已经制度化了。幕府方面的情况更典型一些，以吉宗时代为例，德川吉宗入继将军之初，循例向全国派遣“巡见使”，但这些人回来报告说“各地平安无事，人民深浴恩泽”之类，却让吉宗听了大为不满，并将他们免了职。由此看来，吉宗不只是想利用情报组织以达到确立政令、权威的目的，还想积极地征求有益于政治的参考意见。不久即发布命令，受理民众的请愿与陈情，对于拦驾面诉也持宽容态度。享保六年（1712）更设置了

“目安箱”，每月三次在评定所外放置，投书者写好诉状，密封投之，然后有司将其直接送呈将军御览。目安箱之设不限于一地，京都、大阪等地也有。目安箱的设置是面向底层民众的，官吏若有进言，则只能面对其直接上司或“目付”。民众的投书使各级官员特别是下级官员的“不正行为”无所遁形，从而强化了将军的权力，同时，目安箱的设置也含有借“直诉制度”缓和民众积极或消极抵抗的意图，即告诉民众：这也是一种表示不满的方式，让民众有机会宣泄。

一般认为，三代将军德川家光之时日本即进入了“锁国时代”，直接的原因是禁教。但“锁国”这两个汉字有时会给人一种国门“砰”的一声关上的印象，一些学者颇不以为然，他们指出，“锁国”之后，不仅异国情报的流入未曾中断，只是限定为四口（长崎、萨摩、对马、松前），四口中以长崎最为重要，它是幕府直辖地，由长崎奉行管理。可以说，即使17世纪初日本进入了“锁国时代”，也仍有一扇通往外部世界的大门朝远在江户的幕府中枢虚掩着，它就是荷兰人设在长崎的商馆，某种意义上讲，它甚至决定了日本近代的命运。

首先，商馆提供了兰学。兰学是指由荷兰人输入的西洋文化，它也是情报中的一种，并且也处于幕府的主导之下。兰学的兴起与发达反映了日本社会对待外来文化的开放态度。兰学的积淀以及日本吸收外来文化的传统对于近代具有何种意义呢？发达的兰学冲击并逐渐取代了儒学的地位，这是一种深刻的变化，即使因此说日本提前进入了近代也是不过分的：它既作为19世纪日本与欧美强国对抗的缓冲，又是日本急速西洋化（之后更有“脱亚入欧”）的预备。具体到近代新闻媒介上，“兰学”储备了大批人才，最早的一批近代报人几乎都有很深的兰学造诣。“兰学”还提供了理解与接受近代新闻媒介的观念。所以，说到底，日本的新闻文化也是

“混血型” 的。

其次，兰馆的荷兰商人还需履行一种特殊的义务。幕府允许荷兰人和中国人前来通商，作为条件，两国商人需定期提交一份海外情报，合称“唐兰风说书”。当时的荷兰商人是根据本国与其他西洋国家出版的新闻纸，从中选择自认为重要的事项写入“风说书”的，因此可以说日本很早就与西洋新闻事业发生了联系。

重视对外情报不仅体现了一种开放的心态，而且，最终会反映到决策水平上来。因为“风说书”，幕府掌握了许多重要情报，如鸦片战争、柏利来航等，由此得以作出相应的改变。以鸦片战争的情况看，由于邻国也曾是榜样国的清朝败于英国，幕府震惊之余，放弃了 1825 年的“异国船打令”，开始给外国船只提供燃料、水、食物。而另一方面，日本的德川幕府却逐步在增强其应对的主动性。1811 年，幕府设立“蛮书和解御用挂”（天文台译局），征用兰学者从事翻译工作，同时将“风说书”中的大事件的告知范围稍加扩大。

二　明治新政府的新闻对策

1867 年至 1868 年间，日本一度出现了并存的两个政府，即京都的新政府和江户（东京）的德川幕府，舆论界也判然分成尊王派和佐幕派，从内容上看，佐幕派的新闻还要略胜一筹。但当时的形势是幕府军节节败退，最终江户城被接收。与此同时，新政府实施了“官许制”，一些攻击西军的报人锒铛入狱，佐幕派新闻很快荡然无存了。但是，新政府并没有把幕府时代的一切全部推倒重来，随着中央集权体制的大致确立，新政权的不断巩固，新政府更感于富国强兵、文明开化的近代化事业之艰巨繁复，亟须新闻媒体之配合，同时也多方大力扶持新闻媒体。

（一）新闻促进策

明治四年（1871），新政府重新制定了“新闻纸条例”，与明治二年（1869）的“印行条例”相比，新条例突出了新闻纸的启蒙的功能。新条例认为，新闻纸应以“开启民智”为目的，应多登载有益于世道人心的内容，不必局限于惩恶扬善的说教，一些西洋器具的介绍也可开阔眼界，引人喜新向上。报纸的版面还可活泼一些，某些虽无甚益处但只要是无害的“杂谈”“谐谑”，也可见诸报章。此外，还强调新闻文体宜浅显易懂，应避登“奇字僻文”，这种来自政府对于读者阅读能力的关心，反映了近代化事业也迫切需要不属于知识阶层的一般庶民的参与。也就在这个新条例颁布的前后，一批拥有政府背景的报刊陆续出版了，如《海外新闻》《横浜每日新闻》《新闻杂志》《东京日日新闻》《日新真事志》《邮便报知新闻》等。此外，一些地方报刊也在府县厅的保护下得以出版与发展，如《京都新闻》、《日注杂记》（广岛）、《大陂新闻》等。这里所说的“政府背景”是指政府官员的参与方式，他们或作为策划人，或给予劝奖，或是某报的后援者，或直接创办。木户孝允是明治新政府的主要决策人物之一，明治四年（1871），他出“金十两”，让其幕僚山县笃藏发行《新闻杂志》，创刊号上极言求知之重要。该报还着力宣传废藩置县论，俨然成了木户派的喉舌。条野传平等三人在业余时间创办了《东京日日新闻》（《每日新闻》的前身，以下简称《东日》）。

还有更进一步的办法，那就是政府购买。明治五年（1872）3月，一纸盖有“井上馨”大印的大藏省第47号令，使《新闻杂志》、《日报社新闻》（即《东日》）、《横浜每日新闻》三报蒙承特典，此令明示为“新闻畅达，智识进步”，政府将购买三报的一部分。到明治七年（1874），政府又购买《日新真事志》《邮便报知新闻》《公文通志》。这 6 种报刊每种可购入三份，则三府七十二县（当时的行政区划）同一种可购入 255 份。以《东日》的情况看，官买的份额相当于创刊时的 25% ~ 30%。此外，兵部省、宫内省也有直接购买，天皇从明治初开始也得以阅读大量的内外报刊。政府同时还发起、推动新闻讲读运动。

（二）新闻法制化的步骤

新政府进驻江户伊始，即颁发核心为“官许制”的太政官布告，有人称之为“新闻规制法令第一号”，一时间，佐幕派新闻销声匿迹，几疑为一大倒退，但不久制定的“新闻纸印行条例”，政府一改“禁止主义”而为“积极指导”。两年后，再改定为“新闻纸条例”，推行新闻奖励政策。可是又两年后的明治六年（1873），“新闻纸发行条目”（18 条）的公布，表明新政府的新闻政策的重心从启蒙转向了统制，政府与媒体的蜜月期结束了。明治八年（1875）更颁布新的“新闻纸条例”和“谗谤律”，完全一副凶神恶煞的样子，那么这是否意味着明治政府与新闻媒体的关系发生了根本性的改变呢？

明治六年（1873），新闻统制主义的抬头，间接地肇因于政府内部的分裂。先是，大藏大辅井上馨等提出“财政意见书”，表达了与内阁的分歧，随即辞职。不久，《日新真事志》将这封秘密文书揭载出来，从而暴露了内阁分裂的真相，立刻成为公众关注的焦点。明治七年（1874），围绕着征韩论的斗争更趋激烈，导致西乡隆盛、坂垣退助、江藤新平等人离开政府，这对媒体来说，又是一个极好的卖点。而政府方面却忧虑由于舆论的分裂转而会影响政府的号召力与决策能力，于是对报章的言论采取严厉的措施，并首次导入“惩役刑”和“禁锢刑”，所定“谗毁罪”与“诽谤罪”，均不论事实之有无，只要被认为有损官吏的声誉，即可成立。

但应该指出的是，明治八年（1875）的这两个条例的出台是事出有因的，当时日本的情形是，对外有不平等条约废止的问题，有与朝鲜半岛、中国台湾的纠纷；国内，地方上骚动不断，叛乱在酝酿中，民权运动也持续高涨，而反映这一切麻烦的文字却时常在报纸的“社说”与“投书栏”中出现，让政府中的那些藩阀巨头们坐立不安，处于这样峻急的环境，他们认为有理由施以重典。明治初中期的新闻法规修改与变动的次数，显示了政府方面决心使用法律的杠杆来操纵新闻界，然而，这一操纵水平也在不断提高，相关条例由简略达至繁细，明治二年（1869）是13条（正文8条），至明治四十二年（1909）《新闻法》的正式出台变为皇皇的45条。这样也使新闻界知道为何犯忌和将遭到什么处罚，以及知道这种处罚是否合理，是否还有讨论与争辩的余地。当然，明治政府的新闻法规的规制色彩逐渐变得浓厚也是事实，尤其是涉及政治、外交、军事题材的报道一直非常严格，但实际上受到打击最大的只是政论性报刊，“小新闻”却好像趁机得以壮大起来，而且，新闻事业的总的规模也是不断增加扩大的。另一方面，新闻界受到的挫折业已表明所谓言论自由的疆域绝不是报人们信笔所至的，这又未尝不是一件好事。要之，综观明治初中期的政府与媒体的关系，与其说新闻法制化与“新闻奖励策”有着本质上的冲突，还不如说，明治政府的新闻政策本身即具有自由与专制、自主与统制的双重性质。

（三）《官报》的创办与政府助成金问题

明治政府在处理与新闻媒体的关系的时候，常常处于这样的困境中，即一方面在近代国家的锻造过程中，某种形式的一元化是必需的，至少法规政令必须统一和得以贯彻；另一方面新闻媒体好像是一些或近或远地散布在政府周围的、不可捉摸的，有时甚至带有天然离心倾向的存在。这就使得政府对新闻界的风吹草动极为敏感，也使它不断地为夺取和保持舆论的主导权而费尽心机。《官报》的创办即是这种努力的具体表现。

首先是大隈重信的《公报日志》的构想。触发大隈这一构想的是当时法令颁行的方法存在的弊病，为改进法令颁行的方法，应该有一个法令传达的正式媒体。不料发生了“明治十四年的政变”，大隈被赶出了政府，《公报日志》胎死腹中。

但政府并未因人废事，有关未来这个政府公报的细节仍在进一步推敲中。当时担任太政官大书记官的井上毅拿出了自己的方案即《官报新闻》的构想。若加以比较的话，井上的构想中有关法令周知的重要性与传达途径的标准化与大隈的构想是一致的，但井上还特别突出“指导舆论方向”的意图。1882 年之后，政府方面决定由参议山县有朋出面主持《官报》的筹备事宜，1883 年 7 月《官报》正式创刊，此后除星期天和年末年始的那几天外，该报连续发行一直到现在。

在官报筹备的最后阶段，因山县有朋的主导，确立的原则是“官报为经，私报为纬”。这里所谓的“私报”是指政府阴助私社，让其发行“新纸”来争夺舆论。对“私报”（半官新闻）的提携与助成，严格地讲从新政府一成立就开始了，但当时主要采取“政府购买”的方式，到后来特别是《官报》创刊后则主要通过支付“助成金”的方式。助成金是一笔秘密的政治经费，其财源是年额 10 万 ~12.5 万元的“内阁机密金”，政府锲而不舍地提携与助成“私报”，大概是当局早已认定由政府直接出面决计会使自己失去回旋余地，明治的政治领袖们认为，一流的政府应坚定地贯彻“官报为经，私报为纬”的新的媒体战略。

三　结语

在日本近代化事业的推进过程中，最初政府与媒体结成了某种程度的相互倚重的关系，政府借新闻媒体使人民周知政策，引导人民走向“文明开化”，而媒体也借政府之扶持，打开和扩大销路，两者相得益彰。随着新闻业的发展，报社自身也作了许多努力，如大量招收受过良好教育的毕业生，以提高记者的业务素质。到明治中后期，新闻业已今非昔比了。新闻纸已完全融入了日常生活之中，成为民众不可或缺的精神食粮。而此时，政府大门与报馆大门是对开着的，官员可以退而做报人，报人也可出仕为高官，到原敬出任总理大臣，就差不多实现了梁启超所称道的“报人的理想”。

但是，新闻业的发展并不是单兵独进的。事实上，它一开始就被纳入国家的总体战略的通盘设计与实践中。明治政府的“新闻奖励策”不是孤立的现象，在“殖产兴业”政策中，政府也大力扶持私人企业，经济发展使读者具有了相当的购买力。政府也重视新式教育，1886 年就实现了四年义务教育，这使文盲锐减，从而扩大了新闻的读者群，也增加了读者参与的机会。

毫无疑问，政府是这一巨大工程的设计者，它一直居于主导地位，但这不意味着它万事包办，于是才有一个良性分工，有官营工厂，也有私有企业；有国立公立学校，也有私立学校；有官报、半官报，也有纯粹的私报。重要的是大方向必须是一致的，就是锻造新的国家（富国强兵）、新的人民（文明开化）。因此，政府扶持媒体只是一个手段，它希望报刊能正确地解释国家政策，同时别忘记顺便介绍一些“牛肉的吃法”之类的小知识。如果媒体胆敢指点政府，那就请别走得太远，因为前面有诸多法律，它们旨在保障政府的中心目标的实现。最后，当我们考察明治政府与新闻媒体一对一的关系时，可以得出结论说政府是成功的，它运用扶持与规制的软硬两手巧妙地将媒体引入了一个设定的方向。在这一过程中，政府对媒体爱恨交织。它意识到自己的局限，所以求助于媒体，但它也绝不会坐视媒体自大以致失控。它们之间发生过激烈的冲突，言论自由也曾一度被压至极狭小的范围，但却未有中断。总的来说，政府小心翼翼地在自己与媒体之间划出一块中间地带，它宁可牺牲官报的一些功能，以避免与反对派在舆论场上的直接对决，而另一方面，新闻媒体除反政府外看来仍有很多机会可以从容地体面地运作，于是两者大致上保持了一个微妙的平衡。当日本进入昭和期后，良心的声音开始听不见了，随着军部的日益嚣张，政府一侧反而失控了。这一历史演变证明：当政府与媒体的那种平衡一旦被打破，没有谁能成为真正的胜利者。

主要参考文献

奈良弘美：《新闻学教室》，四季书房，昭和五十五年。

丸山雍成：《日本の近世・6・情报と交通》，中央公论社，1992。

平川新：《纷争と世论——近世民众の政治参加》，东京大学出版会，1996。

辻达达也：《德川吉宗》，吉川弘文馆，平成六年。

近盛晴嘉：《人物日本新闻史》，新人物往来社，昭和四十五年。

岩下哲典：《幕末日本の情报活动——“开国”の情报史》，雄山阁，平成十二年。

田中彰：《近代日本の轨迹・1・明治维新》，吉川弘文馆，1994。

甘利璋八：《「ニュース・ペーパー」上陆す》，新人物往来社，昭和六十二年。

佐佐木隆：《メディアと権力》，中央公论新社，1999。

日本《官报》的设计理念*

一　引言

2000年，我在京都第一次翻看《官报》时，甚为惊讶！一是它真的“其貌不扬”，只有32开本大小，封面印有“官报”字样，一点气派都没有。当时，我想莫非是日本民营新闻业太过发达，以至于将《官报》逼回到了古老的报刊形式——发行量很少的书册式读物？另一个是，它一俟确定就没有变化，我是说117年以来它未曾变化过，它从明治时代，到大正时代，到昭和时代，再到平成时代，无论风云何等变幻，它仿佛决意恪守某种庄严的承诺，不为所动。它那坚韧的连续性，令人感慨不已。

说起来，我对中日比较研究原也有一定的兴趣，现在总算有了一个恰当的选题，于是试着做了一点初步的工作。2001年，我在《国际新闻界》上发表过一篇短文，对日本《官报》的设计理念有所涉及，但限于篇幅以及当时所掌握的资料而未能展开。这几年来，相关的研究还是很少，我又有机会可以再继续做一点思考。

二　晚清官报（1896～1911）

为讨论日本《官报》的设计理念，我想先介绍一下晚清官报

---

* 此文发表于《新闻与传播评论》，2008年卷。

的情况。与晚清110年（1800～1911）相对的是日本幕末[①]与明治时代。19世纪上中叶中日两国先后遭受西方列强的侵略，都被迫进行现代化转型。此过程中，官报创办是一项重要的工作，简而言之，这项工作可作为考察政府在早期现代化进程中的角色定位的技术指标之一，从现代化的角度讲，官报是如何设计与运作的，或许可窥全豹之一斑。

中国自唐宋始即有官报，但移至晚清已日趋式微了，民营《京报》部分地代行了官报的职能。1851年，曾有官员以“京报内容简略，寄递迟延，且价贵难得”为由，奏请刊刻官报，被咸丰皇帝严斥为“识见错谬，不知政体，可笑之至!”[②] 论者常嗤咸丰为可笑，而不知龙颜震怒实亦有其道理。有清一代，官文书通过塘报系统传递，纵使其中存有弊端，也决没达到需要立刻手术的程度。但是，早在一二十年前，近代传媒已在东南沿海出现，林则徐机敏地将其作为重要敌情来源，并将“澳门月报”上呈道光皇帝。看来帝国中枢只是将近代媒体的出现视为一种极偶然的现象，未曾也无法预知它其实为欧风美雨所挟裹。我们的中华帝国一向缺乏“自改革”机制，一般而言，除非到了走投无路之际是绝不思考出路的，而往往到了此时，良机错失，革命形势已不可逆转。

实际上，早在19世纪50年代，由官方主导的译报活动在中断20年之后又恢复了。稍晚一点，江南机器制造局编译了《西国近事汇编》，19世纪70年代，上海道台冯焌光刊行了“准官报”——《新报》[③]。民间对开办官报的呼声随之而起，作为“口

① 德川幕府，又称江户（今东京）幕府，自1603年德川家康受命为“征夷大将军”始，到1867年第十五代将军德川庆喜“大政奉还”为止，执政264年，与清朝寿命相当。

② 戈公振：《中国报学史》，上海古籍出版社，2003，第59页。

③ 马光仁主编《上海新闻史（1850～1949）》，复旦大学出版社，1996，第79～81页。

岸知识分子”（Treaty Port Intellectual）[①] 代表人物的王韬、郑观应对外资媒体垄断中外事务话语权的反常局面感到愤慨，提出了筹建“省城新报馆”、“国家大报馆”等主张，为《万国公报》所召集的外籍传教士（如德籍花之安、英籍李提摩太）也有类似建言，相比较之下，外籍人士的对策显得可信一些，当然这也要看时机。

甲午战争惨败之后，政府广征善后之策，李提摩太草拟《新政策》以进，其中提到创办“国家日报”，认为此事“关系安危”，应延请外籍顾问“总管报事”，并请增设“广学部”以总揽其成。康、梁等新派人物也大声呼吁，但政府并未立刻着手创办官报。1896 年，政府将强学书局收归官办，仿同治初年同文馆之设，改为官书局，刊行《官书局报》与《官书局汇报》两种，形式上与《京报》类似，是为晚清官报之初创。1898 年维新变法期间，还曾一度欲将上海《时务报》收归官办，拟设《时务官报》，后因政变骤起，遂成虚话。[②]

据研究，1902 年袁世凯创办《北洋官报》之前，共有 5 种官报问世，除上述两种外，还加上三种地方官报。[③] 清廷自办和允许地方创办官报，表明它对近代媒体的认识有了进步[④]，但这一进步并非意味着统治集团内部达成了共识。再度听政的慈禧太后连发两道上谕，不仅终止筹备中的《时务官报》，还大肆搜捕持不同政见的反对派的报馆主笔，其理由竟然是基于“近代媒体实无必要”的判断，一下子呈现出 50 年前的咸丰年间的光景。不过，庚子之役后，慈禧羞愧难当——廉耻心是统治集团推行改革的主要动

① 〔美〕柯文著《在传统与现代性之间——王韬与晚清改革》，雷颐、罗检秋译，江苏人民出版社，1995。

② 戈公振：《中国报学史》，上海古籍出版社，2003，第 61 ~ 64 页。

③ 李斯颐：《晚清的官报》，《世纪中国》2006 年第 3 期。

④ 赖光临：《中国近代报人与报业（第六篇）》，台湾商务印书馆，1987。

力——于是宣布新政，总算又回到了当代。但是，官报刊行的主导权转至地方政府已成定局。从1902年起，官报发展进入了快车道：先地方官报（《北洋官报》《南洋官报》《山西官报》《湖北官报》等），后中央官报〔《政治官报》（1907）、《内阁官报》（1911）等〕，十年间共出各类官报百余种——可惜为时已晚。

三 《官报》创办之前的日本官报

德川幕府时代的日本也存在着官报—民报系统，粗略说来，民间传媒有这样两种，一种是落书落首类，一种是瓦版[①]；官方传媒也有两种，一种是“御沙汰”，一种是“御触书”[②]。由于幕府非常重视政治情报收集工作，尤其是海外情报，所以还有一个辅助系统——“唐兰风说书”。19世纪初，幕府加大了译书译报的力度，设立“蛮书和解御用挂”[③]（1811），征用大批兰学者从事翻译。因搜集海外情报的需要，也希望地方势力及普通民众能理解幕府与各国通商往来的立场[④]，幕府翻刻了大量出版于中国东南沿海的中文报刊，称为“官版华字新闻”。

---

① 所谓落书落首类，出于一些对时弊敏感的讽刺家的秘密创作，皆匿名，大致因体裁不同而名目繁多，如舍文、建札、张纸、川柳、异人斩等。瓦版是单页、双页的印刷品或数页的小册子的总称，读而卖之。现存最早的瓦版是1615年的“大阪夏之阵”的绘图，小野秀雄对瓦版称赏有加。参见小野秀雄《かわら版物语——江户时代マスコミの历史》，雄山阁，1988。

② “御沙汰”记载幕府的“布令”、官吏的任免、拜谒、参诣等事项，由老中交给大目付，后者当天将其传抄下来，送发规定的范围。“御触书”是有关民政的布告，由老中通过三奉行传至地方，最后择其可供发表者雕刻印刷，使民众知晓。还有一种“封回状”，只告知“重职关系者”，可归于“御沙汰”。参见穴户启一编《日本新闻发展史（明治·大正编）》，樽书房，1995，第33页。

③ 后改称为“洋学所”（1855）、“番书调所”（1856）、“洋书调所”（1862）、“开成所”（1863），最后汇入东京大学。

④ 甘利璋八：《「ニュース·ペーパー」上陆す》，新人物往来社，1987，第94页。

1860年，幕末政治家小栗上野介因奉命出使美国得以观察当地报纸的影响，回国后提出发行幕府机关报（近代官报）的建议①，虽未被采纳，但幕府将军以另一种方式作了回应，将由荷兰商人所提供的最新“兰风说书”——荷兰殖民当局在雅加达的机关报，确定为《官版巴达维亚》（1862）。不久之后，因幕府内部发生分裂，攘夷势力抬头，上述的官版翻译（或翻刻）新闻的工作被迫停止了。不过，洋书调所的学者们随即自行结成“会译社”，以“笔写新闻”的形式将“外字纸”和“外国纸”中有关日本的内容翻译出来，公之于众。另外，出使归国的池田长发等人再次申述报纸对舆论形成的重要性，建议幕府当局出资若干加入“新闻社”，以防止因幕府没有主导“情报发信”而任由外国公使馆的意见四处传播的偏颇，并敦促幕府定期购读柳河春三编辑的《中外新闻》，以确保幕府的发言权。

德川幕府垮台后，明治新政府于1868年2月创办《太政官日志》，作为正式中央官报。但在西南战争期间，政府的一部移至靠近前线的京都，因忙于战事，《太政官日志》实际上处于休刊状态，《东京日日新闻》② 代行了政府官报的职能，而到内战结束后政府好像也不认为有复刊之必要，于是1877年《太政官日志》第一号便成了最终号。

从1880年（明治十三年）起，政府方面就开始探讨新的政府官报类型。从1880年到1883年这三年中，官报的设计经历了三个阶段，一是大隈重信的《公布日志》阶段；二是井上毅的《官报新闻》阶段；三是山县有朋的《官报》阶段。③ 大隈的计划因政变

① 穴户启一编《日本新闻发展史（明治·大正编）》，樽书房，1995，第38页。

② 《每日新闻》的前身，条野新平等人于1872年创办，民营但有官方背景。

③ 参与官报设计与筹备工作的重要人物还有伊藤博文、井上馨、山田显义、岩仓具视、三条实美等人。

而中止，山县则是在充分考虑了井上的版本的基础上向前推进的。虽说官报的设计一波三折，但其中的关键还是在《官报新闻》阶段。

四 井上毅的担心

如果把“明治维新三杰”（西乡隆盛、木户孝允、大久保利通）视为第一代政治家的代表，那么井上毅（1843～1895）就是明治维新第二代政治家的代表人物之一。[①] 在大隈重信主导阶段，《（法令）公布日志》的版面由“官报”部分与“私报”部分所构成，前者刊载“法令规则训状及任免”，后者刊载“政事上或学术上的论说与记事”，使未来的《公布日志》既作为“政府公告纸”，又能作为“政府直属政论纸”。[②] 为此，大隈还要特地物色一个重要人物，“明治第一知识人”同时也是大日本帝国主义鼓吹手的福泽谕吉被寄予厚望[③]。但是，《公布日志》只是未来官报设计的一个模糊的草图。井上毅（时任太政官大书记官）在这张草图上，面对原来的“私报”部分，反复斟酌。

大隈的官报设计类似于晚清的“北洋型”，井上的官报设计则类似于“湖北型”。[④] 由张之洞主导的《湖北官报》，卫道色彩强烈，显示出在官方与民众意见发生分歧的场合，为捍卫意识形态正

---

① 井上毅，生于熊本藩院臣之家，幼时读过四书五经，但很早便离开了汉学，而在幕府的开成所学习法国学问。日本帝国宪法中的法国法的“要素”多出于井上之手。井上是司法专家，虽被视为伊藤博文门下的四天王之一，但井上对藩阀之间的内斗不感兴趣，基本上是作为一个直接服务于天皇或明治国家的政治家。

② 佐佐木隆：《〈官报〉创刊と政府新闻强化问题》，《新闻学评论》第33期，日本新闻学会，1984。

③ 参见会田仓吉《福泽谕吉》，吉川弘文馆，平成十一年，第209页。

④ 张小莉：《清末“新政”时期的地方官报》，《福建论坛（人文社会科学版）》2005年第11期。

确性而引导舆论的决心。[①] 在“官权派”与“民权派”尖锐对立的19世纪80年代初，井上提出了一份《人心教导意见案》[②]。他对大隈下野后的新闻界甚为忧虑：若在舆论走向上被民权派（过激论者）占了先机，则大势去也，政府将无以善后。针对“奸雄”（民权派）借报章杂说“牢络人心”的惯用手段，井上认为政府应以其人之道还治其人之身，加以反击。[③]

就未来《官报》的“纸面构成”而言，井上将大隈原先的“官报之部”与“私报之部”拆分为“官报栏”、“正误栏”、“社说”、“杂报及公告”四部分，“社说”在登载之前应受“布告挂”的审查，这与大隈构想相同，但井上的“私报”范围明显缩小了，只有“杂报”一项属新闻社自行处理。井上认为，“社说”应具有很强的“官的性格”，即“社说”务必为官方立场辩护，要正面说明和阐释法律规章之所以如此的理由，要指导舆论的走向。社长、编集人若对政府的政务持有“异见”，可享有“沉默的自由”（详见第五节），但绝对不能在报纸上发表怀疑或反对的看法。

井上重视《官报新闻》中的“社说”，准备与反政府的报纸中的“社说”针锋相对，但后来他发现了在纯属官方所有的报纸上刊登“社说”的困难，因此对自己先前的想法作了部分的修正。井上认为官报的“社说”最好只限于“立法理由之说明与政策之辩解”，涉及学问上的论争“恐有政府与人民斗智之嫌”，人民且有可能因此预知政府将来之目的。他看到当时报纸的“社说”栏有三分之二的文字是学问上的论说和关于“未来的想象”，若政府

---

① 参见渡边武达、山口功二编《メデイア用语を学ぶ人のために》，世界思想社，1999，第89~92页。该书对政府与媒体关系作了一个较好的归纳。

② 井上毅传记编纂委员会主编《井上毅传史料篇一》，国学院大学图书馆，1966。

③ 山本四郎编《日本近代国家の形成と展开（第三章）》，吉川弘文馆，1996。

在这个领域卷入论战，极有可能让自己的权威失坠，反为不美。[①]

可见，在明治政府初期的新闻政策中，还保留了明显的专制时代的痕迹。所有的专制政体皆以防民、弱民为其特征，在日本古代文献中，“民可使由之，不可使知之”（ょらしむべし，しらしむべからず）也是常被引述的重要教条，“使朝廷命令，可得而闻，不可得而测”[②]，乃是专制独裁者共同的驭民要术。但是，井上的新闻对策中也带有日本政治的特殊性（详见第六节）。

五 明治时代的言论自由

井上毅认为，未来官报社的工作人员在不赞同官方意见的场合可得享受“沉默的自由”，对于“半官新闻”[③] 也持有相同的认可和谅解。那么，明治时代具有什么样的言论自由观念呢？它的言论自由达到什么样的水平呢？

说到“言论自由”，就要从近代自由观念谈起。近代自由观念对于中日两国都是舶来品，通常认为，它输入中国的时间要早于日本，但就两国知识界的主动性而言，日本方面并不落后。有趣的是，两国接纳之初，均意识到 Freedom 或 Liberally 与汉语名词“自由”并不等值，但很快两国知识界就拉开了距离。简而言之，日本方面吸收得更积极一些、更直接一些。以密尔《论自由》（1859）的翻译为例，日译本是 1872 年由中村正直完成（《自由之理》），而中译本则迟至 1903 年由严复完成（《群己权界论》）。知

① 佐佐木隆：《メデイアと权利》，中央公论新社，1999，第 80 页。

② （宋）周麟之：《论禁小报》，《海陵集》转见复旦大学新闻系新闻史教研室编《中国新闻史文集》，第 3 页。

③ 指获得政府“助成金”的民营报社。明治初年有很多具有官方背景的新闻媒体，政府官员包括左右院参议有多种参与方式，或作为策划人，或给予奖劝，或是后援者，或由政府购买，或支付津贴等。

识界的新观念迅速向社会各阶层播散，一时间，“自由”变成了流行语[①]，并且很快由观念层面进入制度层面，一些政治性社团以自由命名，如“自由党”。新闻政策上，言论自由已成为重要参考因素，比如主持“谗谤律”（1875）制定事宜的大久保利通，因为意识到新法律与言论自由相冲突而深感苦恼。[②]

言论自由也包括不言论的自由，在司法上后者又被称为“反对自我归罪之特权”。美国宪法修正案1791年12月15日当天通过的第一、第五条修正案分别保障公民的“信仰、言论、出版、集会及示威自由”与“任何人不得被迫自证其罪”的基本人权，后者一样可以追溯到古罗马时代，而在东方的儒家文化圈是没有这种传统的。所以，当井上毅认可“沉默权”时，可以说就言论自由观念而言，日本已“脱亚入欧”了。1889年颁布的《大日本帝国宪法》上，赫然写着“日本臣民在法律的范围内享有言论著作刊行集会及结社之自由”（第29条）。

就在“自由”在日本方面成为流行语的19世纪80年代，自由观念仍只零星地出现在中国一些驻外使节的著作中，仅在知识界小范围地传播[③]。直到20世纪初严复、梁启超的译介，才进入一个新阶段，但仍未脱离知识界的范围，遑论政策方面。1903年“苏报案”发，清廷援用陈腐的《大清律例》刑律“盗贼类”中

① 自由报纸、自由浴池、自由船、自由亭、自由糖、自由药丸、自由毛巾、自由民歌、自由帽子……这是1882年“自由”一词流行的状况。铃木安藏编《自由民权运动史》，转引郑匡民《西学的中介：清末民初的中日文化交流》，四川人民出版社，2008，第261页。

② 大久保利通曾对前岛密说到“谗谤律”的制定：“有碍言论自由之讥，虽吾百世之后亦不能免，此乃吾之深忧也，然则今之情势不容不办，是故吾亦甘受之。”转见冈满男《近代日本新闻小史（改订）》，ミネルウァ书房，1977，第30页。

③ 如郭嵩焘的《伦敦与巴黎日记》、黎庶昌的《西洋杂志》、黄遵宪的《日本国志》。参见章清《“国家”与“个人”之间——略论晚清中国对“自由”的阐述》，《史林》2007年第3期。

的“造妖书妖言”条，其罪之大竟至于“十恶”之一。其时，清政府并非不知有所谓言论自由，但对之基本持否认态度，比如认为：“一国之治，治于不平等；一国之安，安于不自由”，“果使人人自由、平等，则权限堕矣，尚复成何世界?”①；又认为：“国家之坏，不坏于言论之塞，而坏于言论之开”②。检讨这样的言论自由观念，如果我们只将其归咎于满清政府，那是不公平的。这种对外来观念的接纳方式其实与中日两国不同的文化类型也有密切关系。中国文化是一种发生型的文化，而日本是一种次生、摄取型的文化③，明治时代日本对西洋文化的热爱不妨被当作是它曾经有过的那种对中国文化迷恋状态的重现。

六、“官报为经，私报为纬”

正在井上毅为官报的“政府公告纸”的功能与“政府政论纸”的功能如何协调而犹豫不决时，官报设计的主导权转移到山县有朋手中，最终确立了“官報を經（たていと）とす私報を緯（よこいと）とす”的方针，将上述两项功能完全剥离开来，而使官报定格为纯粹的“政府公报纸（公告纸）④”，“政府政论纸”的功能则委托给“私报”即“半官新闻”。

官报设计的最终版本可以说是对木户孝允新闻路线的回归。木户在策划《新闻杂志》时（1870），曾思考过“新闻局”（报社）以什么形式运作的问题：如果设在政府内，会被猜疑政府是否在恣

---

① 《东译民约论书后》，《南洋官报》1904 年 7 月 11 日。

② 《论南宋以后言论之误国》，《江西官报》1903 年第 4 号。

③ 〔日〕依田熹家著《日本的近代化——与中国的比较（第一章）》，卞立强译，中国国际广播出版社，1991。

④ 佐佐木隆：《メデイアと权利》，中央公论新社，1999，第 84～85 页。

意妄为之类，反而会使读者减少。因此，他主张应以与政府毫不相干的形式设立，即使那个暗中受到扶持的“新闻局”批评政府也应忍受。“木户提示的这一手法成为长时期政府新闻对策的秘诀。”① 此后，日本政府也确实没有创设过具有“论说机能”的政府机关报，“舆论诱导”一直以给表面上与政府无关的报刊提供“助成金”（前期还包括“政府购买”）而代行之。

“新闻助成金”的使用带有很明显的明治时代的特殊政治色彩。这项秘密的政治经费，其财源为年额10万～12.5万元的“内阁机密金”②，它由太政大臣/内阁总理大臣（1885年内阁制取代了太政官制）负总责，太政官文书局长/内阁官报局长具体操作，分“月例”（按月定额支出）和“一时金”（临时性支出）两种，具多项用途，但对“新闻社”的助成金占了其中的大部分，这些报纸包括《大东日报》《东京日日新闻》《明治日报》《紫溟日报》《东京曙新闻》《东洋新报》《朝日新闻》等。

对官报的设计者来说，一张兼有“政论纸”功能的官报可能会让政府自缚手脚，不能施展。换句话说，政府因决定不办“政府政论纸”，反倒避免了井上毅所担心的那些麻烦，使政府能在政

① 佐佐木隆：《メデイアと权利》，中央公论新社，1999，第42页。

② 每年由大藏省（现改名财务省）拨出10万元，但不受“会计检查院”监察，款项、用途均保密，绝对黑箱操作，全凭使用者的政治伦理素质，这一点与后来的“内阁机密费”有所不同。“机密费”是半公开的，虽也可不说明用途，但应接受监察，且各省府县厅均有份。明治23年（1890），日本进入立宪政治时期，国家预算必须经过议会审定，因担心受到议会的质疑和攻击，“内阁机密金”不得不改变形式。是年初，山县（有朋）首相将一笔内阁储蓄金巨款藏到议会法律制定权、预算审定权不及的皇室财政中，名义上是献给皇室，皇室则将其利息（12.5万）每年分两次“下赐”给内阁，内阁一面再大大方方地向议会要求“内阁机密费”，这样一来实际的机密费就有表里两笔了，用途也随之变得更为广泛，比如作为议会对策用，作为干涉选举用，对自由党游说用。在新闻媒体方面，除继续暗助有关新闻社外，还扶持通信社（东京通信社，1890），开展对外宣传与情报活动（甲午战争，1895）。参见佐佐木隆《伊藤博文の情报战略（第三章第二节）》，中央公论新社，1999。

争激烈（佐幕派与倒幕派之间、藩阀内部、政府与政党之间、官权派与民权派之间）的明治时代上下其手，左右逢源。

七 结语

从《官报》的设计理念中，我们可以看到明治政府那种持重的新闻观念与细致的操控手法：谨慎而有法度。这种执政风格只能产生于一个“小政府”或“有限政府”。一个大一统的帝国（它已大到不能称之为“国家”了）不可能有分权与制衡的良性互动，它的决策往往粗糙而且霸道。日本是一个具有分权传统的国家，它的封建制度是西欧以外最像西欧的，远在江户时代之前，它的统治权（天皇）与行政权（幕府）就分离了，这为近代转型时“国家—政府”的制度安排奠定了基础；垂直分权中又为民间保存了大批有生力量，“非亲族协作型”的基层结构粉碎了宗法制，为近代社会的育成预留了空间。

日本从明治维新开始迅速地西洋化，但是维新前后的文化承继关系也是明显的。德川幕府对政治情报收集与发布的重视，固然有其“防民之口”的用意，但考虑到它必须对京都的皇室与散布在全国各地的地方势力（以大名为代表的武士阶级）保持高度警惕，也就不难理解了。那是一张因纵向分权和垂直分权而被画成网状的政治版图，其中布满了各种各样大大小小的空隙，有效地保持着制度转型的弹性，这也许就是司马辽太郎动情地称之为“多样性”的那个东西吧。[①]

因为这种文化或政治的继承性，所以明治维新那场成功的“资产阶级革命”采取了“王政复古”的形式，大隈重信庆幸本国

① 司马辽太郎：《明治という国家（上）》，日本放送出版协会，2000，第67页。

没有革命传统[1]，也自然就没有像中国那么多“前朝所行，尽为坠典”的故事。《官报》自 1883 年创刊以来，没发表过一篇“社说”，除周末及年始年末外，迄今连续刊行了 125 年。重要的是，在政府建立官方媒体的过程中，并不以伤害民营新闻业（包括反对派的媒体）为代价，而政府却仍保持着现代化建设中的强大动员能力。“善待媒体就是善待政府自己。”[2] 诚哉斯言！

---

① 大限重信撰《日本开国五十年史（上）》，上海社会科学院出版社，2007，第 6 ~ 7 页。

② 笑蜀：《善待媒体就是善待政府自己》，《南方周末》2007 年 6 月 21 日。

松本君平《新闻学》新探*

松本君平《新闻学》是日本近代第一部题名为“新闻学”的著作[①]，也是中国近代第一部新闻学译著。一个世纪之前，此书相隔四年在日、中两国先后问世，出版之初曾分别在两国产生过短暂的影响（均约20年左右），之后便似泥牛入海。日本方面，据1978年来华访问的内川芳美教授（时任日本新闻学会会长）说，此书已成孤本。而中国方面则长期失传，“只闻其名，不见其书”。直到20世纪80年代初，因为一个意外的机缘而被发现。[②] 此书得以再版，本是中国新闻学术界的一件大事，按理说应能催生一批有影响的学术研究成果，但实际上应者寥寥。究其原因，可能是学界中人鲜有阅读《新闻学》日文版者。至于著者松本君平其人，中国方面也知之不多，最初甚至连生卒年月尚不清楚。[③] 现在，我们想以东京博文馆藏版《新闻学》为参照，辅之以近年来搜集的一些相关日文资料，向学界同仁报告一下我们粗疏的心得。

一　松本君平的生平与著述

松本君平，又名松本世民，亦用“世民学人”笔名，日本静

* 此文发表于《新闻大学》2011年夏季号，合作者孙晓萌。

① 《新闻学》“是日本第一部比较完整的新闻学专著”。槙美贵江的这个说法也成立。参见槙美《松本君平〈新闻学〉中译本研究与勘误》，硕士学位论文，中国人民大学，1998。

② 余家宏、宁树藩等编注《新闻文存》前言，中国新闻出版社，1987。

③ 宁树藩：《松本君平与〈新闻学〉》，《宁树藩文集》，汕头大学出版社，2004，第445页。

冈县人，1870 年（明治三年）4 月 8 日出生于小笠郡内田村御门。松本家世代以酿酒与农产为本业，是当地有名的“土豪”，松本君平（以下简称松本）之父丑太郎还拥有一家超大茶园。松本 10 岁入私塾，就读于冀北学舍，和学汉学之外兼修英学。三年后退学上京，成为大藏省官僚田尻稻次郎的门生，攻读史学与经济学。其间，曾受到英国传教士的很大影响，一度做过教会的翻译。松本 20 岁留学美国，先后在多所美国大学学习，最后取得了布朗大学文学博士学位。

1895 年回国后，松本进入日本的新闻界，当过《东京日日新闻》的记者。25 岁的松本颇得政界前辈伊藤博文、陆奥宗光赏识，并因此创立《大日本》杂志（和英双语月刊）。1897 年松本随伊藤博文出访欧洲，他当时考察的主要目标是欧洲各国的“学寮制度”。松本热心社会改革运动，他认为青年是国家活力之所在，为此 1898 年他创办了东京政治学校（三年制的私立专科学校），随即创设了“青年教团”。松本还多次参加议会选举。19 世纪末 20 世纪初，松本既当新闻记者，又是国会议员，也是一位杰出的教育家，成为明治后期非常活跃的人物。

日俄战争后，松本把目光投向亚洲。他多次来华活动，并深入蒙古，自称是成吉思汗的后裔。有感于中俄两国相继衰败的契机，他梦想着建立以日本为主宰的第二个成吉思汗大帝国。昭和初年，松本在短暂出任田中内阁海军政务官后，退出政坛，从此专心致力于青年运动。1944 年（昭和十九年）7 月 9 日，松本在滨松市因心绞痛去世，终年 75 岁。[①]

松本著作等身，其著述活动可追溯至 18 岁，当时他因仰慕古

① 松本的生平简介部分，我们主要参考了成瀬公策《松本君平の立憲思想形成と東京政治學校（上)》，《静冈县近代史研究》（27），2001。

罗马的英雄，写作了凯撒的传记（《英雄经》）。下面按出版先后列出松本的主要著作（12 种）：

书　名	出版机构	出版年份
金货本位论	博文馆	1897
新闻学	博文馆	1899
凯撒传（修订版）	警醒社	1901
雄辩学	警醒社	1901
银行大意	东京政治学校出版部	1902
世民策论	东京政治学校丛书社	1902
美风欧云录	广文堂书店	1903
俳优术及剧论（译著）	读卖新闻日就社	1907
青年的新理想	青年教团	1920
德　教	立命馆出版部	1934
灵命观	言海书房	1935
非洲民族兴亡史观	亚洲青年社	1943

《新闻学》是松本唯一一部新闻学著作，是松本在东京政治学校所开新闻学课程的讲义，博文馆藏版封面上印有“米国文学博士松本君平讲述”字样。三年制的东京政治学校共开有三门新闻学课程，第一学年是“欧美新闻事业（新闻学原理及各国之沿革）”，第二学年是“新闻学（理论及各国之沿革）”，第三学年是“新闻学（实践）”。身为校长的松本同时名列东京政治学校讲师名单（中有福地源一郎、德富猪一郎等一批新闻界名流），松本可能不只承担新闻学一门课程，比如该校开设有“雄辞学”和“雄辩学”，而松本当时也著有《雄辩学》一书，我们没有阅读《雄辩学》，但猜测亦应是教材性质的著作。

松本的新闻学讲义是基于本人的新闻工作经验加之对欧美新闻业的观感而编成的。松本在美国取得博士学位后曾一度游历欧洲，回到美国后被一家美国报社录用为“外报记者”，同时也给美国其他一些报刊社撰稿。所以归国不久，松本就能在《太阳》杂志上连载其“欧美新闻事业”一文。归国后步入日本新闻界的新经验也不断地丰富着他的新闻学思考。

据土屋礼子研究，《新闻学》共有四个版本。第一版本是1896年初开始在《太阳》杂志选登的那部分内容。第二、三版本基本相同，是1898年刊登在《东京政治学校杂志》上的那部分内容。第四个版本是1899年由博文馆整理出版的，也是最为完整的一个版本。土屋礼子曾比较了第一个版本与第四个版本中关于女性记者论述的差异，在第一版本中松本曾高度赞赏女性记者，但在第四个版本中，对女性记者字里行间却不乏怀疑和警惕感。①

《新闻学》中译本是根据博文馆版翻译过来的。正文之外，中译本仍有大量删节。原版的“附录”被漏译。原版有“附录”两篇，一为“东京政治学校创立之趣旨”，此文是松本在政治学校建校典礼上的演说词；一为“东京政治学校学制一览”的文件，内含三年修学之课程表及教师（包括兼职教师）名单。原版共有5篇序文（含自序），中译本只选用了竹越与三郎（时任《世界之日本》主笔）的那篇序言（且未注明序者。该序副题为“新闻记者论”），而漏译了岛田三郎（时任众议院议员、每日新闻社主笔）序、青萍迂谦序（此序为全汉文序）、田口卯吉（时任众议院议员、《东京经济杂志》主笔）序、松本自序四篇序文。中译本如此删节，不仅使它不能称之为足本，从新闻学术史、新闻教育史的角度看，也是一个不小的损失。

① 〔日〕山本武利责任编集《「帝国」日本の学知——メディアのなかの「帝国」》，岩波书店，2006，第40页。

二 《新闻学》中译本正文的翻译问题

中译本不仅不是足本，从正文的翻译上看，也肯定不是善本。翻阅过《新闻学》中译本的读者，可能不会想到此书竟是出自一位文学博士之手。我们通读此书后认为，中译本瑕疵太多。尽管中译本也有一些译文较佳的段落，但总体而言，翻译过程十分仓促。十年前槙美贵江曾做过认真的比对，取得了不少的成果。我们重新对照了《新闻学》的中日文版，对槙美的勘误部分大多表示赞同。不过，在槙美论文的基础上，我们也有一些新发现。

首先我们来看看中译本《新闻学》中常被引用的一个段落（日文为两个自然段），即此书第一章“第四种族之发生”开篇的那一部分：

第一章 第四種族の発生

（The Fourth Estate）第四種族とは何ぞや、貴族、僧侶、平民は曾て國家を構成する國民の三大種族にてありき、第四種族と稱する、一大階級の發生は、近世紀に於る社會上の一大現象也、否寧ろ一大改革と云ふ可きもの也、彼は人爵の榮華に誇る貴族にも非ず、未來の冥福を祈る、僧侶にもあらず、牛の如く勞き羊の如く導かる、平民にも非ず、敏捷なる才幹と明快なる脳力を以て、貴族、僧侶、平民、換言すれば國民を構成せる三大階級を指導せる天職と使命を有する一大種族也、第四種族とは何ぞや、新聞記者と稱すると一種の階級を云ふ也。

英のボルク曾て英國下院に於ける新聞記者席を指して喟然として嘆して曰く、「彼は英國議會を組織せる、貴族、僧侶、平民の三大種族の力を合するよりも、更に偉大なる勢力を有せる第四の種族也」と今や、貴族も、僧侶も、平民も、皆な彼の言ふ處に聽かさるを得す、彼は豫言者の如く國民の運命を謳ひ、彼は裁判官の如く、國民の疑獄を斷し、彼は大立法家の如く、律令を制定し、彼は大哲学者の如く國民を教育し、彼は大聖人の如く國民の罪悪を弾劾し、彼は救世主の如く國民の無告の苦痛に聽き、救済の途を興へんとす、其勢力の?ふ處、其威化の達する處極まりなからんとす、是れ新聞記者が活動すべき範囲也。

对这一部分，中译本存在着许多漏译和误译，如：漏译了本章开头的英文表达（The Fourth Estate）；“为构成国家之三大种族”应为“曾是组成国家之国民的三大种族”；“一大革命家”应为“一大改革”；“天赋”应为“天职”；“指新闻记者”应为“指着新闻记者席”；“是英国组织议会之三大种族之力（贵族、僧侣、平民），而有最伟大势力之第四种族也!”应为“他们即是超过英国议会三大种族（贵族、僧侣、平民）合力的、拥有更强大势力的第四种族!”；“预言”应为“预言家”。以上仅只是中译本中的一个自然段，就存在着如此多的疑点，全书的中译质量可以想见。我们将中译本翻译中存在的问题大致整理了一下，共发现约有多达750处的疑点，以下略举几例：

（一）漏译（约236处）

日文：（P46～47）探訪者は直ちに同所に行き、則ち刺を通じて、紳士に會晤せんことを求めん、紳士も新聞記者と知らば、不機嫌の體にて、面會を謝絶し、或は面會するも其事を口外するを欲せざることもあらん、然る時には機敏なる探訪者は「余の貴下に面晤せんとするは貴下に関する浮説悪批世上に粉々たれば、事實を聞きて正邪を糺さんが為めに來りたるものにて畢竟貴下の為めに其冤罪を世間に告白せんか為めなれば、余が貴下に面會せんとする情、更に切なるべき筈なりと事理を説明せば彼も大に悟りて、暫らく談合の末、探訪者が暇請する頃には、紳士は大機嫌にて却て探訪者を徳とせん、斯くして探訪者

は又反対の側にも、面晤して事實を聞き正し、有のまの話を綴りて、一場の記事と成し、新聞紙に掲載して、公正に社會の判決を待つべき也。

原译文：（P33）无

补译：（于是）记者再次拜访，即递上名片，请求与那位绅士见个面，那人一听说是新闻记者，也许会以身体不适为由谢绝，或者即使会面，也可能不愿谈及那件事情。但若是一个头脑机敏的记者，就会说："我之所以想见您，就是因为（社会上）有很多关于您的传言和批评，我想找您就是为了了解真相以便更正那些传言。我就是为此而来的，毕竟还是想为您申冤正名，所以我想见您的殷切之情就是情理之中的事了。"这样向那位绅士说明道理，他就明白了。谈话进行了一段时间，快结束、在记者要告辞的时候，这位绅士反而会热情地感谢记者。如法炮制，记者又与另一方晤谈，重新访求事实，将这些采访据实书写，于是成就了一篇报道，刊登在报纸上，公正地等待社会的评判。[①]

（二）误译（约503处）

1. 日文：（P54）事實其ものを記載すれば

原译文：（P36）有闻必录

校正译文：如实报道

2. 日文：（P308）社會に於ける「教師の教師」にして單に

① 此处的译文与槙美贵江大致相同，此外的译文举例皆为我们所独有。

政治家志士の師表たるのみならず、一般思想上の進歩に干輿する事頗る大なれば健全なる理想を抱いて、新聞業に従事せん人々は、今日社会の最も勢力ある階級の助言者、矯正者たる也假令盛名を負うて時代の寵児たらざる迄も尚は社會經營の良顧問として良相談役として認めらる也。

原译文：（P148）于社会既可为一代之师表，于政治更是为党派之方针。即全国思想之进步，尤以新闻之引导为多。此从事于新闻业者，其矫正今日之社会，真大可有为。

校正译文：怀着健全理想并愿意投身于新闻界的（记者）被认为是社会的“教师之师”，是因为记者不仅是政治家的表率，他还能大大地促进社会思想的进步。他们是当今社会中最有势力阶级的改良者与代言人。就算记者不能被称作久享盛名的时代宠儿，他也可成为社会事业经营的高级顾问。

（三）略译（约10处）

日文：（P111）而して今後筆を執るに當たりて、其邊に能く注意するを要す、此の如く絶えず論文記事を寄送すべし、然らば其忍耐の結果多少の成功を見るべし、此の如くにして将来大に成功すべきや否やは、左の第二の理由に帰すべし。

原译文：（P68）能忍耐必有成功，此定理耳。然亦有两种理由焉。

校正译文：且日后执笔著文之时，需多加注意这方面的错误。应如此这般不断地投稿，坚持不懈，就一定能获得或大或小的成功。如此说来，将来成功与否还要取决于左边的两条理由。

中译本中出现的错误如此之多，我们认为还有一个原因是译者日文水平不高，因而不能准确地译出一些固定用法或惯用语，例如：“根気よく努むる事”（P112）一句，被误译作“根气努力之事”，应译为“锲而不舍地努力”。另外，由于译者对新闻传播业了解不多，对当时日语中的新闻传播类词汇知之甚少，从而造成一些相关术语的翻译错误。当然，由于当时中国本土新闻传播术语也多不确定，此种翻译错误尚可谅解。考虑到未来的中译本读者，就日中新闻传播术语之差异，我们也略举几例，如表提示：

日文	原译文	校正译文
三面记事	三面记事	社会新闻
論文記者	论文记者	评论员
付錄	（无）	副刊
別冊	（无）	增刊
主幹	干事	主编
紙面	纸面	版面
新聞種	新闻种类	新闻素材
寄書	寄书	投稿
報道する	报告	报道
一面著り	（无）	单面印刷

三　《新闻学》的主要内容及特色

松本的《新闻学》，实际上也可以叫《新闻事业概论》。关于它的主要内容及特色，前人稍有论及①，我们在以下的展开中，将有所侧重。松本《新闻学》以新闻事业为论述核心，对此松本开

① 如徐培汀、裘正义所著《中国新闻传播学说史》（第281～280页）、彭家发所著《基础新闻学》（第222～223页）等。

宗明义，他认为："是新闻事业云者，乃搜集新现象之事实，著为新过去新未来评论，而付之印刷，以迅速通知公众之事业也。"[①]对新闻事业作了如是界定。此书涉及广泛，正文部分共36章，几乎囊括了传统新闻学的新闻学理论、新闻实务、历史新闻学这三大块。只是因为此书较多取材于西方发达国家（英、美、法、德、俄），故本书副题为"欧米新闻事业"。值得注意的是，松本此书中夹杂着他本人对日本新闻业的检讨，并未全盘照搬西方现成论述框架（详见后文），其个人经验也常有表露，比如，第33章评介法国新闻事业时，他写道："往年余随伊藤侯，漫游欧洲，过巴黎，访新闻社长玛利洛尼氏，问其社中经营之道，彼为之恳切指导，且引余纵览社内。余于是调查其编辑情形，印刷发行之利弊，及社内之组织，得益颇多。"[②]

松本《新闻学》未对"新闻"下一定义，也未论及5W，但作为世界上最早的一批新闻学著作，这个缺憾尚不足以损害它的学术价值。松本对报业发展的考察有其独到之处，他喜欢将报业作为一个子系统放在社会大环境中进行思考，比如第31章从地域文化角度对英国报纸特色的分析，第32章从政治制度层面揭示为何美国尚无"全国纸"的现象，第33章关于法国新闻事业，他这样写道："最让人惊讶的是巴黎报纸其特性颇似巴黎人之品性，我们不得不产生这样之疑问：到底是巴黎人造就了巴黎之报纸呢，还是巴黎之报纸造就了巴黎人呢？总之，观察巴黎之报纸，正好可以作为观察巴黎人之一种手段。"[③]

---

① 此段末尾一句，中译本漏译了"速かに"，今补译。余家宏、宁树藩等编注《新闻文存》，中国新闻出版社，1987，第10页。

② 余家宏、宁树藩等编注《新闻文存》，中国新闻出版社，1987，第137页。

③ 此段中译本有误，今据博文馆藏版改译。余家宏、宁树藩等编注《新闻文存》，中国新闻出版社，1987，第134页。

松本《新闻学》对“新闻价值”给予了充分的注意，尽管未列为专章。比如，谈新闻的趣味性：“然探访者亦宜知杂报之轻重，不可采取无价值之杂报，而消费有用之时日。……若将无关系、无生气、无趣旨之杂报，填砌满纸，读者望而生厌……”[①]；谈新闻之显著性：“无关之盗窃拐带及常人死去，不必报。但著名之政治家或有大名誉之人，则不在此限”[②]；谈新闻的时效性：（报纸）“每日揭载各要件，必须舍旧寻新，削繁就简。与其迟而巧，宁拙而速，是谓新闻之责任。”[③] 又说：“夫探访者，既投身于新闻事业，首宜以此为最重之部分。如夜中付印之新闻，即一分钟，亦有不可容易放过。至五分时者，乃成败所由分。故探访者之成否与新闻之得失，往往以数分时而定，非虚言也。”[④]

在新闻伦理方面，松本推崇客观公正之原则。真实是新闻的生命，松本提醒新闻从业者应杜绝虚假报道（“想象记事”）[⑤]，其报道的事实部分需直笔而写，“盖新闻之要旨，不在粉饰社会之现象，而在据实直书，以供社会之评断，作社会之鉴镜。……故新闻者，不徒以社会之耳目，实为社会之镜照。社会美，则其镜明；社会恶，则其镜晦”[⑥]。其意见部分则需不偏不倚，即“不偏倚一党，不调和两党，其言论在主持清议也耳”[⑦]。此外，松本认为，保守消息来源也是职业道德的题中之意，他说：“苟社员有泄露供给材料之姓名，是真不可宽宥之罪矣。”[⑧]

在媒介经营方面，松本从新闻之商品性入手，将新闻社当作

---

① 余家宏、宁树藩等编注《新闻文存》，中国新闻出版社，1987，第38页。

② 余家宏、宁树藩等编注《新闻文存》，中国新闻出版社，1987，第70页。

③ 余家宏、宁树藩等编注《新闻文存》，中国新闻出版社，1987，第11页。

④ 余家宏、宁树藩等编注《新闻文存》，中国新闻出版社，1987，第37页。

⑤ 余家宏、宁树藩等编注《新闻文存》，中国新闻出版社，1987，第45页。

⑥ 余家宏、宁树藩等编注《新闻文存》，中国新闻出版社，1987，第11页。

⑦ 余家宏、宁树藩等编注《新闻文存》，中国新闻出版社，1987，第110页。

⑧ 余家宏、宁树藩等编注《新闻文存》，中国新闻出版社，1987，第60页。

企业，认为从新闻生产到新闻分配再到新闻消费的各个环节都很重要。[①] 他说："既以新闻为营利之事业，则新闻乃商品之一种。……故今日欲发行新闻，不可不以商法行之。设不得此办法，虽此新闻目的如何高尚，如何完美，而以物竞之理论之，必不能持久。"他强调营利为报纸生存的先决条件，并认为新闻社需要极有胆识者来经营管理，"其才其学，其胆其力量，为大银行之总管也可，大会社之董事长也可，为大政府行政之统领也可"[②]。也因此，松本对报纸的发行与广告也有较多阐述。

松本《新闻学》难能可贵的是它所具有的批判精神。他批评了当时俄国对新闻业的压制，认为俄国"行检阅原稿法，颇严酷过甚。……俄政府其所以用此手段者，无非欲压束人民言论之自由耳"[③]。如果说，松本对俄国专制政府之新闻政策的批评尚无多少创见的话，那他对美国之黄色新闻现象的批判则有其过人之处。他认为 19 世纪末的美国"专以新闻为营利事业，势将不述理想，只求世俗趋向，已不免俯仰随人之诮。美国新闻之短，盖在此耳"[④]。在此，松本揭示了新闻媒体社会作用的多重面向，这使他的著作带有一些理想性的、前瞻性或超越性的成分，虽然整体而言，这部分论述还不多，但今天看来仍不掩其光辉。

四 《新闻学》的影响力

《新闻学》出版后究竟产生过多大的影响呢？这不是一个容易

① 〔日〕山本武利责任编集《「帝国」日本の学知——メディアのなかの「帝国」》，岩波书店，2006，第 44 页。

② 余家宏、宁树藩等编注《新闻文存》，中国新闻出版社，1987，第 13 页。

③ 余家宏、宁树藩等编注《新闻文存》，中国新闻出版社，1987，第 143 页。

④ 余家宏、宁树藩等编注《新闻文存》，中国新闻出版社，1987，第 130 页。

回答的问题，我们还是先从本书写作可能受到的一些影响因素入手吧。松本的写作与他的欧美经历密切相关。松本留美时间长达6个年头（1890～1895），曾在多所美国大学学习过。尽管在19世纪90年代美国一些大学相继开设了若干新闻学课程，但没有证据表明松本选修或旁听了相关课程，或阅读过相关著作，所谓“以美国的新闻学入门书为基础写成了这本书”[①]，或是说，松本参考了美国的新闻学“实用教本”[②]，恐怕都只是猜测之辞。

其实，松本的新闻学知识大多来自报馆这所学校。如前述，松本考察了（先是不经意的）欧美新闻事业的运作，并在美国当过新闻记者。可能他的首次欧洲旅行经历，是一个重要的动因。回国后他立即将自己的由欧美新闻业见闻与自身新闻经验糅合起来的新闻学思考发表出来，其情形颇类似于他在留学后期对美国市场上日本茶的销售所作的调查，回国后这些调查也是立即汇集为《海外制茶贸易意见》一书，由经济杂志社于1896年出版。

松本《新闻学》一书的出版，在日本新闻学术史、新闻教育史上都是开创性的工作，是否当时存在着少许本土性的支持因素呢？对此，松本轻易地加以了否定。他说：“日本尚未出现这种书。”（《新闻学》自序）又说：“我国从未听说过有这种学校的成立。”（《东京政治学校设立之旨趣》）实际上，1896年松本在《太阳》杂志连载《欧美新闻事业》之前，日本本土就出版了上十种新闻类著作，其中，天野镇三郎的《泰西新闻论》（丸善商社书店，1887年）内容上与十年后的《欧美新闻事业》比较接近。土屋礼子将松本的《新闻学》视为日本既有的“新闻论”学术脉络

① 〔日〕和田洋一编著《新闻学概论》，吴文莉译，中国新闻出版社，1985，第227页。和田洋一其实也拿不准松本是否在美国学过新闻学（第225页）。

② 〔日〕佐藤卓已：《現代メディア史》，岩波书店，1998，第12页。

的延伸，是很有见地的。[①] 即使退一步说，松本没看到天野镇三郎的著作，也未必能避免受到当时已形成的、包括《泰西新闻论》在内的新闻类著作有所贡献的相关术语的影响。至于新闻教育方面，1893 年著名报人黑岩周六曾开办过“新闻记者培养塾”[②]，松本虽不知此事，但未必没有黑岩的同感。

对新闻教育重要性的认识，是松本创办东京政治学校的一个重要原因。虽然松本可能没有选修美国新闻学课程以及阅读相关著作，但毫无疑问他对欧美兴起的新闻学研究风气是有感受的。同时对欧美新闻业的惊人威力，作为一个后进国的观察家也一定印象深刻（即使没有达到“瞠目结舌”的程度）。松本的政治学校培养四种人：一般政府官员、外交官、议员和新闻记者。为了培养新闻记者，就有必要对新闻事业进行“学理的讲究”（《新闻学》自序）。此时的松本还怀着很浓厚的教育立国的观念。不管怎么说，最终因为政治学校的开办，新闻学得以进入正规教育行列，成为如同法学、医学那样的专门学科；而《新闻学》也因为教学需要得以多次补充与修订，成为较为完整的教材。

松本《新闻学》对后世的影响似乎分为两条线路，一是职业教育，一是学理研究。源自黑岩私塾（1893 年）经东京政治学校（1898 年）至庆应义塾开设新闻讲座（1913 年）的这条线路，河崎吉纪已勾勒得很明晰，兹不赘言。学理研究方面，与松本《新

① “松本の書は明治の新聞論と大正の新聞学を橋渡しする、新世紀に向けての大きな飛躍であっだ。”〔日〕山本武利责任编集《「帝国」日本の学知——メディアのなかの「帝国」》，岩波书店，2006，第 46 页。我们把此处的“新闻论”主要当作一种前新闻学样式。“新闻论”也采用或包含“新闻记者论”的形式，如陆羯南（1890 年）、竹越与三郎（1899 年）等人所著。

② 〔日〕河崎吉纪：《近代日本における新聞学の成立》，《メディア史研究》2003 年第 14 期。

闻学》类似的著作，大正年间有杉村楚人冠的《最近新闻纸学》(1916 年)、同年稍后出版的小野濑不二人的《最新实用新闻学》等。杉村受松本的影响是比较明显的，“新闻学”作为松本创制的新术语被沿用下来，“纸”字的添入不过是强化了新闻学的实用色彩。大正时期日本新闻学之研究可以说几乎为松本引入的美国体系所主导。①

但是，松本的《新闻学》随着时光流逝，渐渐地为人们所遗忘。这又是什么缘故呢？首先，可能是因为松本《新闻学》的超前性（“先进性”），使它长时间如“飛び石”（河中的脚踏石）一般孤立。② 因为新闻学是一个舶来的知识体系，即使在当时的欧美先进国家，它也是一个非常年轻的学科，所以它的出现在日本引起世人的惊诧是很自然的（对此松本本人也有心理准备），为《新闻学》作序的田口卯吉也不免狐疑——“新闻之业亦有学乎?”其次，是因为明治后期及大正时期，日本民众对报纸、对记者怀有很深的不信任。那个时期的一些“恶德记者”的不良表现让民众普遍对新闻事业抱持反感，恨屋及乌，新闻学研究也遭到冷遇，难以获得“市民权”（和田洋一语）。再次，从昭和初年开始，以小野秀雄领衔的新闻学德国流派开始占据上风，这一走向还有可能加剧新闻的学术分裂。③ 尽管小野等人试图“独米折衷”（调和德国流派与美国流派），但收效不显。

松本的《新闻学》（博文馆版）一出版即为旅日中国籍读者所注意，最早表诸文字的是译书汇编社的新书广告，时间为 1901 年

---

① 〔日〕和田洋一：《明治・大正期のジャ——ナリズム論》，《新聞學評論》（18），1969。

② 〔日〕山本武利责任编集《「帝国」日本の学知——メディアのなかの「帝国」》，岩波书店，2006，第 46 页。

③ 参见马嘉《学术与职业——日本高等新闻教育研究》，人民出版社，2009。

7月30日，比《清议报》要早5个月。中译本很可能即为该社若干成员仓促合作的成果。松本《新闻学》的译介存在着多条传播渠道和多种传播方式，《新闻学》与新闻学一道通过报刊[1]、教科书（商务印书馆教材计划）、专著（邵飘萍、包天笑、徐宝璜、黄天鹏等人著作）为更多的中国读者所知晓。

甲午战败之后，几乎大半个中国都处于对西方知识如饥似渴的状态，人文社科知识的需求尤为迫切，由于"同文同种"，日译著述十分活跃。《新闻学》就是在这样的时代背景中被译介到中国，而且作为西学知识体系的一部分，新闻学已被松本创造或改造成非常适合中国人口味的"政治新闻学"（此处不作为"学术新闻学"的对应语），比起以采访为业的"取材记者"，松本更注重对"政论记者"的培养，他把新闻学当作广义政治学的一个分支。明治后期的日本，"营利本位、读者本位的时代"即将到来[2]，而与此同时清末的中国，政论报刊却方兴未艾，接受一方的新闻业现状有利于这种新闻学说的传播。另一个微妙因素是，美国在日本赶超的榜样国中，至少处于英国、德国之后，它还算不上是最先进的国家，但是，日本比中国强，却是显而易见的。因为从战胜国而来，新闻学仿佛镀了一层金，它在中国作为新学或实学之一种得以确立，难度反较日本本土为小。当然，当时新闻学知识的社会信用还来自于像梁启超这样的舆论领袖的推荐以及近代大众传播媒介的广泛宣传。

从日本译介过来的《新闻学》或新闻学，对当时中国稚嫩而怯懦的新闻界不啻为一副兴奋剂。清末的中国报人地位偏低，与日

① 相关报刊有《译书汇编》《清议报》《北洋官报》《浙江潮》《国民日日报》《申报》《东方杂志》《有所谓报》《民立报》等，详见李开军《松本君平〈新闻学〉一书的汉译与影响》，《国际新闻界》2006年第1期。

② 〔日〕和田洋一：《明治・大正期の新聞学——その後進國の姿勢について》，《米山桂三博士還歴記念論文集》，1967。

本明治初年情况类似，而且在 1906 年之前，理论上讲中国新闻业还处于非法状态。新闻学给清末中国的新闻业正了名，双方互相赋予对方以合法性。但是，一百多年前的中国，社会转型较日本同期更为激烈与无序，本来，初获自信的新闻业已成为最易突破的领域，但中华帝国身躯臃肿，难得轻易转身，无形中造成了对新闻业的“路径依赖”，于是，新闻界浮现出种种虚幻的自豪感。阅读松本《新闻学》有关第四种族篇章的中国报人一定热血沸腾，誓以天下为己任，某种意义上讲，《新闻学》甚至鼓励了这种自负。其实，“无冕之王”绝不只是一项荣誉，它更可能是一个沉重的负担。[①] 如此说来，我们对《新闻学》或新闻学被引入中国，其影响之评估，更难简单地归结为某一句话了。

① 如梁启超所谓：“故今日吾国政治之或进化、或堕落，其功罪不可不专属报馆。”见梁启超《敬告我同业诸君》，《新民丛报》1902 年 10 月 2 日。

早期中日新闻交流中的中方代表人物*

中日两国的新闻交流可以说从19世纪50年代（清朝咸丰年间）就开始了，当时日本正处于德川幕府末年，日方曾购读了中国东南沿海地区出版的一些近代刊物①。因此，中日新闻交流迄今已有150多年的历史。本文的“早期”指的是从中国近代报刊出现到近代新闻学成立之前（20世纪20年代之前）的一段时间。我们所说的“交流”② 则是更广泛意义上的人员往来，以及信息、知识、技术的互换、传递与学习。“新闻交流”就是指在此基础上不同国家或地区之间新闻界/业的相互交往和影响。

众所周知，中国近代报业正是在外籍人士所创办的各种报刊的影响下发展起来的。当然，就整个中外交流态势而言，早期外籍人士所办报刊对中国报业的渗透还称不上是交流，而只是中国单方面的接受。当时新闻作为一门独特的知识与行业在初期也没有受到国人的重视，因此互动性自然不高。但是，随着国内外形势的急剧变

---

* 此文发表于《东南传播》2014年第9期，合作者楚娟。

① 卓南生：《中国近代报业发展史（1815～1874）》，正中书局，1998，第4页。

② 美国威斯康星大学的F. 丹斯和拉尔森曾说“交流”的定义有126个（F. E. X. Dance & C. E. Larson, *Speech Communication: Concepts and Behavior*, New York: Holt, Rinehart & Winston, 1972）。英语中表达“交流”的词语有communication、exchange、interflow、interchange、alternating、association等，单就“communication”一词来说，牛津词典中相应的汉语释义则有交流信息、传递想法，表达、交流、交际、传递、通讯、联络、信息、书信、传播、相连、相通等。《汉语大词典》中，“交流”一般指人员的来往或谓互相传播或谓交换。日语中表示交流的词语有“交际”（こうさい）、“交涉”（こうしよう）、“交流”（こうりゅう）等。

化，中国报人逐渐意识到和国外报业同行进行交流，并从中借鉴他们先进经验的重要性。

单就中日的新闻交流活动而言，二者最初并不是以明确的报人或新闻记者的身份进行的，而是通过一般的文化人士对彼此新闻事业的发展情况进行了解。第一阶段的典型代表便是1879年应邀访问日本的王韬。整体而言，中日新闻交流的内容十分广泛，几乎囊括新闻业的所有方面，主要是在对方国家创办新闻媒体，报人之间的个人交往，组织新闻代表团互访，举办与参加世界报纸展览会，新闻学者的访问与考察，以及译介新闻学论著等。

一　王韬：近代赴日文士第一人

王韬（1828～1897），江苏吴县人。1873年，王韬与黄胜等人集资设立中华印务总局，稍后创办了《循环日报》。[①] 1879年他应邀到日本访问，开中国近代以文士身份至东瀛的先声。[②]

事实上，在赴日之前王韬作为近代启蒙思想家，已经蜚声海外。在日本，由于《循环日报》的远销，加之在香港时所结交的日本友人的推崇，王韬在日本已颇具名气。而1873年《普法战纪》[③] 的出版，更让王韬或王紫诠名震东瀛朝野。日本方面对该书评价甚高，视之为“无与伦比之珍籍”[④]，称王韬为“当世伟

---

① 赖光临：《中国近代报人与报业》（上），台湾商务印书馆，1980，第100页。

② 王韬：《漫游随录·扶桑游记》，湖南人民出版社，1982，第171页。

③ 《普法战纪》在日本有1878年陆军文库翻刻本和1887年山田荣造校勘本两种。参见汪向荣《中国的近代化与日本》，湖南人民出版社，1987，第23页。

④ 栗本锄云对王韬著作中有关变法图强的议论十分佩服，在其《匏庵遗稿》中称“此书不独行阵之事、交战之际写活了，其中所杂议论也不沉陈腐，能摆脱汉人常见之俗套，实为无与伦比之珍籍”。王立群：《〈扶桑游记〉所塑造的日本形象》，北京大学日本研究中心编《日本学》第13辑，2006，第369页。

人”[1]。

《循环日报》和《普法战纪》的流传以及他游学欧洲的经历，让急于了解西方世界的日本学界将王韬奉为学贯东西的“巨儒”[2]，久慕其人而极欲一睹风采。于是，1878 年在龟谷省轩与栗本锄云、寺田望南等人的提议下，众多学者文人力邀王韬东行。其具体情形日本文学家龟谷省轩在为《扶桑游记》所写的跋中回忆到：

> 戊寅（1878 年）之春，余与粟本匏庵、佐田白茅探梅于色井户，归途饮于柳岛。匏庵曰：“吾闻有弢园王先生者，今寓粤东，学博而材伟，足迹殆遍海外。曾读其《普法战纪》，行文雄奇，其人可想。若得飘然来游，愿为东道主。”白茅曰：“善矣！”余友寺田士弧曾至南海，与先生善，乃有东游之约。士弧与重野成斋、冈鹿门诸人，谋欲邀之。余告以匏庵言，于是，成野始与匏庵交。匏庵每置酒会友，未尝不津津乎王先生也。[3]

而王韬此前在与日本文士笔谈之时，也曾听到他们夸耀日本“山川之佳丽，士女之便娟”[4]，颇为心动。1879 年春，王韬便欣然应邀，于 5 月 1 日乘船抵达长崎，踏上日本这片异国土地。

到日本后的第一天，王韬即与众人“大会于长酡亭上”，人们争相与他交谈，我们可以从中村正直所描述的情景中看到其当时所受欢迎之程度：“夫清国之人游吾邦者，自古多矣，然率皆估客，

① 王韬：《漫游随录·扶桑游记》，湖南人民出版社，1982，第 314 页。
② 张海林：《王韬评传》，南京大学出版社，2007，第 164 页。
③ 王韬：《漫游随录·扶桑游记》，湖南人民出版社，1982，第 311 页。
④ 王韬：《漫游随录·扶桑游记》，湖南人民出版社，1982，第 171 页。

而又限于长崎一方。近来韦布之士来东京，间有之，然其身未至而大名先闻，既至而倾动都邑如先生之盛者，未之有也。”[①] 接下来，王韬先后游览了长崎、神户、大阪、西京、横滨、东京等地，沿途每至一地，必遍谒当地名流，并拜访中国驻当地领事，游览名胜古迹。

王韬此次的日本之行，始于1879年的4月29日，止于同年的8月31日，历时四月有余。期间他广泛结交日本各界人士，有政界官员、军事将领，也有旧藩武士、华族后裔，仅《扶桑游记》中提到的有名有姓的日本人就达118人。[②] 其中主要还是日本讲求西学的维新人士，如“兼明中西学术，意欲译编西国史以行于世”的中村正直、倾心于西学西术的栗本锄云。其次为热爱中国文化的汉学家，如冈千仞、竹添光鸿、藤野海南、增田贡、星野恒诸人。最后则是如修史局一等编修官重野成斋这类的政界、军界人士。

在东京期间，王韬与栗本锄云等新闻界人士也有密切来往。实际上，运动王韬赴日游历的发起人正是王韬的同行、日本《邮便报知新闻》的主编栗本锄云。栗本锄云[③]，原名鲲，字化鹏，号匏庵，1822年生于江户（今东京）。早年曾赴北海道箱馆任医官，后被幕府任命为学问所奉行、军舰奉行、外国奉行等职，成为德川幕府重要的外交官员，并在日本有“新闻先觉”的美誉，深受时人的尊敬[④]。他的儿子贞次郎也是个外交官，曾经陪同岩仓具视大使出使欧洲，返程时于上海“购得数部新刊之书，内有《普法战

① 王韬：《漫游随录·扶桑游记》，湖南人民出版社，1982，第176页。

② 王立群：《中国早期口岸知识分子形成的文化特征：王韬研究》，《〈扶桑游记〉所载日本人考略》，北京大学出版社，2009，第225页。

③ 林启彦、黄文江：《王韬与近代世界》，香港商务印书馆，2000，第397页。

④ 〔日〕久木东海南：《新闻先觉评论》，《栗本锄云研究の角利助》，立命馆出版部，昭和七年（1932），第137页。

纪》”，使栗本锄云得以先睹为快[①]。这些新闻界人士当中的大部分人，都看过王韬游历欧洲后所写的《普法战纪》一书，对他的学识和文采均十分钦服。

王韬一抵达东京，报知新闻社社长小西义敬就在万千楼设宴欢迎。一个月以后，即迁往日本桥药研崛町的报知新闻社，在那里住了80多天，一直到他离开东京。《报知新闻》创刊于1872年6月，当时的全称为《邮便报知新闻》，由被称为日本“邮政之父”的前岛密与其下属小西义敬共同策划，小西义敬与东京都处理邮件事务的太田金右卫门共同创办[②]。王韬访日时期，这份报纸由藤田茂吉任社长、栗本锄云任总编辑，是当时日本“自由民权的先驱”[③]，而这也可能正是王韬选择了《报知新闻》作为自己活动基地的原因之一。

王韬不通日文，与新闻界人士之间的交谈是用笔来进行的。虽然语言不通，但彼此之间却结下了深厚的友谊。方汉奇先生曾根据日本国会图书馆收藏的《循环日报》，推测这批《循环日报》的获得可能与王韬的访日活动有关[④]。原因是这批收藏报纸始于1880年，恰是王韬访日回港后的第二年；而终于1884年，又正是王韬辞去《循环日报》工作离开香港的那一年。王韬访日之前，在日友人没有订阅这份报纸，国内即便有也是零星的，很可能早已经散

---

① 栗本锄云在他所写的《王紫诠の东游》一文中这样说道：“昔家儿贞次郎陪同岩仓大使从欧洲还，于上海购得数部新刊之书，在展示中，内有《普法战纪》。余披览未到半册。……然辗转贷借之人甚多，乃未窥其全豹，甚以为憾。恰横滨华商有携来者，则得之。且读且句，遇会心之处，漫加朱批圈点……”（见明治三十三年〔日〕栗本锄云著《匏庵遗稿》）。后锄云之友应日本陆军省命，句读此书。不久，由日本陆军别为刊版排印，遂传遍日本国内。转见增田涉《王韬について——その轮廓》，《人文研究》，第14卷第7号，大阪市立大学文学会，1963。

② 〔日〕山本文雄编著《日本マス・コミュニケーション史（增补）》，东海大学出版会，1998，第17页。

③ 〔日〕青木武雄：《报知七十年》，报知新闻社出版，1941，第7页。

④ 方汉奇：《东瀛访报记（上）》，《新闻研究资料》1989年（第46辑）。

佚；王韬离开该报回到上海后，接替他主持报纸工作的负责人便不再送阅。因此保存下来的只限于这一段时间内的报纸有可能是他回港后特意赠送给在日新交友朋的。

1879 年 8 月底，王韬结束东瀛之游，日本友人在中村楼为他设宴饯行，“会者六十余人”[①]。王韬离日后，“应日本诸文士之请”，将其在日本旅行期间所记日记稍加整理，加上一个小序，汇集成《扶桑游记》一书，由栗本锄云在东京“报知社”付印，凡三卷。

王韬访问日本时虽是一报之总编辑，但无论在旅日华人面前还是在日本新派知识分子心中，显然王韬都是一个通晓西学、洞察西方文明的先觉者形象，所推崇的也正是他在外交军事诸方面的新见解。而王韬本人旅日期间，也更多的是在行壶觞之乐，结文字之缘，作友朋之会。所以此次东瀛之行，似乎更接近于一种带有文人唱酬基调的休闲式文化交流。

然而这次交流过程中，中日双方所参与的人员实际上处于不对等的地位，可以说是日方精心准备的几乎大半个知识界与中国的王韬一人之间的交流。王韬的赴日属于私人性质的，当然不能代表中国新闻界，更不能代表中国知识界。此外，新闻界人士在王韬直接交往的日方人士中所占比例也不大，所以还算不上正规的新闻交流，即便当时存在一些新闻交流也是不自觉的。

但进行这样一次由日方知识界人士发起的交流，并受到日方新闻社的热情接待，进而与日本新闻界人士进行亲密接触，王韬实为近代中国第一人。可沉醉其中的王韬并没有意识到，《普法战纪》实为最后一本在日本翻刻的“汉版西学著作”[②]，此后日本已不再从中国购读

① 王韬：《弢园老民自传》，江苏人民出版社，1999，第 183 页。

② “日本翻刻汉译本西洋文化书物，以输入文明的最后一本，是明治二十年的《普法战纪》，自此以后，再也不见翻刻、训点汉译本了。”汪向荣：《日本教习》，中国青年出版社，2000，第 18 ~ 27 页。

这样的近代出版物，也不再有人再能享受到王韬这样规格的接待。这次访日，甚至可以说是衰落中的中华帝国所留下的最后一抹霞光。

二　汪康年与中国第一次正式对外新闻交流活动

1896 年 8 月，《时务报》在上海问世，因鼓吹维新变法，而“一时风靡海内，数月之间销行万余份，为中国有报以来所未有”①。汪康年（1860～1911）的办报实践就是从创办《时务报》开始，并以此为起点，开始了他 15 年的报坛生涯。可以说，清末中国报人敬业之诚笃，心智之专一，“当以汪康年为第一人”②。

汪康年与日本之间的新闻交流活动，主要就是依托时务报馆，一是，雇佣日人古城贞吉为报馆翻译，并从日本邮购大量报纸；二是，亲自东游扶桑，直接考察日本新闻界情况。

当时汪康年在《时务报》上大力进行译报工作，从文字稿来源上分，《时务报》的报译共有四种语言。它们出现的期数由多到少依次为：英文报译、东文报译、法文报译、俄文报译。从中我们可以看到，《时务报》编辑人员对东文报译的重视是不言而喻的，而且《时务报》的译报工作也成为近代大规模的日文中译的开始③。

担任东文报译栏目全部翻译工作的就是由黄遵宪延请的日人古城贞吉④。进行报译所用的原报，有的是翻译人员自己所有，有的

① 丁文江、赵丰田编《梁启超年谱长编》，上海人民出版社，1983，第 68 页。

② 赖光临：《中国近代报人与报业》（上），台湾商务印书馆，1980，第 274 页。

③ 沈国威：《近代中日词汇交流研究：汉字新词的创制、容受与共享》，中华书局，2010，第 365 页。

④ 古城贞吉，号坦堂，生于熊本市京町一丁目一六三番地，熊本县士族古城贞的三男，在故乡熊本县与狩野直喜、野田宽、宇野哲人等被当作汉学界的权威。关于古城贞吉及其与中国有关的事项可见沈国威《近代中日词汇交流研究：汉字新词的创制、容受与共享》，中华书局，2010，第 370～373 页。

则为报馆出面借用或专门订购。《时务报》所采用的日文报刊总共大约有 30~34 种之多。[①] 古城贞吉在给汪康年的书信中曾经提到汪氏托他从日本邮购报刊的事情，其中所列的报刊名目就有《外交时报》《读卖报》《国民报》《东京日日报》等共十种。根据汪康年的书信，我们可以看到他当时四处拜托友人，寻找翻译人员的情状。袁坊即曾受其所托“延小野先生重译日本书籍”，但袁坊“因公忙，未能并顾”[②]，而将另外一名日籍人士推荐给了汪康年。这一阶段，通过为报馆工作的日籍人士，汪康年实际上已经与日本新闻界建立起了一种稳定的联系。

1897 年冬，德国以巨野教案为借口出兵强占胶州湾，与日、英的矛盾日益激化。此时，日本政府为抵制俄国势力的南下，派遣了大量人员进入中国，他们结交笼络中国官绅，试图对中国的各个领域进行全面调查。中国国内则称“中日唇齿之邦，宜相亲善，共御西力之东渐”[③]，希望与日本联合。正是在此种背景之下，汪康年以《时务报》总理的身份亲赴扶桑，得以进一步了解日本新闻界的发展情况。

对于汪康年的此次访日，黄士芳在检阅汪康年书信集《汪康年师友书札》，并参照其他资料后认为“1898 年 1 月《时务报》总理汪康年、翻译曾广铨的访日应是我国新闻史上第一次对外新闻交流活动”[④]。

关于汪康年此次东游的缘由，有学者说是受农学会的委托而前往的。汪康年访日期间，参观了日本农学会和蚕务讲习所，“以巡

---

① 参见廖梅《汪康年：从民权论到文化保守主义》，上海古籍出版社，2001，第 85 页。

② 《袁坊来信》，上海图书馆编《汪康年师友书札》卷二，上海古籍出版社，1986，第 1556 页。

③ 甘孺辑述《永丰乡人行年录（罗振玉年谱）》，中文出版社，1980，第 18 页。

④ 黄士芳：《中外新闻交流的最早记录》，《新闻知识》1994 年 7 号。

察农事”，友人孙淦还特意给他介绍了日本的肥田源吉郎，以及农会干事富田铁之助[①]。吴宗濂更是称汪康年“以农会事赴日本”。另据汪诒年在《汪穰卿先生传记》中曾提到，“先生此行用意至远，于采访政治风俗而外，兼寓有与其国之朝鲜名流联络声气之意义，非寻常游历之比”[②]。看来汪康年此行的目的不仅仅是办理学会或报馆事务，也与当时国内外的大气候有着密切关系。

1897 年 12 月底，汪康年与曾广铨（曾国藩之孙）同赴日本，汪康年为《时务报》总理和《时务日报》[③]主笔，曾广铨为两报记者，于 1898 年 1 月 18 日离日回国，历时匝月。他们遍历东京、横滨、大阪、神户、长崎等处，与日本新闻界进行了广泛的接触和交流，此行也正式与日本新闻界建立了交换合作的关系。

汪、曾二人还特别参观了大阪朝日新闻社，《大阪每日新闻》亦对汪、曾两人进行了跟踪报道，并曾于 1 月 11 日、13 日、17 日连续三天刊登他们在日活动的消息，分别题为“支那新闻记者的支那报纸谈”、“清国新闻记者的经济见解”、“清国新闻记者”。中国的报刊名录首现于日本的报纸上，报道中还将其按日刊、周刊、旬刊进行了区分，并详细地注明了出版的地点，加深了日本同行对中国新闻界的了解。《大阪朝日新闻》还于 1898 年 2 月 23 日专门刊登介绍《时务报》的《上海时务报》一文，向日本读者郑重推介了《时务报》。大阪朝日新闻社还要求汪、曾二人回国后能将《时务报》第一至三十期缩印本及该报的三十一至五十期寄给该

① 《孙淦来书》之五，上海图书馆编《汪康年师友书札》卷二，上海古籍出版社，1986，第 1434、1435 页。

② 汪诒年：《汪穰卿先生传记》，中华书局，2007，第 71 页。

③ 《时务日报》1898 年 5 月 5 日正式发刊，此时已经筹备中。廖梅：《汪康年：从民权论到文化保守主义》，上海古籍出版社，2001，第 176 页。

社，称这样的交流“亦不为两国联合之端邪?”[①]

另外，日本其他的新闻社对汪康年主持的《时务报》也颇感兴趣，提出进行交换的要求。1898 年 4 月，精神社即在同社的《中外时论》月刊和《时论》周刊上刊登公告，通知读者若要购读《时务报》和《知新报》，可与该社联系。[②] 汪康年在日时还托请岸田吟香和由近卫笃麿主持的精神社于日本代售《时务报》。除《中外时论》之外，《日本人》《日本新闻》日刊也“一例遵并换报”，并请汪康年“代行通报各报馆”。汪康年回国后收到佐藤宏所邮寄的《日本》日刊及《日本人》数部，赠与时务报社、时务日报社两部，同时请求汪康年充作中介代为传达，送与国闻报社、知新报社、湘报社各一部。[③]

汪康年与曾广铨的日本之行使中日新闻界有了较为正式且具有一定水平的交流，此行也成为汪康年结交日人的新起点。当时有日人来沪，很多即由汪康年出面代为筹接。与王韬相比，日本人在汪康年所交往的人士中所占的比例更高，联系也更为持续。汪康年本人的新闻职业意识非常强，其作为报业经营者的意识则更强。

此阶段中日两国之间的新闻交流呈现的是一种多元散点的状态，当时除了《时务报》外，《农学报》也同样延请了日人藤田丰八担任翻译，《国闻报》《知新报》等报社也开始与日方的一

① 《大阪朝日新闻社来书》，上海图书馆编《汪康年师友书札》卷四，上海古籍出版社，1986，第 3289 页。“二月七日所赐尊书，并贵馆缩印报自一期至卅期，《大本报》自卅一期至五十期，正领受之，厚谊洵可感谢也。……贵报馆之声价，敝纸曩者绍介之于世，载在二月念（廿）三日纸上……”

② 《中外时论》第四号，《时论》第一号，转引自廖梅《汪康年：从民权论到文化保守主义》，上海古籍出版社，2001。

③ 《佐藤宏来书》，上海图书馆编《汪康年师友书札》卷四，上海古籍出版社，1986，第 3325 页。“今送《日本》并《日本人》数部……而彼于此恰如《时务日报》于《时务报》，所送之数部，充于贵馆者两部，又充于《国闻报》《知新报》《湘报》者各一部，请勿惜传达之。”

些报纸进行互换，但汪康年及其《时务报》无疑是其中最为突出的。

三　包天笑与中国最早出访的大型记者团

中华民国的成立成为近代新闻业发展的一个分水岭，中国新闻界于1915年参加了世界报界大会①。在这个背景中上场的代表人物就是包天笑。

包天笑（1876～1973）是民国旧派小说家中的代表人物之一，更是我国新闻界的资深前辈。从1900年参与编辑《励学译编》，到1935年编辑《立报》为止，包天笑在三十余年间主编和参与编辑的报刊共达18种。而1906年2月，应狄楚青、陈景韩之邀到《时报》任外埠新闻编辑，兼编辑副刊《余兴》，成为包天笑新闻记者生涯的第一个亮点。

1915年，“二十一条”签订后，中国排日运动渐趋高涨。此时，一方面为了消除中国新闻界对日本的恶感，日本新闻界已多次邀请中国记者赴日考察；另一方面，上海报界为了求得自身发展，也决定组织记者团出国学习先进经验。在这种情况下，便有了上海新闻记者考察团的赴日之行。

1917年11月，日本《国民新闻》的记者德富苏峰、《时事新闻》的石河干明抵达上海，邀请上海记者前赴日本考察新闻业。此事是由东方通讯社的波多博与《神州日报》的余大雄与各报馆分头接洽，并由上海日报工会发起组织。当时上海各报所派的成员

---

① 关于此次会议，1930年黄天鹏在出版的著作《中国新闻事业》中记载：“万国报界大会，一九一五年成立于旧金山，参加者三十余国，一九二一年开第二次大会于檀香山，我国亦派代表与会。”1915年7月5日，《旧金山纪事报》报道说中国代表住在世博会中国驻地。

有《申报》张竹平、《时事新报》冯心支、《神州日报》余大雄、《中华新报》张岳军、《新申报》沈泊尘，以及《时报》包天笑和《民国日报》、《新闻报》的人员。[①] 考察团出发前夕，又新增《亚洲日报》薛德树，成员由9人增为10人。日方除了波多博陪同一起外，还有其通讯社的两名记者，其中佐佐布质直“照料一切，所有舟车旅费，都由日方所担任”[②]。

上海新闻记者考察团于1917年11月24日出发，同年12月10日返沪，历时半月，先后访问了日本的长崎、神户、大阪等地的新闻界及工商界。25日上午9时抵达长崎港后，由我国驻长崎领事随员王绍贤负责接洽事宜。日方新闻界到船迎接的有《长崎日日新闻》、《大阪每日新闻》、《朝日新闻》、东洋日之出通讯社等。[③] 考察团30日抵达京都，接着12月1日下午约2点钟到达东京，晚上则由东京新闻界在日本外交记者俱乐部设宴招待。2日至3日分别访问了《报知新闻》、《读卖新闻》、共同通讯社等十多家新闻单位。[④] 12月5日抵达考察团最后一站横滨，7日晚由东京出发返沪。

关于上海新闻记者团的赴日考察活动，《申报》曾于12月1日到12日连续几天就此进行了报道。《晨钟报》1917年12月14日曾评论道：“自后当益谋两国报界之接近。凡遇有机会，即继续此种计划。”[⑤] 为此，还提出应在上海成立中日记者俱乐部，以推

---

① 此名单根据包天笑《钏影楼回忆录》中所载。另据马光仁说最初成员为《申报》张蕴和、张竹平，《新闻报》的汪汉溪，《时事新报》冯心支，《神州日报》余大雄（余毂民），《中华新报》的曾松翘，《新申报》席蓉轩，《民国日报》吴葭生，《时报》包天笑。马光仁：《中国最早出访的记者团》，《新闻春秋·第三届世界华文传媒与华夏文明传播国际学术研讨会论文集》，厦门大学出版社，2004，第28页。

② 包天笑：《日本之游》，《钏影楼回忆录》，大华出版社，1971，第430页。

③ 《上海新闻记者赴日团消息》，《申报》1917年11月27日。

④ 马光仁：《中国最早出访的记者团》，《新闻春秋·第三届世界华文传媒与华夏文明传播国际学术研讨会论文集》，厦门大学出版社，2004，第29页。

⑤ 《上海新闻记者团已回国》，《晨钟报》1917年12月14日。

进两国新闻界的交流与合作。因为此次考察团赴日的目的“专为调查东京、大阪等地各大报、新闻社编辑部营业部内部之组织及其活动”，而“相约无论公私集会，对于政治问题概不之及予”。[①] 因此可以说是一次纯粹的新闻界之间的交流活动。《申报》也评论说：“我沪上同业，其平日之东渡者，虽时有所闻。而以团体视察名义与东邦人士作国外之酬酢，要以此行开其先。”[②]

上海记者赴日考察团回国后，为向中国新闻界系统地介绍日本新闻事业的发展情况，以“答友人之询问”，包天笑根据考察中搜集的资料，编著了《考察日本新闻记略》一书，全书约两万余字，除绪言、结论外，正文凡12章，于次年6月由上海商务印书馆出版。包天笑称：“在东颇得彼邦记者之指导，于所谓日本新闻两势力地之东京大阪，得以参观一切。”[③] 该书对当时日本新闻事业的介绍是相当全面的，涉及日本报纸的沿革、报社机构的设置及功能、新闻工作者的培养，以及新闻社团的作用等各方面。书中还叙述了作者对新闻事业的看法，将中国新闻事业的发展现状与日本相比之后，更是发出“相差远矣”的感叹。

四　结语

中日新闻交流的水平，受制于中日两国的文化交流水平，又受制于中日两国关系的总体走向。可以说，中日新闻交流给漫长的中日文化交流史增添了新的内容，而每次中日之间人员的往来，更为彼此带来一片流动的异国文化色彩。

王韬时期，中日两国的近代新闻业都处于草创阶段，尚未形成

---

① 《报界赴日游览团放洋》，《申报》1921年11月20日。

② 《实业团与新闻记者团》，《申报》1917年12月2日。

③ 包天笑：《考察日本新闻记略》，商务印书馆，1918，第1页。

一定规模。尤其是相对于西方国家来说，中日两国新闻发展水平偏低，不可避免都会受到欧美新闻业的较大影响。当双方新闻界都处于尚未成形，规模较小的状态时，自然也谈不上什么交流。因此这一阶段，中日新闻交流基本上处于一种不自觉的状态。所以，王韬访日时，日方将他视为当时了解西洋文明的博学而难得的东方士人，而非报人。而王韬本人也更愿意被称之为名士或西学新派人物，他其实并不大在乎自己的报人身份。原因也有可能是当时两国从事新闻业者的地位普遍偏低，正因如此，近代早期，两国相关人士的交往多在古典文化情趣层次上产生共鸣，而缺乏共同向作为新事物的新闻业方向拓展的明显动机。

19 世纪末，两国新闻业的发展都达到了一定的水平，民族资本在两国近代新闻业中所占的比例大幅度提高。汪康年时期，两国都有进一步发展民族新闻业的需求，都力图借此挣脱欧美资本在本国新闻业上的压倒性影响。从某种意义上讲，中日两国成了联合抵制西方殖民主义扩张的同路人，此时，中日之间进行常态的新闻交流就水到渠成了。但由于种种原因，中国新闻业的发展却逐渐落后于日本。所以，在这一阶段，除了双方互相代销代购近代报刊外，两国之间的新闻交流主要的还是我国对日本先进技术与经验的学习。

到包天笑时期，虽然当时的新闻界仍处于较为松散的状态，未形成强劲的合力，交流的双方又各怀心思，但新闻界以团体形式进行来往无疑让中日新闻交流上了一个新的台阶。因此，虽然王韬、汪康年以及包天笑三人赴日的背景、原因、所受接待、逗留时间和受邀身份、交往人士各不相同，但却均在一定程度上加强了中日双方新闻界之间的了解与互动。他们分别反映了他们所处的那个时代中日两国新闻界的交流水平。在此过程中，我们也可以看出中日新闻交流大体的走势——是一种由知识精英不自觉的观察到新闻从业者主动学习再到整个新闻团体之间进行广泛交流的过程。

包天笑与上海记者视察团访日*

一

国际新闻交流是中国近现代新闻事业发展的一个重要内容，以国别而论，中日新闻交流与中美新闻交流所占比例是最大的。中日新闻交流又是中日近代文化交流不可或缺的一部分，其源头甚至可以追溯至19世纪50年代，在日本为德川幕府末年，在中国则是咸丰年间。当时日本方面购读了一批在中国东南沿海口岸城市出版的近代中文报刊，日本著名新闻学家小野秀雄（1885－1977）称其为“我邦新闻之祖”①。

“交流”一般意味着交流双方是同步的、对等的，也暗含有互利双赢的意思。但考察中日近代新闻交流的实态，我们发现上述的交流形式不过是个理想模式②，多数情形下并非如此，一开始交流的双方甚至都是无意识的。比较自觉的，并且具有一定规模的交流活动的出现要到清末民初，日本则是明治末年至大正初年。1917年（民国六年）上海新闻界组团访问日本，是中日近代新闻交流

---

* 此文为南京师范大学“民国新闻史的多视角研究”会议论文，2014年5月，合作者楚娟。

① 小野秀雄：《关于我邦初期的报纸及其文献——兼为本书采录的报纸及书籍解题》，《明治文化全集》第十七卷《新闻编》，第4页。转见卓南生《中国近代报业发展史（1815～1874）》，正中书局，1998，第4页。

② 所以有学者认为，不如用“交涉”替代“交流”。陶德民：《“东亚文化交涉学”的关键词——全球化时代文化研究的新视野与新视角》，《东亚文化研究科纪要》2011年第1期。

史上的一件大事，包天笑是这个代表团的重要成员。

包天笑（1876～1973），江苏苏州人，清末秀才，民国时期的著名报人和小说家。1906年，包天笑正式进入上海报界，用他自己的话说，就是“吃了报馆饭，做起新闻记者来了”①。此前，他在家乡先后办过《励学译编》和《苏州白话报》（均为木刻本），并以“吴门天笑生”的笔名，发表了他的第一篇翻译小说《迦因小传》。早年在上海期间，曾因参加诗钟社与陈范的苏报馆打过交道；因金粟斋译书处（蒯光典创办）需要刊登出版广告，与《中外日报》也有来往。他与20世纪初的报界已有很深的缘分。

包天笑在时报馆负责编辑外埠新闻（地方新闻），撰写时评二（时评一属于要闻、时评三属于本埠新闻）。不久，包天笑创议开设“余兴”副刊，“专登载除新闻及论说以外的杂著”②，自任主编。由于“余兴”的成功，引来一些老资格报馆的仿效，于是便有了《申报》的“自由谈”和《新闻报》的“快活林”。但小说似乎仍是包天笑的主要兴趣之所在，他先后编辑《小说时报》《小说大观》等多种文艺性杂志。从1906年到1919年，包天笑在时报馆一共服务了十四年之久，是他职业生涯中就职最长的一家机构，此后虽然也“一直与新闻界为缘”，但主要是以一个著名小说家的身份，活跃于上海滩的文艺界。1917年11月，包天笑是作为《时报》的代表加入访日视察团的。

二

1917年11月下旬，上海新闻界组团赴日考察，历时两周有

① 包天笑：《钏影楼回忆录》，中国大百科全书出版社，2009，第321页。

② 包天笑：《钏影楼回忆录》，中国大百科全书出版社，2009，第348～349页。

余，出访线路为上海—长崎—神户—大阪—京都—东京—横滨—东京—上海，具体行程如下表：

日　期	访日行程
11 月 17 日	上海新闻记者赴日之筹备，暂定旅程表。
11 月 24 日	六时许，乘坐日本邮船会社之近江丸客轮从沪出发。
11 月 25 日	上午九时抵达长崎港，我国驻长崎领事随员王绍贤负责接洽事宜。日方新闻界到船欢迎的有《长崎日日新闻》《长崎新闻》《长崎每日新闻》等新闻社、通信社等。当晚宿于船中。
11 月 26 日	早晨，我国长崎领事冯锡之到船接待，九点半乘小汽船至中国领事馆，少顷至日本邮船会社支店，并赴长崎商业会议所参观。中午，长崎中华总商会接待，下午五时由长崎商业会议所、长崎造船所等在伊良林藤屋蓬莱阁招宴。
11 月 27 日	上午，由长崎出发，下午五点半到门司关门两市，当地商会及报界记者酬接，七点十分赴神户参观。
11 月 28 日	上午七点三十一分抵达神户，神户新闻界、工商界和华商会欢迎。十二点钟赴我国中华总商会之欢迎宴，午后三时，至诹访山的金星台应各团体之联合欢迎会。晚上七时，又赴神户商业会议所及神户日支实业协会之宴会。
11 月 29 日	乘车赴大阪，当日抵达大阪梅田车站，大阪各新闻记者及我国侨商到站欢迎。十点半至大阪每日新闻社访问，十二点钟至大阪朝日新闻社参观。
11 月 30 日	抵达京都，短暂访问后乘火车赴东京。
12 月 1 日	下午二点抵达东京，中国驻日公使馆以及东京新闻界、工商界数人到车站欢迎。晚上东京新闻界在日本外交记者俱乐部设宴招待。
12 月 2 ~ 3 日	考察东京的十余家新闻机构。2 日中午，东亚同文会招待赴日记者团，3 日中午赴春秋会之午餐会，并赴东京记者俱乐部参观，进行了座谈交流。
12 月 4 日	上午参观帝国大学，下午至大隈侯爵邸，稍后早稻田中国留学生同窗会招待记者团于江户川清风亭。下午六点，由电报通信社招待于帝国剧场观剧。

续表

日　期	访日行程
12 月 5 日	贸易新报社松田源重邀请记者团赴横滨参观,记者团十二时到达横滨,下午六时,国民新闻社接待宴请于社中。当晚返回东京。
12 月 7 日	与在野名士进行交流,下午东京中国留学生会开欢迎会,当晚由东京出发返沪。

此表根据 1917 年《申报》的相关报道[①]制作。

上海代表团的报界成员共 10 人，分别为《申报》张竹平、张蕴和（张蕴和后因病由伍特公代替），《新闻报》冯巳恭，《时报》包天笑，《神州日报》余大雄，《时事新报》冯心支，《中华新报》张群，《民国日报》吴葭生，《新申报》沈泊尘，《亚洲日报》薛树德。有学者称该团为“中国最早出访的记者团”[②]。若说是“上海最早出访的记者团”，那当然是没问题的。我们认为称“中国第一个大型记者团”[③] 更准确一些。

中日两国新闻界的交流在清末开始频繁起来。1906 年 6 月，英敛之（时任《大公报》社长）联合天津三家日报社（足立传一郎的《北洋日报》、木村笃的《北支那每日新闻报》、方若与津村宣光的《天津日日新闻》）倡议设立“报馆俱乐部”，以便天津报

① 相关报道为：《报界赴日视察之筹备》，《申报》1917 年 11 月 17 日；《报界联袂赴日之行期》，《申报》1917 年 11 月 20 日；《报界赴日游览团放洋》，《申报》1917 年 11 月 24 日；《上海新闻记者赴日团消息》，《申报》1917 年 12 月 1 日；《上海新闻记者赴日团消息（二）》，《申报》1917 年 12 月 5 日；《上海新闻记者赴日团消息（三）》，《申报》1917 年 12 月 10 日；《上海新闻记者赴日团消息（四）》，《申报》1917 年 12 月 13 日；《上海新闻记者赴日团消息（五）》，《申报》1917 年 12 月 14 日；《上海新闻记者赴日团消息（六）》，《申报》1917 年 12 月 17 日；《上海新闻记者赴日团消息（七）》，《申报》1917 年 12 月 20 日。

② 马光仁：《中外新闻记者团的第一次交往》，《新闻春秋·第三届世界华文传媒与华夏文明传播国际学术研讨会论文集》，厦门大学出版社，2004。

③ 汪幼海：《中国第一个大型记者团访日记实》，《史林》1997 年第 1 期。

界的中日同行“研究报务交换知识”，共叙“中东两邦”兄弟之谊[①]。1909年4月，日本多家新闻机构组织记者代表团来华游历考察，在沈阳受到《盛京时报》与国人自办的《东三省日报》设宴欢迎。1910年3月，作为回访，两报联合发起赴日观光团，考察了日本报业与社会情形，引起强烈反映，被称赞为组团出洋游历之滥觞。[②] 1910年6月，日本东京大阪各报游历记者团往观南洋劝业会（南京）过沪，日本总领事有吉明遍邀上海各报记者，“宾主尽欢，颇极一时之盛”[③]。1913年2月，北京成立中日记者俱乐部，1913年1月，长春成立东三省中日记者大会。以上的活动说明，在清末民初，中国北方的京津地区和东北地区的中日新闻交流水平并不逊色于报业发达地区的上海。

有学者称该团为上海日报公会发起组织的[④]，或说由德富苏峰（日本《国民新闻》记者）、石河干明（日本《时事新闻》记者）出面邀请，上海日报公会慎重地接受了这一邀请[⑤]。但当事人之一的包天笑却认为此事的“发源”，是波多博主持的东方通信社。波多博与《神州日报》的余大雄“很友善”，于是便由波多博与余大雄分头与上海各报馆接洽。[⑥] 我们倾向于包天笑的说法。

包天笑还回忆说，这个代表团并不是很正规，“我们这一次到日本，也算是一个上海新闻记者团，但没有什么团长团员的名

① 方汉奇主编《中国新闻事业编年史》，福建人民出版社，2000，第391页。

② 《东京专电》，《盛京时报》1910年4月15日。转见赵建国《清末民初的新闻界与国民外交》，《学术月刊》2010年12号。

③ 《中日报界大会祝辞》，《大同报》，第13卷第16期，第31～32页。

④ 马光仁：《近代上海新闻界的对外交流》，《上海研究论丛》第19辑，上海社会科学院出版社，2009。

⑤ 赵建国：《民国初期记者群体的对外交往》，《江汉论坛》2006年第8期。

⑥ 包天笑：《钏影楼回忆录》，中国大百科全书出版社，2009，第427～428页。

义”[①]。这个“团体旅行”中，甚至“还有几位不是我们同业中人”[②]，只是因为余大雄日语流利，与日方应酬的场合多由余出面而已。此前一些关于这次中日新闻交流的研究材料上，大多标有团长名头，好像团长还不止一个人。有说“团长余毅民”[③]的，有说“团长公推余大雄”的，《神州日报》的代表则为“余洵（号谷民）”[④]。余大雄何许人也？余氏为安徽人，原名余洵，字穀民，号大雄，有时又号宝凤、神狮，[⑤]因他颇喜交际，擅于跑新闻，故另有一绰号为“脚编辑”。

三

访日归来后不久，包天笑便写作了一本题名为“考察日本新闻记略”的小册子，1918 年 6 月，由商务印书馆出版发行。全书除绪言、结论外，正文依次为日本新闻纸之起源与沿革、日本新闻纸之制作、日本新闻纸职务之分任、日本新闻社之设备、日本新闻纸之经济、日本新闻纸之交通与特例、日本新闻社之预算实施、日本新闻纸之盛衰、日本新闻社员之养成、日本之势力与进步、日本新闻界之两大供给、日本新闻界之联合团体十二个部分，共计三万余字。

全书大致由三块内容所构成，一为访问交谈之所闻，一为现场参观之所见，一为相关书面材料之所读。书中有“据云”“据闻”“据彼国人言”“某记者语余”“又据彼新闻界中人言”“据朝日新

① 包天笑：《钏影楼回忆录》，中国大百科全书出版社，2009，第 430 ~ 431 页。

② 包天笑：《钏影楼回忆录》，中国大百科全书出版社，2009，第 440 页。

③ 马光仁：《近代上海新闻界的对外交流》，《上海研究论丛》第 19 辑，上海社会科学院出版社，2009。

④ 汪幼海：《中国第一个大型记者团访日记实》，《史林》1997 年第 1 期。

⑤ 郑逸梅：《书报话旧》，中华书局，2005，第 271 页。

闻社报告”等，即为包天笑访问交谈之所闻，其中有两次记录了对大隈侯（大隈重信）的访谒。大阪每日新闻社本山社长（本山彦一）的谈话记录次数最多，共6次，所占篇幅不少。译引的书面材料所占篇幅也不少，有“职员取扱内规”、“外国留学生学资贷与规程”（以上两种得之于大阪每日新闻社）、“轮转机普及之势”、“新闻料纸需给现势谈”（以上两种得之于《大正六年之新闻总览》），以及“春秋会规则”、“新闻协会会则”。

包天笑说他写作中感到“枯窘得很”，所以只能“杂凑成文”。说是到日本视察，其实连“走马看花”都算不上。这当然是作者的过谦之辞。据报道，在这个所谓的记者团中，曾做过相关成员的简单分工，包天笑是负责记录的[①]。包天笑是有所为而去的。

该书是在对中日新闻业进行全面比较的基调上编写的。日本的新闻机构和新闻业务在当时相当于中国的什么，作者都尽量做出了说明，比如文选（拣字）、植字（排字）、解版（还字）、差替（小样）、大组（大样）、写真（照相）、编辑局（主笔房）、校正课（校对房）、文字场（排字房）、机械场（机器房）、铅版场（纸版房、浇版房）、广告课（告白房）、发送挂（发报房）、卷取纸（卷筒纸）、约束邮便（特约邮信）、广告募集挂（招揽告白）、广告取次店（代理广告店）、取次贩卖店（派报处）等。当然，也有一些“名词仍其旧未加改易”的。[②]

通过比较中日新闻业的种种差异，包天笑得出这样的结论——“返观吾国其程度相去甚远，一（方）为英英露爽之青年，一方为牙牙学语之稚子也”。不过他认为，这不单是中国新闻业一个行业的落后，“国中交通不便、实业不发达、教育不昌明”，是中国落

① 赵建国：《分解与重构：清季民初的报界团体》，三联书店，2008，第279页。

② 包天笑：《考察日本新闻记略》，商务印书馆，1918，第62页。

后的主要原因。[①] 包天笑在作中日新闻业比较之时，基本上能够保持一种理性的态度，并非日本的即是好的，即是先进的，比如谈到米价低昂与报纸销量的关系时，他发现这在日本是十分密切的，而在我们中国却不然，甚至是相反的情形。[②]

本书看上去像是各种资料（包括口头的和书面的）的堆砌，但包天笑仍然试着对中日新闻业强弱形势作出客观的分析（尽管这样的分析并不多），也不时提出一些值得思考的问题，如他注意到对社会心理或心理现象的研究在新闻业发展过程中具有重要的价值。[③] 又如，他认为，中国的报纸略近于英国风格，而日本的报纸略近于美国风格，至于“将来世界新闻究宜美国风乎，抑或英国风乎，今日尚为一疑问也”[④]。

四

1917 年 11 月至 12 月间的这次访日该如何评价呢？有学者认为，此次记者代表团的访日，“对于上海新闻界观念更新起到了开风气的作用。日本新闻从业人员敬业、负责、认真细致的工作作风深深感染了考察团员，此后日本先进的印刷术、造纸术以及有关经营管理的先进经验逐步介绍到中国来，产生了深远的影响”[⑤]。这种评价显然是言过其实的。另有学者认为，包天笑《考察日本新闻记略》一书的出版，“说明新闻界对此次考察活动的关心”[⑥]。实

① 包天笑：《考察日本新闻记略》，商务印书馆，1918，第 90 页。
② 包天笑：《考察日本新闻记略》，商务印书馆，1918，第 57 页。
③ 包天笑：《考察日本新闻记略》，商务印书馆，1918，第 56 ~ 57 页。
④ 包天笑：《考察日本新闻记略》，商务印书馆，1918，第 76 页。
⑤ 汪幼海：《中国第一个大型记者团访日记实》，《史林》1997 年第 1 期。
⑥ 马光仁：《中外新闻记者团的第一次交往》，《新闻春秋·第三届世界华文传媒与华夏文明传播国际学术研讨会论文集》，厦门大学出版社，2004。

际的情况可能不是这样的。包天笑自述写作动机时，说“友人颇以此（指这次访日考察活动）相询者”，此中的友人是指高梦旦（时任商务印书馆编译所所长）。“高先生说：‘您何妨写点出来呢！我们出版界，也与新闻界息息相通，现在我们出版的书籍中，也没有一种对于新闻事业的著述，近来到欧美各国去留学的，也有几位研究新闻学的，我们不管它，先把日本新闻事业，写出来给人看看也好。’”[①] 这样看来，倒是出版界更关心一些，对这本国人自编的第一种新闻学著作充满期待，不过结果却令人失望，包天笑回忆道：“（此书）出版之后，销数寥寥，还不及我译写的小说，这是冷门货，谁也不高兴去看它。不用说不是报业中人了，即使是我们同业，也懒得看它，日本是日本，中国是中国，吾行吾素。”[②]

尽管我们不应高估此次的访日考察活动，但仍然可以作一些正面的评价，首先它推动了中日两国新闻界的进一步交流。此次访问考察之后，上海新闻界确实感觉到交流与合作的必要，于是决定在上海成立中日记者俱乐部。对于这种大型代表团的出访，北京新闻界也不甘人后，于是 1918 年 4 月，北京报界赴日视察团成行，对此日本方面也积极回应，决定再组织赴华观光团，以谋求进一步强化两国新闻界之间的联系。[③]

其次是技术引进。在这次赴日考察过程中，代表团发现日本方面已成功解决了铜版印刷中的一个难题，通过他们发明的新方法可以使铜版也与锌版、木版一样，随原版同上纸版，不用再嵌入铅版，从而可以省略一道工序。“此项新发明方法及其纸样、药品，此行均承日本新闻界指点，惠赠存诸上海日报公会。”[④]

---

① 包天笑：《钏影楼回忆录》，中国大百科全书出版社，2009，第 441 页。

② 包天笑：《钏影楼回忆录》，中国大百科全书出版社，2009，第 442 页。

③ 赵建国：《民国初期记者群体的对外交往》，《江汉论坛》2006 年第 8 期。

④ 包天笑：《考察日本新闻记略》，商务印书馆，1918，第 13 页。

最后，包天笑的《考察日本新闻记略》也自然是这次访问的一项具体成果，该书是第一部比较全面介绍日本新闻业的著作。早期的《申报》、《西国近事汇编》（1873～1899）以及《万国公报》（1868～1907）都曾有过一些对日本新闻出版活动的报道[①]，但不可否认的是，此前很长一段时间内，中国方面对日本新闻业的了解，基本是零星的、片段式的。《考察日本新闻记略》出版之后，又经过十余年时间，中国还是没有一个关于日本新闻业的单行本，我们能看到的也只是一些单篇小论文，如邹宗孟的《日本新闻界一瞥》、鲍振青的《日本新闻纸之前提》等。因此，近代著名新闻学家黄天鹏（1905～1982）将其列入天庐逍遥阁新闻学藏书编目（中文著作共50种），并让《考察日本新闻记略》位列第四种[②]，可见《考察日本新闻记略》在中国近代新闻学术史上是能够占有一席之地的。

五

关于1917年底上海新闻界的这次访日考察的发起者，假如我们相信包天笑的说法，那么，站在日本的立场上看，这次考察活动就颇具一种国际政治的公关意味。波多博是其中的关键人物。波多

① 参见郑翔贵《晚清传媒视野中的日本》，上海古籍出版社，2003。

② 前20种依次为：《新闻学》（松本君平）、《实用新闻学》（休曼）、《上海报纸小史》（姚公鹤）、《考察日本新闻记略》（包天笑）、《新闻学》（徐宝璜）、《新闻评议》（孙依壹）、《时报馆纪念册》（陈冷）、《新闻与新闻记者》（黄天鹏）、《最近五十季》（黄炎培）、《新闻报三十周年纪念》（李伯虞）、《应用新闻学》（任白涛）、《实际应用新闻学》（邵飘萍）、《新闻纸改造》（王解生）、《新闻事业》（徐宝璜、胡愈之）、《北京平民大学新闻学系级刊》（王豫州）、《新闻学总论》（邵飘萍）、《新闻学大纲》（伍超）、《新闻学撮要》（戈公振）、《新闻大学章程》（张秋白）、《世界报纸大观》（李昭实）。参见黄天鹏《中国新闻事业·附录》，《民国丛书（第三编）》41卷，上海书店，1984，第317～321页。

博是个中国通，在1920年前后的上海新闻界非常活跃，具有一定的社会影响力。[①]

波多博早年毕业于东亚同文书院，先是在北京的《顺天时报》工作，辛亥革命之后回到上海。1914年第一次世界大战爆发后，波多博受日本驻上海总领事有吉明的委托，请宗方小太郎（1864～1923）组织东方通信社，宗方任该社社长。[②] 宗方死后，波多博继任社长。很明显，东方通信社一成立就具有官方的背景，1919年之后，它果然变成了日本外务省在华的正式通讯机关。[③] 为了消除"二十一条"在当时中国国内产生的强烈厌日情绪，我们猜测，东方通信社策划了这次赴日考察活动。[④]

日本人非常讲究公关技巧，这次活动由波多博与余大雄出面，通过私人关系进行联络，并声明此行"只是一种私人社交，一种游宴性质，别无政治关系的"。日方将不会由政府出面，而是由日本的各新闻社来招待[⑤]，将此次活动完全伪装成了一次新闻界之间的纯粹民间交流。不过，在日本侵华野心不断暴露、侵华步伐不断加快的客观形势下，再高明的公关技巧也会被识破，也会失效。

1921年4月，全国各界联合会发表《为赴日记者进忠告切勿为一进会第二人物》[⑥] 一文，对在日本召开的远东新闻大会提出质疑：

---

① "上海东方通信社社长波多博定于三月四日由沪出发，游历欧美，考察各国新闻工业，连日各国在沪新闻界，宴饯无虚夕。本埠我国新闻界，昨特发起公宴饯行，定本月二十八日六时，假静安寺路一〇二号海军联欢社公宴云。"《新闻界公饯波多博》，《申报》1924年2月；另见《波多博昨宴新闻界》，《申报》1927年12月4日。

② 吴绳海、冯正宝：《中日近代关系史中值得注意的人物——宗方小太郎》，《史学月刊》1985年第2期。

③ 胡道静：《报坛逸话》，《民国丛书（第三编）》第41卷，上海书店，1984，第56～59页。

④ "上海の中国纸が一致して日本视察に行くのは初めての企で东方通信社が一切のお世话をした。"波多博：《中国と六十年》（非卖品），1965，第102页。

⑤ 包天笑：《钏影楼回忆录》，中国大百科全书出版社，2009，第428页。

⑥ 天津《益世报》1921年4月10日。

公等不惮辛劳，参与远东新闻记者大会，岂为远东局势而有所商榷耶？亦为世界问题而有所计划耶？惟同人不能不怀疑者。此种大会已开两次矣，会名冠以远东字样，何以地点皆在日本？川资招待，悉由日本任之，我国独无作东道主之机会？沪上报界，因此裹足。公等竟络绎前往，宁不抱羞！今者亡羊补牢，尚幸未晚。若专事游览风景，虽虚此一行，或可告无罪于国人。万一感其虚伪之礼貌，入其危险之圈套，甘心为一进会第二人物，公等其将为众矢之的矣。

黄天鹏也曾说过：“吾人怵于东方社赐与之印象，与日人对华宣传之花样。”① 这表明最晚到 20 世纪 20 年代中国新闻界已经相当警觉了。

综观中日近代新闻交流史，由日本政府暗中操纵或主导下的中日新闻交流活动，1917 年上海新闻界的访日视察绝非一个孤立的个案。

① 黄天鹏：《中国新闻事业》，《民国丛书（第三编）》第 41 卷，上海书店，1984，第 49 页。

下篇　新闻学概念或术语

“新闻”术语之厘定与近代中西日文化互动*

“新闻”一词最早出现在唐代，尔后一直延用至今。在这一千多年的使用过程中，它的语义经历了一些明显的变化，不过对这种变化的估计，学术界存在着两种极端的看法，一种观点认为，近代新闻的概念与古代新闻的概念有着本质的不同，两者风马牛不相及，“新闻”乃是伴随着现代文明而产生的一种特有的文化现象。但笔者的看法是，即使不能说汽车源于木牛流马，谈到现代交通工具，至少也有必要提起木牛流马的。另外一种观点认为，古今新闻传播类的概念其实变化并不大，不仅可以通用，甚至连传播学也可说是起源于中国。① 这两种偏向都是不可取的。本文不愿意为这两

* 此文为武汉大学“历史文化语义学”国际学术研讨会会议论文，发表于《语义的文化变迁》，武汉大学出版社，2007。

① 方汉奇、张之华编《中国新闻事业简史》，中国人民大学出版社，1995，第4页。

种极端的观点所迷惑，而是选取了另外一个视角来审视“新闻”这一概念的演变：“新闻”一词在传统社会的变迁中书写自己的旅行史，尤其到近代，它被置于中外会通的跨文化传播的语境中，逐渐成了新闻传播学的核心概念（或称元词），从中我们也可以看到中西日三方的文化互动关系。

一 “新闻”的本义或古义

从现有资料上看，“新”与“闻”组词始见于唐代文献。唐人有诗云：“旧业久抛耕钓侣，新闻多说战争功。”① 诗中的“新闻”指近来的传闻。② 段成式、尉迟枢以“新闻”为名，撰成《锦里新闻》《南楚新闻》二书，“新闻”一词在这里带有猎奇色彩。③ 稍晚，《旧唐书·孙处玄传》有“孙处玄，颇善属文，尝恨天下无书以广新闻”④。这里“书”当然不是指的书刊，考虑到孙处玄“颇善属文”，但却不得不归隐田园，“无书”应是指不得书之，因为言路闭塞。“以广新闻”类似于今天的“以广视听”。这让人感觉到，“新闻”一词（由偏正词组到词，由口语到书面语）正处在生成过程中。所以，“新闻”作为“新知”之同义词，仍旧可用，如苏东坡诗句“新闻妙无多，旧学闲可束”。“新闻”依其汉语本义，

---

① 李咸用《披沙集》，其中还有“多少新闻见，应须语句明”的诗句。

② 此处使用的“新闻”一词是一个刚从“旧闻”中衍生出来的口语词。参见牛角《古代“新闻”辨义——古代新闻、传播概念的训诂研究之一》，《杭州大学学报》1998 年第 4 期。

③ 如《红楼梦》第一回：“当下轰动街坊，众人当作一件新闻传说。”亦是这种语义。

④ 全文如下：“孙处玄，长安（701～704）中征为左拾遗。颇善属文，尝恨天下无书以广新闻。神龙（705～707）初，功臣桓彦范等用事，处玄遗彦范文，论时事得失，彦范竟不用其言，乃去官还乡里，以病卒。”因《旧唐书》系后晋刘昫等人编撰，与上述所引唐人著作相比，面世时间晚一些，所以笔者不同意此处为中国历史上“新闻”一词的最早记录。

即是新近听说的事情，若要表达类似的意思，可以有“近闻”、“忽闻”、“偶闻”、“近知”、“风闻”等说法。排除“新闻”与“新文”通假的情况，“新闻”与上述说法相比，突出了时效性，而且“闻”比“知”又多了一些感官反应，较有处于传播过程的意味。从这个角度讲，它似乎“接近于现代人对新闻一词的理解”。

“新闻”一词，宋人较多使用，但意义实际上发生了明显变化。《朝野类要》记载：“其有所谓内探、省探、衙探之类，皆私衷小报，率有泄漏之禁，故隐而号之曰新闻。”从表面看，“新闻”仍指新近听说的事情[①]，但“新闻”与“报（纸）”同时出现，这还是第一次。这里“小报”与“朝报”相对应，“朝报”为宋代正式官报（这是唐宋政治情报发布体制的重大改变），不过它却饱受消息快捷的“小报”的冲击。从小报的采访分工来看，宋代小报已是很发达了，但它却不得不非法运作，更因小报从业者多是“朝报”中人，故而特意隐瞒消息来源。不曾料到，这一应付新闻管制的权宜之计却使“新闻”[②]一词向着专业名词转变了，如果再考虑到“新闻”一词已开始与传者发生关联（不再只为受众所使用），即使说在中国的宋代就已出现“新闻的自觉”也不过分吧。[③]

二 “新闻”近代义之确立

中国古代报纸诞生于唐代，到宋代形成了相当的规模，之后一

① 有人认为，这里的“新闻”实指一种笔记体的作品，属于唐传奇的一种。但与笔者此处的解读不相矛盾。

② 笔者在本文写作中较多采用新闻专业定义的“报道说”。同时也注意中国古代传播活动中的“报”（传者）和“闻”（受众）的变化。

③ 此处系借用鲁迅关于魏晋时代即有“文学的自觉”的说法。宋人对官报定位明确，已有媒体信息功能与教化功能的相关表述，可为佐证。

直运行到清末民初，但近代媒体却没能在本土自然而然地产生，关于“新闻”语义的表述也似乎定格于南宋。“新闻”的近代义是由外籍人士赋予的。“新闻”这一汉语名词既简单又通俗，这倒为它的近代转换留下了足够空间。

1807年，第一个新教传教士马礼逊从伦敦起程，远涉重洋，来到中国。他在广州逗留期间，着手编译《华英字典》，该书三部分共六卷，1823年出版完毕。这部影响深远的双语辞书，堪称中西文化的百科全书，其中，马礼逊对译了一些很重要的汉字新语，如法律（law）、医学（medicine）、精神（spirit）、新闻（news）等，“news”一词据说为15世纪苏格兰国王詹姆士一世首先使用，现在译成“新闻”，跨时空成功对接。而且“news”因其特别突出“新闻”之“新”，也即让“新闻”这一汉语旧词平添了“时效第一”的含义，可谓“老树新枝”。

马礼逊在编译《华英字典》期间，还创办了《察世俗每月统记传》（1815～1822），它被称为中国近代最早的中文近代报刊，虽然这份月刊杂志让人多少感觉到马礼逊、米怜等人对他们的刊物在中国的定位还犹豫不决，但情况很快就有了改观。1828～1829年《天下新闻》（*Universal Gazette*）也创刊于马六甲，这是第一份活字印刷的中文报纸，“新闻”第一次被用作报名，它的主编吉德（Kidd或译纪德）曾向马礼逊学习过中文，而“Gazette”又让“新闻”一词第一次拥有“报纸”的含义。1833年4月，马礼逊又在澳门创办了《杂闻篇》，这是本土出版的第一种近代中文期刊（不定期），它的第二期上有《外国书论》一篇，文中介绍了西方的出版简史，对其新闻纸的“无所不讲”赞叹不已。这是中文“新闻纸”一词的首出例。与此同时，普鲁士籍传教士郭士立进入广州创办《东西洋考每月统记传》，刊名虽仍仿中国史书之传记体而作，但他于“新闻”三致意焉。首先，他突出了“新闻”的报道功能，该刊报道范围涉及世界主要国家的政治、军事、交通、贸易、天文等方面；在《新闻之撮要》里，我们看到了“新闻综述”的体裁。在《东西洋考每月统记传》所设的“新闻”专栏中，我们还看到了作为现代报纸版面构成的主要因素的“新闻”。最后，在《新闻纸略论》（有人称为中国近代第一篇新闻学专文）中，我们不仅第一次听说“新闻纸篇”这个词，知道“新闻纸”可依刊期长短而分为不同种类，甚至还知道报纸（“纪新闻之事”）与杂志（“论博学之文”）之大致区别。可以说，《东西洋考每月统记传》完成了“新闻”的近代义转换。就其实际运作而言，其编辑模式对19世纪初中期最早一批中文近代刊物也产生了重大影响。

三　近代义的“新闻”在本土的流传

“新闻”一词的流传与近代新闻业的发展密切相关。最早的近代媒体出现于澳门、广州，五口通商之后，由珠江三角洲发展到长江三角洲，19世纪60年代前大抵局限于这一新月地带。之后，由上海出发，一路沿海岸线北上至京津，一路溯流西向至汉口，通过这两条路径向中国腹地推进。在这片区域中，“新闻”通过阅读（得知）与译述（引用）的渠道加以传播。

《东西洋考每月统记传》停刊不久，前来广州禁烟的林则徐为“夷情备采”而组成一个汉译班底，在他们编辑而成的“澳门新闻纸”与“澳门月报”里，率先应用“新闻”、“新闻纸”、“月报”等词。之后，还有许多使用“新闻”近代义的资料，兹不赘述。需要说明的是，近代中国人士并非全然被动征引外人说法。1859年，洪仁玕辗转来到南京，在他向天王献上的《资政新篇》中，除沿用“新闻篇”一词外，还自创“新闻馆”、“新闻官”两个新词。催生“新闻”词群的工作还在继续，“新闻”一词的含义也将变得更为丰实。1872 年，创刊不久的《申报》对“新闻”作了如下解释：“新闻则书今日之事，以见今日之才。”这一界定，既区别了新闻与文学，又区别了新闻与历史。这里，“新闻”除了宣示作为一种新兴的社会职业外，还划出了自己特定的知识领域。另一家重要媒体《万国公报》也有不少贡献。林乐知（美籍）、李提摩太（英籍）对“新闻”有许多深入的论述，花之安（德籍）在《万国公报》上发表的《新闻纸论》，是继《新闻纸略论》后又一篇重要的新闻学专文。大量材料表明，《万国公报》对当时中国的中高层知识人士影响明显，在此后不久兴起的国人办报高潮中，康、梁等人深受其惠。

但是，截至 19 世纪末，“新闻”一词并没取得垄断地位。“新闻”的古义仍在使用，如徐继畬：“每得一书，或有新闻，辄窜改补增，稿凡数十易。”还有混用与并用，如林则徐同时使用“塘报”、“新闻”。1875 年 3 月 6 日《申报》在一则题为《福州创设华字新闻纸》的消息中称：“福州有一印务局特设立华字新报，系仿万国公报之例，每七日出报纸一章。”连标题一共短短 39 个字，“新闻纸”、“新报”、“报纸”三词都用上了。可见，在新闻词群中，“新闻”并未成为主导性的流行语。之所以如此，原因之一是近代新闻业仍处不发达阶段，其对中国社会虽不至像梁启超所说“无纤毫之影响”，但主要影响局限于东南一隅也是事实。此外，随着新闻业的进一步分工与细化，“新闻”作为母语不断生成派生词和对立词，由前述混用的情形可见一斑。特别是“新报”一词非常有竞争力，已成为强势的用语，这与中国近代新闻业发展的特殊环境不无关系，在被动现代化的中国，出现了“外报先导”，继而外报（新式传媒）在长达 100 年的时间里与旧报（“邸报”、《京报》）并行的新闻现象。虽然《京报》无意与新报相抗衡，但却被后者视为标准假想敌。

四　中国“新闻”近代义与日本“新闻”近代义

19世纪20世纪之交，办报热（从1895年起，除短暂的一两年有所衰减外，一直延续至民初）遇上了留学潮。在作为留学生主体的留日学生带回的东西洋知识与观念中，有“新闻”、“美术”、“传播”、“独裁”等一大批新式术语，好像这些术语因由日本输入便多了一些可信性和权威性，“新闻”词群似乎被激活，享有很高的使用频率，有人甚至误认为“新闻”是日本人新创的近代术语。但是，“新闻”不是“日制词”，实际上，中日两国不但在“新闻”古义上是同源的，在“新闻”的近代义上也有很深的渊源关系。

在日本近世，存在着类似于中国的朝报与《京报》的“御触书”与瓦版，“新闻”一词虽不见诸出版物，但仍在其他场合使用。[①] 大约在1860年前后，日本人才开始使用“新闻”的近代义，被视为日本最早的近代新闻出版物的《官版巴达维亚新闻》，其中的“新闻”即是指“新闻纸”。但是，日本“新闻”近代义的确立与中国也有很深的关系，在幕府末年，曾有大量的在中国东南沿海地区发行的中文报刊传入日本，这些报刊或以手抄本形式在知识人士中流传，或经“藩书调所”（后易名为“洋书调所”）审定而翻印（即官版）。这些“官版翻刻汉字新闻”对起步中的日本近代新闻业有直接的帮助（小野秀雄称之为“我邦报纸的祖先”）[②]。但另外一方面，我们也不能否认日本直接接受的西方影响较中国所接

① 如派驻江户的各藩留守居役（相当于唐之进奏官）以“新闻”之名发回的政治情报。

② 近代来华传教士著译的东传不限于沿海的几种报刊，比如《华英字典》曾是日本人最初学习英文的主要参考书。

受的多。日本和中国几乎同时接触西方，但与中国相比，似乎西方对日本的影响更为直接和系统。至于对近代新闻业的了解，日本比中国还要早一些，新井白石在其《西洋纪闻》（1715 年）曾提到クラント（de Courant，荷语报纸）。在这个过程中，荷兰商船是日本人了解西方的主要的（有一段时间里甚至是唯一的）渠道，作为与日本通商的一个先决条件，荷兰人要给幕府提供海外情报，前述的《官版巴达维亚新闻》就是终止提供《阿兰陀风说书》之后，荷兰商人为继续承担其相关义务的替代品，它是荷兰在雅加达殖民政府机关报的日本官方版。

就日本“新闻”近代义的确立过程而言，来自西方的影响更为直接而且深远，比如日本人很快就使用ニュース对译 news，ニュース・ペーパー对译 newspaper，这是日本人直接使用片假名音译的情况，此外，他们还自创了一系列的汉字新闻词汇，如公报、官报、私报、新闻志、日志、新闻社、机关纸、日刊纸、地方纸、全国纸等。这样一来，“新闻”这个术语在日本其含义就比较具体和狭窄了（新闻 = 新闻纸 = 报纸）[①]，这似乎和中国近现代“新闻”术语的泛化形成了鲜明对比。

以上是对近代新闻术语生成的简单梳理。这一术语的现当代的具体衍变，应该是未来进一步研究的课题。

---

① 日本大辞典刊行会编《日本国语大辞典》，第十一卷，小学馆，1982，第 246 页。

“杂志”近代含义的生成*

“杂志”曾长期被误认为是日源外来词。香港学者余也鲁在《杂志编辑学》一书中指出：“（杂志）系日人先用，日本人把各种定期出版物都叫杂志。”① 《中国人留学日本史》一书也将其列入“中国人承认来自日语的现代汉语词汇”之中。②

我们不同意“杂志”系日源词一说。“杂志”是汉语固有词，而且早已零星地用于中国古人著作的命名。“杂志”由其古义到被赋予近代意义，这一过程也于19世纪中期在中国本土完成。

中国近代新闻事业始于19世纪初西方传教士的办报活动，当时“报”与“刊”尚未有明显分工，新教传教士为了给他们的出版物找到一个相应的中文名称，临时创造了一个新词——“统记传”，以此来对译英文中的“Magazine”。今天，我们已知这些早期的出版物是中文杂志，但在当时“杂志”尚未成为近代专有名词。

在西方传教士早期的报刊活动中，“杂志”逐步实现了由试用词到过渡词的转换。这一过程中的标志性事件，乃是1862年《中外杂志》的创刊，这是近代出版史上第一份用“杂志”作为刊名的中文刊物。不过，“杂志”在中国作为新闻传播业通用的术语还是1900年之后的事。

---

* 此文发表于《武汉大学学报（人文科学版）》2008年第5期，合作者郑昱。

① 余也鲁：《杂志编辑学》，海天书楼出版社，1944，第27页。

② 〔日〕实藤惠秀：《中国人留学日本史》，谭汝谦、林启彦译，三联书店，1983，第326～334页。

一 从“统记传”的译名到“杂志”近代义之首出例

1815 年，来自英国的新教传教士马礼逊与米怜在马六甲创办《察世俗每月统记传》（1815～1821），这是中国最早的中文近代杂志[①]，英文名是“Chinese Monthly Magazine”。其中，“察世俗”可能是“Chinese”按照当时官话或粤语的音译，同时兼顾这本刊物的出版宗旨——“勤功察世俗人道”。“统记传”则体现了无所不记、借此传播的意思。[②] 这份综合性宗教刊物以“神理”、“人道”、“国俗”为其三大宣讲重点。

《察世俗每月统记传》是马礼逊、米怜所拟订的十项传教计划之一：为兼顾传播一般性知识与基督教教义，以月刊或其他合适的刊期，于马六甲出版一种小型中文杂志。[③] 传教士最初不确定他们的出版物在中国相当于什么，所以他们往往笼统地称之为“书”。《察世俗每月统记传》仿线装书形式装订成册，米怜在序文中写道：“此书乃每月初日传数篇的……愿读察世俗书之书者，请每月

① 有人提出，近代报刊发端于中国本土的媒体发展史，并非来自西方的舶来品。1792 年，苏州吴县唐大烈编辑《吴医汇讲》，有人认为它是中国传统出版物的近代衍生品。从 1792 年到 1801 年唐大烈去世，《吴医汇讲》陆续出了十一卷，有连续的卷号和目录。《吴医汇讲》早于《察世俗每月统记传》，也大致具备了杂志的基本特征，但是这种由传统的书籍到近代杂志的变化并没有固定下来，后人创办的杂志也并没有与之结成薪火相传的联系，所以我们不赞同将《吴医汇讲》视为近现代杂志之鼻祖。参见姚福申《〈察世俗每月统记传〉的再认识》，《新闻大学》1995 年春季号。

② 余也鲁：《杂志编辑学》，海天书楼出版社，1994，第 27 页。此外，林穗芳在《“杂志”和“期刊”的词源和概念》中指出：“读发刊词可知刊名‘察世俗’非 Chinese 的音译，而是表示刊物的任务为观察世俗各种事物，‘统记传’则表示该刊是一种传媒，把所观察到的一切统统记载下来加以传播。这多少表达了创办人当时对 magazine 含义的理解，强调无所不记。”

③ 苏精：《马礼逊与中文印刷出版》，台湾学生书局，2000，第 34 页。

初一二三等日，打发人来到弟之寓所受之。"英国传教士麦都思在《特选撮要每月纪传》（*Monthly Magazine*，1828－1829）序文中也谈到，"弟如此继续此察世俗书，则易其书之名，且叫做'特选撮要每月纪传'。此书名虽改，而理仍旧矣"[①]。到了《教会新报》（1874年更名为《万国公报》）时，还有以"书"代报的表述。[②]

在《特选撮要每月纪传》中，传教士用"特选撮要"替代了寓意无所不包的"统"，这里的"特选撮要"的主体部分是"神理"[③]，虽然《特选撮要每月纪传》在《察世俗每月统记传》的基础上将"国俗"部分有所分解，增加了"天文"、"地理"等内容，但却更加偏重和强化了"神理"部分，其过于浓厚的宗教色彩限制了它的传播效果[④]，不久便停刊了。

1833年，普鲁士籍传教士郭士立在广州创办《东西洋考每月统记传》（*Eastern Western Monthly Magazine*，1833－1838），这成为中国本土第一份中文近代报刊。[⑤] 为了给"统记传"的用名找到一个更合理的解释，他们可能联想到了中国古代的纪传体。

从早期来华传教士所办刊物的这些奇怪而拗口的命名之中，可看出他们的中文水平并不高。米怜也承认："初期的样本不论是在文章写作或者印刷方面都很不完善，但习惯阅读的读书人应该能理解。编者希望在进一步掌握语言能力之后，能改善文体。"[⑥] 他们

---

① 戈公振：《中国报学史》，三联书店，1955，第367～373页。

② "是书直可以与张茂先之博物志并传。"《劝人播传新报启》，《教会新报》，第993页。

③ "既然此一端理，是人中最紧要之事，所以多讲之。"《特选撮要每月纪传》序。

④ 卓南生：《中国近代报业发展史：1815～1874》，正中书局，1998，第49～52页。

⑤ 有学者认为，《杂闻篇》为中国境内的第一份近代化期刊，见林玉凤《中国境内的第一份近代化中文期刊——〈杂闻篇〉考》，《国际新闻界》，2006年第11期。但实际上《杂闻篇》（*A Miscellaneous Paper*）不是期刊，而是报纸，是《传教者与中国杂报》（*The Evangelist and Miscellanea Sinica*）的中文版，参见苏精《马礼逊与中文印刷出版》，台湾学生书局，2000，第51～52页。

⑥ 卓南生：《中国近代报业发展史：1815～1874》，正中书局，1998，第26页。

的阅读范围看来也非常有限——并未注意到“杂志”在古代用作书名的情况。马礼逊所编《英华字典》与《华英字典》中既没有“杂志”也没有“统记传”词条。[①] 不过，传教士们注意到了“史书”及其“纪传体”——他们认为自己出版的“书”类似于中国的史书。他们也知道这种定期的、连续出版的印刷品不同于以前的史书，于是将其称之为“今史”。[②]

《东西洋考每月统记传》刊载了《新闻纸略论》一文，将“纪新闻之事”和“论博学之文”略加区分。此文根据刊期不同将“新闻纸”分成若干种类，指出其中“每月出一次者，亦非纪新闻之事，乃论博学之文”。可见，在近代中文报刊发展初期，虽然已经含糊地表达了报纸与杂志之间的差异[③]，但此种月刊杂志仍归属于“新闻纸”。

“统记传”这个奇怪的命名在经过短期试用之后遭到遗弃，传教士们开始寻求新的替代品，比如《依湿杂说》之“杂说”、《遐迩贯珍》之“贯珍”以及《六合丛谈》之“丛谈”。

在这一过程中，作为试用词的“杂志”最终浮出水面。1853年第2号的《遐迩贯珍》所载“圣巴拿寺记”一文中，出现了有近代意义的“杂志”：

> 圣巴拿寺在欧罗巴洲山上。高可八百丈有奇。山巅常有积雪。时或盛夏。犹冷不可耐。过客辄有犯寒而濒于死者。救主降生后之九百六十八年。有天主教士。名巴拿。建寺救人。寺因以名……此说英国友人。得于丛书中。兹译出。嘱于点窜为文。附于香港雜志之末。俾读是书者。知世人之行善。竟有如

① 在此，感谢为我们提供相关材料的澳门理工学院赖少英副教授。

② 宋原放主编《中国出版史料（近代部分）》第1卷，湖北教育出版社，2001，第78页。

③ 方汉奇主编《中国新闻事业通史》第2卷，中国人民大学出版社，1992，第266页。

此之笃好云。南充刘鸿裁。

据我们现已掌握的材料，此处应是近代意义的“杂志”之首出例。值得一提的是，“圣巴拿寺记”一文的作者刘鸿裁是中国士人。因此，“杂志”之首出例可视为秉笔华士和西方传教士合作的成果。

“杂志”在《遐迩贯珍》中出现之后，仍只是试用词或过渡词，半个世纪后才成为流行的专业术语。在跨文化传播中，多种译语共存并“竞争上岗”的现象十分普遍，经历长期的比较、权衡和选择性使用，最后某一种胜出，其他的则遭淘汰。这里胜出的是“杂志”和“Magazine”，二者最终实现成功对译。

二　“杂志”的古义与“Magazine”的含义

“杂志”一词在中国用作出版物名称的情况可以追溯到宋代。如宋代江休复的《嘉佑杂志》、周辉的《清波杂志》、清代王念孙的《读书杂志》。这里的“杂志”，是杂记、笔记的意思。

清代钱大昕的《十架斋养新录·家谱不可信》中记录的：“师古精于史学，于私谱杂志，不敢轻信，识见非后人所及”，此处“杂志”也是“零星地记载着传闻、逸事、掌故的笔记”之意。“杂志”的古义中还包括“地方志的一目”，有“丛谈”之类的意思。清代章学诚在《文史通义·方志立三书议》中写道：“前人修志，则常以此类附于志后，或称余编，或称杂志。”

由此可见，“杂志”的古义与“杂记”或“札记”十分接近。杂记，亦指杂纪，指正史之外的史料，其中包括记载异闻逸事的笔记。

在英文中，“Magazine”（杂志）原本是仓库、军火库的意思，后引申为知识库、信息库。“Magazine”一词，转借自阿拉伯语“Makhazin”[①]。用原义为仓库的“Magazine”来指代杂志，说明其内容之广博与多样，蕴含了“仓储”的概念。正如美国学者约翰逊与普里杰特尔在《杂志产业》中所描述的那样：倘若漫步在小镇上的人们沿着“Magazine”的路标前行，很可能发现所谓的杂志社原来是一幢曾经用作军火库的旧仓库。[②]

1731 年，爱德华·凯夫在英国创办《绅士杂志》（*The Gentleman's Magazine*），这成为世界上第一份以“Magazine”命名的综合性出版物。

事实上，“杂志”的外延较之“Magazine”更为广泛。“杂志”也被广泛地用来翻译“Journal（学术性杂志）”、“Review（评论性杂志）”等，而“Magazine”则单指面对普通读者的非学术性期刊。

除了“Magazine”之外，人们还选取其他英文词语来表达“杂志”这个概念。比如源自希腊文的“Periodical”，原指星球轮转的周期，衍生出定期刊物的含义。“Journal”（集纳）被用来描述刊登特定主题文章的期刊及学术性期刊，而“Serials”原本具有连续性的意思，可以用来指代除了报纸之外的连续性刊物，“Miscellany”本义是杂物，又包含了杂录、杂记与杂集的含义。

需要注意的是，1862 年创刊的《中外杂志》与 1904 年创刊的《东方杂志》（*Eastern Miscellany*）都选取“Miscellany”一词对译“杂志”。而英美一般不选取“Miscellany”用作期刊名称，近代中文杂志选用“Miscellany”，可能是为了与“杂志”古义中的“杂记”更好地衔接。

---

① 一说转借自法语 magasin，或意大利语 magazzino。

② 〔美〕萨梅尔·约翰逊、帕特里夏·普里杰特尔：《杂志产业》，王海主译，中国人民大学出版社，2006，第 4 页。

三　从《中外杂志》到《亚泉杂志》

1862 年，月刊《中外杂志》（*Shanghai Miscellany*）在上海出版，这是第一份用“杂志”命名的近代中文刊物。创办者是英国传教士约翰·麦嘉湖，每期 12～15 页，除了普通新闻之外，还刊登宗教、科学、文学方面的文章。中文刊名——《中外杂志》并非是后人翻译的，而是出版之时即以“中外襍志”四个大字竖排印在封面中央。

《中外杂志》以“杂志”来命名，有可能受到《遐迩贯珍》的影响。前文提到，“杂志”在《遐迩贯珍》的“圣巴拿寺记”中出现过一次。有研究表明，“《中外杂志》与《遐迩贯珍》之间存在着文章转引的关系”①。

有人提出，被赋予近代意义的中文“杂志”源自日语，这里是指借用了柳河春三的《西洋杂志》中的“杂志”一词。而事实上，创刊于 1867 年的《西洋杂志》比创刊于 1862 年的《中外杂志》晚了 5 年。我们认为，《西洋杂志》刊名倒是很可能受到了近代中文书刊的影响。理由是自古以来日本就有向中国借词的传统，而明治维新之前，日本又曾大量移译中国早期介绍西学或洋学的书刊，文久年间（1861～1863），它们或以手抄本方式，或通过德川幕府的“番书调所”翻印而在日本国内流传。

柳河春三在 1861 年出版的《横滨繁昌记》的《舶来书籍》一文中谈道：“新报纪事之属。则遐迩贯珍。六合丛谈。中外新报。上海新闻等。”由此可见，他在创办《西洋杂志》之前，有可能已

① 沈国威、内田庆市、松浦章：《遐迩贯珍——附解题·索引》，上海辞书出版社，2005，第 17 页。

经注意到《遐迩贯珍》、《中外杂志》等近代中文报刊关于“杂志”的用例。

“杂志”在日本是不被视为舶来品的。当然，“杂志”在幕末也存在一个近代转换的问题。最初，“杂志”与“新闻”（报纸）也没有明显的划分，比如《官版巴达维亚新闻》。日本学者将这个时期称为“报纸杂志混合期”[①]。柳河春三创办《西洋杂志》月刊的时候，选用“杂志”作为定期刊物之命名，概括起来应该受到了三个方面的影响：一是本土的影响。早在江户时代中期，日本就已出版“云萍杂志”之类的书籍[②]，这种影响的源头说到底还是古代中国。二是来自荷兰的影响。《西洋杂志》的主要内容是编译、解说荷兰等西欧国家的科技、文史类刊物上发表的材料。卷一中写道：“本杂志创刊的目的，乃类似西洋诸国月月出版的马卡仙，广集天下奇谈应能一新耳目，加益万民之诸科学和百工技艺，包括所有译说，将不惜版幅，蒐集彙纳。”[③] 这里提到的“马卡仙”，并非译自“Magazine”而是荷兰语“Magazjin”，“Magazjin”一词曾被译为“宝函”、“志林”[④]。日本在前近代时期与荷兰有过长期的接触，闭关锁国之后所受西方的影响主要源自荷兰。三就是前文提到的来自近代中国的影响。日本假助汉译来吸收、输入西方文化，其目的在于“不劳而溥”，他们习惯于采用这种过渡性的手段，多快好省地吸收西方文化的精华。[⑤]

但是，《中外杂志》1868年停刊之后，以“杂志”来为中文

---

① 山本文雄：《日本マス・コミニューヶション史（增补）》，东海大学出版会，1998，第7~9页。

② 李明水：《日本新闻传播史》（六版），大华晚报出版社，1987，第36页。

③ 张觉明：《现代杂志编辑学》，环球经济社 & 商务印书馆，1996，第56页。

④ 日本幕府成立“蕃书调所”翻译外来刊物，“蕃书调所”的刊物《官板玉石志林》中将“Hollandische Magazijin”译为“荷兰宝函”字样。“宝函”意为放着贵重物品的盒子，义近“贯珍”。

⑤ 汪向荣：《日本教习》，三联书店，1988，第189页。

刊物命名这一方式似乎并没有得到传承。[①] 传教士在试用了“杂志”[②] 之后，又试用了“汇编”（如《格致汇编》）、“闻见录”（如《中西闻见录》）、“新报”（如《厦门新报》）、“报”（如《万国公报》）等。受传教士办报理念的影响，康、梁在19世纪末推行变法的时候也将他们创办的杂志称为“报”或“新报”，如《时务报》、《知新报》、《集成报》、《湘学新报》等。而其他中国人自办的刊物，也多以“报”来命名，如黄庆澄的《算学报》、罗振玉的《农学报》、叶耀元的《新学报》等。可见“报”一词在中文中具有宽泛的涵盖力，而且在19世纪下半叶的报刊活动中，其竞争力和影响力处于上升的态势，与此同时“杂志”一词则长期受到冷遇。

有趣的是，在19世纪下半叶，中国也有一种与柳河春三《西洋杂志》同名的出版物，但那是书籍。它是“曾门四弟子”之一、桐城派著名作家黎庶昌对欧洲国家社会生活各方面观察或考察的翔实记述。可见，“杂志”一词在当时的中国，古义与近代义同时被使用。

直到1900年才有第二份以“杂志”来命名的近代中文刊物[③]，这就是杜亚泉在上海创办的《亚泉杂志》。这是最早使用“杂志”来命名的近代国人自办刊物，也是第一个以主编人名命名的近代杂志。

四　“杂志”：从过渡词到流行词

“杂志”从过渡词演变成流行词的过程，打上了日本影响的烙

① 笔者为此查阅了数种资料，比如《中国近代报刊名录》（史和、姚福申、叶翠娣编）、《中文报刊目录》（范约翰编）。

② 王韬将《中外杂志》误记成《中外杂述》，会不会与“杂志”此时仍为试用词而不是固定的专有名词有一定的关系？参见宋原放主编《中国出版史料（近代部分）》第一卷，湖北教育出版社，2001，第107页。

③ 1896年，日据时期的台湾有一本《台南产业杂志》。

印。有迹象表明，《亚泉杂志》之“杂志”可能是由日本借入的。杜亚泉在创办《亚泉杂志》之前，自学了化学和日文，阅读了一批日文图书和杂志。《亚泉杂志》第10册（期）有一篇《日本太阳杂志工业摘录》，文中记载：“日本著名之《太阳杂志》中所辑工业世界，载近世新发明之理颇多，兹就近年杂志中摘录若干条以备留心工业者之采择焉。”

梁启超在《清议报一百册祝辞并论报馆之责任及本馆之经历》中也谈道：“若此者，日报与丛报（丛报者指旬报、月报、来复报等，日本所谓杂志者是也），皆所当务，而丛报为尤要。”[①] 可见梁启超当时并不了解“杂志”被用作中文刊名的情况，而认为这是日本名词。

日本的《西洋杂志》比《中外杂志》晚出5年，但是与《中外杂志》之后“杂志”湮没在“报”里的情况不同的是，“杂志”在日本被频频使用，如《海外杂志》《新闻杂志》《明六杂志》《医事杂志》《文部省杂志》等。

与在中文里具有的不确定性相比，置于日文语境中的“杂志”具有清晰的内涵和外延，而且与“新闻”已出现清晰的界限。相比之下，在中国被频繁使用的“报”则受到了冷遇，“报”在日文中内涵较窄，仅用于“官报”、“私报”、“公报”等场合。

《亚泉杂志》创刊前后的中国正经历世纪之交的巨变，在失败的阴影笼罩下的中国人开始将日本视为求学的一大主要方向，伴随留日潮的兴起，越来越多的中文报刊开始以“杂志”来命名了。

其中，主要是留日学生创办的报刊，如1906年李叔同创办的《音乐小杂志》、张一鹏创办的《法政杂志》，1907年燕滨创办的《中国新女界杂志》，以及其后的《农桑杂志》《武学杂志》《中国

---

① 《清议报》1901年12月30日。

商业杂志》等，这些留日学生创办的杂志也大都在日本刊行。

在国内，国人创办的期刊以杂志命名的也多了起来。1904 年，中国近代刊期最长的大型综合刊物《东方杂志》（*Eastern Miscellany*）创刊。《东方杂志》为上海商务印书馆出版，创刊之初为月刊，十七年后改为半月刊。① 此后商务印书馆又在 1909 年创办《教育杂志》，1911 年发行《法政杂志》。

具有近代含义的“杂志”一词，是否历经了一次从中国传入日本，又从日本反馈到中国的过程呢？这需要进一步的探讨。从我们现在掌握的资料来看，可以肯定的有两点：

第一，日本的《西洋杂志》首先借用了“杂志”来对译“Magazine（Magazjin）”，而这种译法后来为中国普遍采用，成为定译。在中国，“Magazine”作为杂志的通用概念最终被确立下来花了将近一个世纪的时间。近代日本人在译介西方术语的时候，惯用的方法之一是借取中国古典词语来翻译西洋术语，并赋予来自西学的新含义，而这种新义与古义之间存在着联系性与近似性。

第二，“杂志”一词在中国本土从试用词、过渡词到最后成为流行词，是一个中国、西方、日本三方文化互动的过程。明清之际西方传教士和中国西学派人士创制和翻译的西学词语中，不少并未直接在中国得到普及，而是传入日本得到广泛采用后又逆输中国，被人误认为是日制汉字词。与之类似的是，西方传教士用“杂志”来命名近代刊物的做法，当时在中国并未普及，而有可能被日本借用，得到推广后再引起国人的关注和采纳。

刘禾在《跨语际实践》中提出，在 19 世纪末 20 世纪初进入

---

① 1902 年 1 月 4 日，商务印书馆出版第一本杂志《外交报》，主编是张元济。1904 年出版《东方杂志》，创刊时主持编辑的是日本人，其中有很多文章是日本人写的。参见胡愈之：《回忆商务印书馆》，中国人民政治协商会议全国委员会文史资料研究委员会编《文史资料选辑》第六十一辑，中国文史出版社、文史资料出版社，1979。

中国语文的仿译词、语义外来词以及其他外来词语遵循着一种典型的模式：日语用“汉字”翻译欧洲词语，这些新词语随即又重新被运用到汉语中。[1] 考察“杂志”一词近代义的生成过程，可见其并非符合这种典型模式，而是“逆输入词汇”中的特例。就如同有侨居东洋的华人，白首还乡之后被误作外国人一样。这一过程折射了近代中日两国国势之强弱消长关系。

“杂志”挟着日本的影响为国人所重视并成为流行术语之后，带“报”字的报刊名称仍然与“杂志”共存，如梁启超 1902 年创办于横滨的《新民丛报》半月刊，柳亚子 1906 年创刊于东京的《复报》等。直到今天，仍有一部分杂志拖着“报”字的尾巴，比如《小说月报》、《新华月报》、《人民画报》、《城市画报》等。但是自 19 世纪初开始，“杂志”就已经与“书”、“报”等有所区分并开始被赋予了近代意义，最终成为独立而专门的概念。

---

① 刘禾：《跨语际实践》，三联书店，2002，第 45 页。

“新闻学”的引入与新闻学的创立*

近年来，随着新闻学学科建设的推进，新闻学术史的研究也日渐增多，不过，关于新闻学的创立期目前仍存在一些分歧。钱辛波将中国新闻学发展分为五个阶段，其中 1833 年至 1894 年作为中国新闻学的准备时期；甲午战争之后，康、梁为代表的先进知识分子涉足报界，新闻学的准备期结束；1895 年至 1917 年当做中国新闻学的萌芽期；而从 1918 年至 1941 年，则是中国资产阶级新闻学的建立期。[①] 也有人说，新闻学开始于 20 世纪初，是从松本君平的《新闻学》传入开始的。高冠钢和武伟认为，在中国，如果以 1903 年商务印书馆翻译出版的日本学者松本君平所著《新闻学》一书，作为中国新闻学研究发端的话，那么中国的新闻学也已有 80 多年的历史了。[②] 在徐培汀、裘正义看来，中国新闻学的酝酿期相当漫长，从先秦一直到清末，为中国新闻学术的孕育期。[③] 李秀云则认为，一门新兴学科的建立有多种标志：开设专门课程，独立的学科体系的建立和学科意识的明确。基于以上标准，李秀云认为，1918 年至 1935 年，新闻学作为一门独立的学科，在中国建立起来了。[④]

---

* 此文发表于《湖北大学学报（哲学社会科学版）》2009 年第 5 期。

① 钱辛波：《中国新闻学发展的五个历史阶段》，《新闻学刊》1985 年第 1 期。

② 高冠钢、武伟：《展开世界新闻学说史的研究》，《新闻大学》1985 年第 11 期。

③ 徐培汀、裘正义：《中国新闻传播学说史》，重庆出版社，1994，第 6 页。

④ 李秀云：《中国新闻学术史：1834～1949》，新华出版社，2004，第 76 页。

本文所谈的中国近代新闻学创立期的起讫点，是从清末到“五四”时期。新闻学是从第一批新闻学专文发表开始萌芽，到20世纪初“新闻学”这一术语出现，萌芽期即告结束。而北大新闻学研究会成立，则只是新闻学创立的重要标志之一。

一

“新闻学”始见于梁启超的作品。20世纪初流亡中的梁氏在日本看到了松本君平《新闻学》一书（此书1899年在日本出版），“新闻学”这一术语也就因缘际会，第一次出现在中国读者的视野里。1901年12月21日《清议报》刊出的《本馆第一百册祝辞并论报馆之责任及本馆之经历》的“报馆之势力及其责任”中，第一次援用了“新闻学”这一和制汉语词汇，可见，“新闻学”不是由梁启超新创的术语，而是他直接将日文的“新聞學（しんぶんがく）”移植到中国，成了近代第一个“新闻学”的用例。梁启超在文中说：

> 日本松本君平氏著“新闻学”一书，其颂报馆之功德也，曰：“彼如豫言者，驱国民之运命；彼如裁判官，断国民之疑狱；彼如大立法家，制定律令；彼如大哲学家，教育国民；彼如大圣贤，弹劾国民之罪恶；彼如救世主，察国民之无告苦痛而与以救济之途。”谅哉言乎！

梁氏所引，在松本君平《新闻学》中，原文如下：

> 彼は豫言者の如く國民の運命を謳ひ、彼は裁判官の如く、國民の疑獄を斷し、彼は大立法家の如く、律令を制定

し、彼は大哲學者の如く國民を教育し、彼は大聖人の如く國民の罪惡を彈劾し、彼は救世主の如く國民の無告の苦痛に聽き、救濟の途を與へんとす[①]、是北新聞記者力，“活動すへ”き範圍也。

1903 年这本书的中译本由商务印书馆刊印，译者为“商务印书馆译”（或者“本馆译”，另有说法为“佚名”），相关内容的中译如下：

> 彼若预言，则可以征国民之运命；彼若裁判，则可以断国民之疑狱；彼若为立法家，可以制定律令；彼若为哲学家，可以教育国民；彼若为大圣人，可以弹劾国民之罪恶；彼若为救世主，可以听国民无告之痛苦，而与以救济之途。其势力所及，皆有无穷之感化，此新闻记者之活动范围也（着重号为笔者所加）。[②]

尽管梁启超第一次援用了“新闻学”这一术语，我们仍有很多理由不能将其视为近代新兴学科的一种命名式。对照日文的原文，梁启超把“彼（かれ）”译为“它（それ）”，这个译法是不对的。松本君平“彼”指的是“新闻记者”，是人称代词，而梁启超却把“报馆”当做此段的言说对象，变成了事物代词。梁启超引用松本君平此段话，出自《新闻学》第一章：第四种族之发生。松本君平认为，新闻记者即是贵族、僧侣、平民之外的第四种族。在商务印书馆的中译本中，译文较忠实于原文。而在梁启超引用的

① 松本君平：《新闻学：欧米新闻事业》，东京：博文馆藏版，1899。

② 徐培汀：《新闻文存》，中国新闻出版社，1987，第 9 页。

时候，其对象却成了“报馆”。与其说梁启超对松本君平的《新闻学》感兴趣，还不如说他对松本著作中的“第四种族”感兴趣。因此，我们才可以理解他的误译。以梁启超对新学或西学的敏感，“新闻学”这一术语不应该在他的著作中仅出现一次，此时他所关注的是报业而不是新闻学，所以，他也就没有给后人留下像法学、史学、社会学、经济学等新兴学科那样多的开创性的贡献。

在梁启超援用“新闻学”这一术语之后，1903 年 8 月 7 日，章士钊在上海创刊的《国民日日报》发刊词中也提到了松本君平，他写道：“故以吾《国民日日报》区区之组织，詹詹之小言，而谓将解脱‘国民’二字，以饷我同胞，则非能如裁判官，能如救世主（松本君平之所颂新闻记者），诚未之敢告。”

又两年，1905 年 8 月 12 日至 23 日，郑贯公在香港《有所谓报》中《拒约须急设机关日报议》一文，也引松本君平所著的《新闻学》为证：

> 考日本自维新以来，改良教育，现东京政治学校之学课，必有新闻学一科。其第一年则讲新闻之原理及各国之改革，第二年则研究新闻之理论及各国沿革，第三年则实践其新闻学。故外国之记者，莫不夙娴政治，始克胜任。迩者，日本文学博士、东京政治学校校长松本君平氏，曾著《新闻学》一书问世。足见办报一业，须有一种学问。①

如果说梁启超是第一个介绍《新闻学》这本著作的人，那么郑贯公算得上是第一个介绍新闻学这门学科的人。

1913 年休曼的《实用新闻学》翻译出版之后，“新闻学”一

① 张之华：《中国新闻事业史文选》，中国人民大学出版社，1999，第 108 页。

词再度出现。此书英文本于1903年出版，中文译本出版于1913年，它是我国最早翻译的西方实用新闻学著作，同时它也是美国第一本新闻学专著。[①] 此后，徐宝璜在其1918年出版的《新闻学》第一章：“新闻学之性质与重要”中提到：

> 能善用之，则日本松本君平氏论新闻纸之言，并非虚语。其言曰：“彼如预言者，讴国家之运命；彼如裁判官，断国民之疑狱；彼如大法律家，制定律令；彼如大哲学家，教育国民；彼如大圣贤，弹劾国民之罪恶；彼如救世主，察国民之无告痛苦，而与以救济之途。”[②]

不过，徐氏引文中的“彼”成为“新闻纸”的指称，与原著、梁译略有不同。1918年，包天笑在《考察日本新闻记略》中也提到“新闻学”一词，但是在1901年到1918年近二十年的时间，“新闻学”这个术语并没有流行。

二

“新闻学”一词，由英文“Journalism”翻译得来。在近现代中文里曾有两个词与“journalism”对应。一个是“新闻学”，另一个是“报学”。1921年厦门大学成立中国第一个报学科。1923年北京平民大学成立报学系。以后，“报学”一词渐渐让位于“新闻学”，“新闻学”与“报学”，“二词一意”的状况也逐渐消失。[③]

---

① 徐培汀：《新闻文存》，中国新闻出版社，1987，第268页。

② 徐宝璜：《新闻学》，中国人民大学出版社，1994，第2页。

③ 赵心树：《新闻学与传播学的命名、使命及构成——与李希光、潘忠党商榷》，《清华大学学报》2007年第5期。

另外，“Journalism”一词的词缀“ism”，蕴含着实行、体系、制度、特征的意义，由此可见，新闻学与新闻业几乎是静、动的一体两面，原本没有截然的分界线[①]，而像法学、经济学则没有这样的情况，由此可以看到“新闻学”独特之处：它不是一般学科领域的从“术”到“学”，而是长期的处在“术”的层面。“新闻学”一词现代的译法为：The Science Of Journalism。

“新闻学”这一术语出现于中国之时，与它同期使用的还有“报学”“新闻纸学”“报道学”“集纳学（集纳主义）”等，这几个术语处于一种竞争上岗的状态。徐宝璜的《新闻学》中称“新闻学，亦名为新闻纸学”，也就是报学，但徐宝璜没有感到其中有什么矛盾，他承认两者有区别，但又视为同义语。

早期的传播业偏重于印刷媒介，尤其是报纸，因而民国初年的学界较自然地使用“报学”，如戈公振 1927 年出版的《中国报学史》。但是，随着电子媒介之兴起，情况发生了变化，1921 年美国密苏里新闻学院院长威廉博士访问上海时，有人问“school of journalism”翻成“新闻学校”对否，他不以为然地说：“新闻二字不能包含报纸全部事业。”1948 年袁昶超在《报学杂志》上发表《初期的报学教育》一文，提出“新闻学”一词不能包括报学的范围，因此主张以“报学”为正确译名。他主张把新闻系改成报学系，当时有人支持，结果是无人执行。[②] 而“报道学”则是因为新闻内容连带“报道”，所以有此称谓，但并不常见。

“集纳主义”是“journalism”一词的英译，最早的译者为袁殊。袁殊是“中国左翼文化总同盟”常委，参加上海左翼文艺活动，创办过《文艺新闻》，其宗旨为“集纳主义”，即不偏不倚，

① 彭家发：《基础新闻学》，三民书局，1992，第 1～5 页。

② 王晓梅：《清理百年“新闻学”概念——访复旦大学新闻学院教授宁树藩先生》，《新闻与写作》2008 年第 1 期。

不左不右。他还编译了《新闻法制论》，该书被认为是中国近代最早论述新闻自由与新闻法制的专著。

经过二三十年的选择，在这一组术语中，最终淘汰了“新闻纸学”、“集纳主义”等，而“报学”到了现当代使用也渐渐少了。

松本君平的“新闻学”准确译为中文应为“报学”或者“新闻纸学”。虽同为汉字，但中日文“新闻”一词其意义不尽相同，日文里的“新闻学”就是“报学”，中文的“新闻”在有些地方也指“新闻纸”，但是主要意思不在此层面，在某种特定情况下才有新闻纸的意思。提供“新闻学”这一术语的梁启超，与使用“新闻”相比，他更偏爱“报”。因此，松本君平的“新闻学”最适合当时中国国情的译名应为“报学”。

三

“新闻学”这个术语的出现，意味着新闻学萌芽期的结束，而1918年北大新闻学研究会成立，是新闻学创立的标志之一。陈平原将中国学术的现代转型看做是“戊戌与五四两代学人的同谋”的结果，是“戊戌生根，五四开花”。以此考察新闻学之出现，也大抵成立。中国近代学术体系的出现，或者说近代知识体系的创建经过了20多年的时间，即从戊戌变法到五四新文化运动，从19世纪末到20世纪20年代的时间范围。左玉河在谈到近代学术体系的分科情况时，认为戊戌变法以后，西学随着新式学堂的兴办迅速在中国传播，中学与西学地位亦随之发生逆转，中学被贬为“旧学”，而西学被尊为“新学”，越来越多的有识之士意识到中国学术被纳入近代西方学科系统的必然趋势。左玉河将1912年中华民国成立后颁布的《大学令》作为标志，中国“四部之学”在形式上完全被纳入西方近代“七科之学”知识系统之中。[①] 新闻学是新学之一种，与文史哲这些传统学科不同，它是“移植之学”，而不是“转换之学”，但是，新闻学在移植之中也含有转换的因素。

当一门外来的新兴学科要扎根于本土，必然会要求本土有迎接的土壤。蔡元培曾将新闻学与史学相较而论：“我国固早有史学矣，何需特别之新闻学？”[②] 一方面，自从近代新闻媒介输入中国，良史精神就成为新闻从业人员关于职业素养与社会责任感的非常具有中国特色的表达；另一方面，学术在现代转型的过程中，学术的独立性、自主性往往不能优先地、整体性地实现，它一般只能先在某些较基础的层次上部分完成，甚至其最初的启动，还可能恰恰得益于非学术的因素（比如政治救亡）的推动，成为政治目标的手段，从而形成某种悖论。[③] 当西方从政论报刊时期转入商业报刊时期时，中国的近代报刊才刚刚进入政论报刊时期，这就决定了政治在中国的新闻学启蒙期中必然居于主导地位。[④]

在中国，新闻学课程并不是一开始就以完全独立的学科面貌出现。1918 年至 1920 年，北京大学先是在政治学系本科四年级开设新闻学课程，继而又成立了北大新闻学研究会，但独立设系的计划受挫。稍后，国立法政大学也于政治科中设新闻学课程。而此种情况与日本早期新闻教育颇相类似。日本在大专学校开设新闻学讲座，可追溯至 19 世纪末的东京政治学校，但此后发展缓慢。1929 年东京帝国大学（现东京大学）文学部（即“院”）设有新闻研

① 左玉河：《从四部之学到七科之学：学术分科与近代中国知识系统之创建》，上海书店出版社，2004，第 307～329 页。

② 徐培汀：《新闻文存》，中国新闻出版社，1987，第 275 页。

③ 胡文生：《论戊戌维新时期中国学术现代转型的整体萌发——兼谈清末民初学术转型的内涵和动力问题》，《清史研究》2005 年第 4 期。

④ 陈力丹：《论中国新闻学的启蒙和创立》，《现代传播》1996 年第 6 期。

究室。但是，当时的新闻研究室并不独立，它附属于文学院，但“鉴于报业的特殊性”，它实际上是一个与法、文、经三个学院都有密切关系的“特殊组织”。而日本最早创设正规新闻学系课程的，则是1932年在小野秀雄的参与下，上智大学专门学部的新闻科（即“系”）以及明治大学高等部的新闻科（一年课程）①。

从新闻学创建的早期情况来看，新闻学的学科独立性不强，这在中国、日本和美国是类似的。在中国第一批新闻学者中，徐宝璜就是留美回国而后进入新闻界的，而任白涛的新闻研究则深受日本方面的影响。从国人最早看到的一批国外新闻学著作来说，第一本《新闻学》出自日本松本君平之手，而休曼的《新闻学》则来自美国。

虽然中国新闻学起步较晚，但是与国外差距并不大。对国外新闻学的移植，学界与业界同时进行，且有很好的合作。徐宝璜在《新闻学》序言中说“本书所言，取材于西籍者不少”。西方的新闻学很快就被第一批中国近代新闻学者所吸收，而且近代新闻学创立期学者还有很多原创，即如徐宝璜所说“本书虽仍不完备，然对于新闻学之重要问题，则皆为有系统之说明；而讨论新闻纸之性质及其职务，及新闻之定义与其价值，自信所言颇多为西方学者所未言及者”。1917年10月上海新闻界赴日访问，包天笑有感于国外的种种见闻，1918年回国后他写了《考察日本新闻记略》，在这本书中就提到了“新闻学”。徐宝璜对当时的新闻学的研究，有相当的自觉，并且对当时的国际研究水平也很敏感。第一代学者如徐宝璜、戈公振、任白涛的学养较为全面。戈公振懂多国语言，当时西方国家刚刚出现的一些新闻学的观点，他都可以取之为我所用。

---

① 卓南生：《从新闻学到社会情报学——日本新闻与传播教育演变过程》，《新闻学研究》1997年第1期。

中国近代第一批新闻学者跟进得非常及时。

1918 年北大新闻研究会的成立也标志着“社团新闻学”时代的来临，钱震认为新闻学的发展要经历两个时期，当“个人新闻学”（Personal journalism）不能满足大量新闻人才的供应时，新闻学教育就进入了“社团新闻学”（Institutional journalism）时代[①]。新闻人才的需求量是由新闻业的发展决定的，正如邵飘萍所说，不发达的新闻业也会使其新闻学不能摆脱幼稚状态[②]，“journalism”也正是这样展示了其一体两面的独特内涵。

---

① 钱震：《新闻新论》，五南图书出版股份有限公司，2003，第 43 ~ 44 页。

② 邵飘萍：《邵飘萍新闻学论集》，北京大学出版社，2008，第 213 页。

从“采访”到“采访学”*

“采访”一词古已有之，到了近代，机缘巧合地与新闻专业活动发生密切联系，完成了意义的转变，并很快发展成为新闻业务领域一个重要的专业术语。“采访”近代意义的形成过程，也是专业的新闻传播活动在中国的发展过程。换言之，“采访”近代意义的形成，意味着基于客观报道的新闻专业活动在中国真正发展起来了。

一 从官方话语体系中游离出来的“采访”

“采访”一词最早见于三国曹魏时期刘劭的著作《人物志》，书中提到：“夫采访之要，不在多少；事无巨细，要在得正。”[①] 之后，干宝在《搜神记序》中也使用了该词：“若使采访近世之事，苟有虚错，欲与先贤前儒分其讥谤。”东汉许慎《说文解字》解释“采”与“访”：“采，采取也。”“访，泛谋日访。”“采访”作为一个并列词组，它的意义正是叠加“采”和“访”的义项而形成的，这两处的“采访”都可以解释为“为了采集信息而广泛搜寻和调查”。这一意义是近代“采访”意义的源头。

刘劭和干宝提到的“采访”活动均属于一种民间的、个人的行为，而在先秦出现的各种与“采访”相关的活动却大都是

* 此文发表于《人文论丛》2010 年卷，合作者杨艺蓓。

① 邓绍根：《“采访”词源新证及其术语的形成》，《当代传播》2009 年第 6 期。

官方组织的单向的信息采集活动，如周朝时的“采诗”，就是当时政府为了解民情民瘼以作为施政参考而组织的“采访”活动。《汉书·食货志》中记载：“孟春三月，群居者将散，行人振木铎徇于路，采诗献之太师，比其音律，以闻于天子。故曰：‘王者不窥牖户而知天下。’”这里的采访者“行人”就是当时的“采诗之官”，他们将采得的民歌民谣交给乐师配乐加工，上达天听。

朝廷还设置史官对国家政治、军事、经济、外交等各种信息进行采集，这也是一种官方的采访活动。而今天的记者与史官原本是一脉相承的。西汉司马迁“二十而南游江、淮，上会稽，探禹穴，闽九疑（嶷），浮于沅、湘；北涉汶、泗，讲业齐鲁之都，观孔子之遗风，乡射邹、峄、彭城，过梁、楚以归”，游历了大半个中国，为撰写《史记》积累了广博的一手资料。他的这次游历其实就是一次广泛深入的调查研究和采访活动，虽其自称“网罗天下放失旧闻”，但在专业的新闻活动还没有产生的那个年代，《史记》的实录精神已经体现出新闻的精髓——对信息真实性或客观性的不懈追求。

古代这种官方单向的信息传播机制使得“采访”一词较早即成了官方话语体系中的词语，成为一种上级对下级、朝廷对民间进行信息搜集活动的描述。如“穆公见贤才多出于异国，益加采访”；“夫地之偏小，年之窘迫，适使作者采访易洽，巨细无遗，耆旧可询，隐讳咸露”；“令臣采访可谏官者，密具姓名闻奏”；“奉圣人的命，着小官遍巡天下，采访文学之士”等。[①] 在古代文献中，还出现过很多与“采访”活动相关的词语，如“采问”、

① 分别参见（明）冯梦龙《东周列国志》第二十六回；（唐）刘知几《史通·烦省》；（宋）司马光《再举谏官札子》；（元）无名氏《渔樵记》第一折。

“采察”、“采集”等，也基本都是用来描述官方对民间的信息搜集。[①] 在如此强大的官方单向信息传播机制的作用下，民间自身的信息交流与传播时或被屏蔽乃至湮没无闻。

随着市井文化在宋朝的兴起，“采访”逐渐走出官方话语体系，开始被民间文学作品沿用，意义也发生了一些新的变化，由“官方向民间搜集信息”这一义项延伸出“打探、探听”等意义。但是纵观历史，“采访”直至19世纪中国的近代新闻事业兴起，它的官方姿态一直在其意义中占主导地位。

中国新闻业的起源可以追溯到唐宋时期的古代报纸。当时，“邸报”的从业者是政府官吏，他们的采访活动与采访使的信息搜集活动相似，但是信息传播的受众群扩大了，终端不再只是天子，而是整个统治集团。而民间“小报”对“新闻”的搜集活动则隐蔽很多，“小报”委托采访者在不同的政府机关打听“新闻”，有所谓内探、省探、衙探之分。

随着“小报”自宋朝问世之后，民间的“采访”活动逐渐兴起，到了明清时期，官方邸报的社会角色越来越苍白无力，而脱离了政府控制的民间报纸则呈现出勃勃生机。明季民间报房发展迅速，出现了一批专门采访新闻、贩卖新闻的文人秀才，在明代小说家华阳散人所著的《鸳鸯针》中，将当时民间报纸采访者的工作描述为“专一拴（串）通书童俊仆，打听事体，撺掇是非，赚那些没脊骨的银钱”[②]。字句中可瞥见当时采访者的低下地位，但也证明这种采访活动确已融入大众生活。明末诞生的《京报》，最初

---

① 如《后汉书·羊续传》，“观历具邑，采问风谣”；苏轼《奏浙西灾伤第一状》，“农熟不须先知，人人争奏；灾伤正合预备，相顾不言。若非朝廷广加采察，则远方之民何所告诉!”；（唐）封演《封氏闻见记·赞成》“天宝初，协律郎郑虔采集异文，著书八十余卷”等。

② 倪延年：《中国古代报刊发展史》，东南大学出版社，2001，第196页。

具有半官方色彩，到了清朝中叶之后逐步发展为民办性质，发行范围由官场扩展到普通社会成员，最终成为纯粹的民间报纸。

虽然民间的新闻业已经悄悄开展起来，而此时仍属于官方话语体系的“采访”一词并未被运用于当时的新闻传播活动，当时的报刊活动被冠以“探访”、“探报”之名。[①]“探”字本来就有“侦察”的义项，“探报”也就意味着一种带有侦探性质的、秘密进行的“采访”活动。这种“探访”、“探报”活动类似于当代的隐性采访。不同的是，隐性采访的记者是对采访当事人隐瞒自己身份，但其新闻活动具有合法性，而“探访”、“探报”的小报业者是对官方隐瞒自己的真实身份，其新闻活动是非法的，因而更像是一种情报工作。值得注意的是，近代新闻业在中国确立之后，“探访”一词仍被沿用了很长时间，这充分说明古代的新闻传播观念其实对我国新闻业产生了深远影响。

中国近代新闻业的兴起以外报为先导。1853 年创刊的《遐迩贯珍》在谈到刊物宗旨时，自称“盖欲从得究事物之颠末，而知其是非，并得识世事之变迁，而增其闻见，无非为华夏格物致知之一助”[②]；《六合丛谈》1857 年 1 月创刊时在序言里写道：“今予著‘六合丛谈’一书，亦欲通中外之情，载远近之事，尽古今之变，见闻所逮，命笔志之”[③]；1871 年创刊的《中外新闻七日录》称该报“选译泰西近事，于国政民情、兵刑工商诸大端无不采取”[④]。

可以看出，当时的报人似乎并不急着寻求一个专业术语来描述当时的新闻活动，采访被笼罩在“得究”、“采取”、“逮”等字词

① “访闻有一使臣及阁门院子，专以探报此等事为生。”参见《宋会要辑稿》第 166 册，第 6558 页。“边报，系沿边州郡，列日具干事人探报平安事宜，实封申尚书省枢密院。”参见《朝野类要》第四卷，第 67 页。

② 1854 年 12 月《遐迩贯珍》第十二号的《〈遐迩贯珍〉小记》。

③ 1857 年 1 月 26 日《六合丛谈》的《〈六合丛谈〉小引》。

④ 1871 年 3 月 25 日《中外新闻七日录》的《中外新闻七日录·告白》。

里，若隐若现，意义尚未明晰。

“采访”一词在中国近代新闻业中的首次使用见于《申报》。1872 年 5 月 8 日，《申报》第六期发表的《本馆自述》里对其新闻价值观这样表述：“新闻纸馆之设，所以网罗轶事，采访奇闻。”稍后，《申报》于 1872 年 5 月 28 日于头版发表《采访新闻启》，征求国内各方面的新闻稿件，这是“采访”首次与“新闻”相联系：

采访新闻启

盖闻采风之使记，自哲王问俗之条详于前代，诚以求民情之上达，无使或蒙。将以致德意之旁流，有足相益者也。若夫贾子撰《新书》，刘君成《世说》，各述一篇，陆生传《新语》，王氏著《论衡》，并垂千载。然而群摭异说，或出于无稽，麟次佳章，不关于有用。是则搜寻故纸，十洲终古，望杳蓬壶，何如博采奇闻，万象维新，词成珠玉，此西人新闻纸所由设而中外所共乐观者也。兹际暮春之下浣，爰开新馆于上洋，或录令甲之颁不求其旧，或载某乙之事务述其详，或丙鉴深资长言兴叹，或丁桥驰誉短什遥吟……凡兹声应而气求，不惮旁搜而远访。伏冀：博闻君子、词林丈人，辟其琳笈之珍，福我琊环之秘。近事贵详其颠末，远代尤藉以表彰，庶几赠芍低吟，犹据事直书之旨，夭桃弥望，为有目共赏之文。谨启。

读罢全文就会发现，这里提到的“新闻”也只是“奇闻”、“异说”的近义词而已。可以做这样的判断，是《申报》最先将“采访”从众多的同义词中挑选了出来，将该词与近代新闻业联系在一起。但《申报》最初使用的这些“采访”还未完成向近代意义的转化。它沿袭了中国古代“采访”的最初意义，还停留在对

“奇闻”、“异说”的采访层面，并未走向新闻活动的专业化。

这种“采访”意义也从侧面反映出了当时新闻业的现状。由于新闻观念和新闻采集手段的落后，很多新闻报道不重视新闻的真实性，“有闻必录”[①]，新闻失实现象严重。对当时的这种采访活动，王韬和梁启超都做过检讨，王韬在《论日报渐行于中土》一文中批判这种现象：“至于采访失实，记载多夸，此亦近时报之通病，或并有之，均不得免，惟所冀者，始终持之以慎而已。”[②] 梁启超也在《论报馆有益于国事》中写道：“记载琐骨，采访异闻，非齐东之野语，即秘辛之杂事，闭门而造，信口以谈，无补时艰，徒伤风化，其弊一也。”[③]

虽然这些采访活动与专业的新闻实践还存在一定距离，但至少可以证明，“采访”一词已经走出官方单向信息采集的意义层面，比起曾经被屏蔽的民间信息传播机制，这些活动在中国的出现已经是一种了不起的进步。虽然这时“采访”一词还未全面地与专业的新闻实践活动衔接起来，但它的大量使用终使它从其庞杂的古代同义词群中探出了头，开始获得新闻业界的关注，为其转变成为新闻活动的专业术语埋下了伏笔。

二　“采访”逐渐向其近代意义靠拢

近代意义的“采访”是指新闻记者通过访问、观察、调查等形式寻找和采集新闻素材，为公开传播而进行的了解和掌握客观

---

① 1883年6月，《申报》就在一则报道里这样写道：“此信不知从何而来，官场中亦多有传述。是真是伪，万里关河无从探析，亦以符有闻必录之例而已。”详见方汉奇主编《中国新闻事业通史》第一卷，中国人民大学出版社，1992，第283~290页。

② 转见于复旦大学新闻系新闻史教研室编《中国新闻史文集》，上海人民出版社，1987，第14页。

③ 见《时务报》第一册，1896年。

事实的专业活动。采访是新闻的主要来源，是记者新闻活动的主要内容。[①] 这种专业意义的“采访”概念已和“采访”的本义有了差别，该词已在其本义基础上有所窄化，并衍生出了新的意义。

在近代“采访”的定义里，有两个因素是不容忽视的。一是采访的主体——“新闻记者”，一是采访的本体——“专业活动”。它们是我们寻找近代意义“采访”形成过程的两条重要线索。

一般认为，西方的新闻专业活动始于16世纪的意大利威尼斯，它是西方近代报刊的发源地，也是职业记者和采访活动的诞生地。在威尼斯产生了一些采访有关政治事件、物价、船期等消息的机构，还曾经出现了“新闻记者公会”。而美国则被认为是近代新闻采访的发源地。[②] 随着19世纪美国“便士报”时代的到来，西方的新闻专业活动进入了一个新阶段。传播技术革命开始之后，报刊的新闻采集活动大量增多，1840年电报出现，1849年1月，“美联社”正式创办，通讯事业的兴起进一步推动了采访活动的发展。直至墨西哥战争和美国内战爆发，“特派记者”的前线采访受到高度重视，电讯稿大量使用，“采访”在西方新闻实践中的地位得以正式确立下来。

---

① 学术界对新闻采访的定义有很多种，笔者综合整理了各新闻教材以及新闻学辞典中对“采访”的理解。参见刘建明主编《宣传舆论学大辞典》，经济日报出版社，1993；甘惜分主编《新闻学大辞典》，河南人民出版社，1993；罗以澄、吴玉兰主编《新闻采访》，中南大学出版社，2005；王洪钧编著《新闻采访学》，正中书局，1983。

② 对于西方“采访”的源头，学术界各有说法。迈克尔·埃默里认为，《亚特兰大宪法报》的编辑主任亨利·格雷迪在做记者的时候“发展了采访术，使采访成为既采集又解释新闻的一种手段”〔参见迈克尔·埃默里、埃德温·埃默里、南希·罗伯茨著《美国新闻史——大众传播媒介解释史》（第九版），展江译，中国人民大学出版社，2004，第227页〕。而休曼则认为采访活动由《纽约先驱报》于1859年首创：“1859年，纽约之《希拉而特报》（即《纽约先驱报》）实刊之，当南北交斗之日尤盛行，亦近世新闻事业一特色也。此法肇始于美国。”（见《新闻文存》，中国新闻出版社，1987，第185页）

在中国，19 世纪初一批新教传教士为中国近代新闻业揭开了序幕，但是新闻专业活动却并未立即得以开展。如《察世俗每月统记传》、《东西洋考每月统记传》等刊物，基本不刊登新闻稿件[①]，而以“论说”、“上谕”、“宫门钞”等内容为主。当时的外文报刊有一定的新闻比重，但多为国际新闻，由于清廷的诸多限制，外文报刊对于中国国内的新闻采集很少。[②]

鸦片战争之后，外报经过了一段时间的适应，开始深入中国社会生活，逐渐重视国内新闻的报道，《中外新报》《上海新报》等都刊登征稿启事采集国内新闻。《申报》则作为我国最早设置访员的报馆，在创刊之初就强调自己是“新闻纸”，依靠各地“才智之士”来撰述新闻报道和言论。在刊登了数次征稿启事之后，《申报》在 1875 年 7 月 7 日刊载《延友访事告白》，提到“馆欲延一抄写案件及采访新闻之友”，这则启事是可考证的中国最早的记者（当时称“访员”）招聘广告。在此之后，其他报馆纷纷效仿，大量设置本埠和外埠访员，广泛采集国内新闻。《申报》创办三年之后，已在北京、江宁等二十六个省会和重要城市拥有访员四十余人，形成了较大规模的新闻采集网络。同时，中文报刊的第一批新闻电讯和“号外”也在这一时期出现。[③] 通讯事业的发展使得新闻的时效性大大增强，新闻采集在报刊活动中的地位越来越重要。

访员的诞生意味着专业的采访活动在中国开始萌发，“采访”的近代意义也有了雏形。但是，19 世纪末 20 世纪初的一段时间

---

① 戈公振：《中国报学史》，生活・读书・新知三联书店，1955，第 100 页。

② 方汉奇主编《中国新闻事业通史》，中国人民大学出版社，1992，第 270 页。

③ 1882 年 2 月 23 日，《申报》刊载了由北京访员发回的关于清廷查办一名渎职官员的消息的电报。这是中国报刊上刊载的第一条新闻专电；1884 年 8 月，《申报》就中法双方在越南交战的消息出版了它的第一批“号外”。参见彭家发《基础新闻学》，台湾三民书局，1992，第 122 ~ 124 页。

里，以梁启超为代表的政治活动家们利用报刊作为他们参与政治斗争的重要工具和舆论利器，激昂有力的政论充斥着几乎全部的报刊版面，新闻报道的声音变得相对低沉。

直到民国成立后，随着自由新闻体制的确立，民间独立的商业化运作的报纸迅速发展起来，各报把精力集中在更受市场欢迎的新闻报道上，催生了中国近代的第一批名记者群体。

实际上，《申报》早在1905年就进行了改革，采取了“专发电报”、“详纪战务”、“敦请特别访员”、“广延各省访事”等措施①，加强新闻报道工作。此后，《申报》的新闻有了“专电”、“要闻”、“本埠新闻”、“外埠新闻”、“国外新闻”、通信（讯）等新闻类别②，对于外埠新闻的重视度大大提升。到了民初，各报都加大消息比重，关注政治新闻和经济新闻，增派地方通讯员，大量采用专电和通讯的方式进行新闻报道。而民国之后，通讯事业也在中国真正发展起来，1913年到1918年的五六年内，新创办的通讯社不下二十家③。通讯事业的发展标志着新闻采集活动越来越受重视，采访也作为一项新闻专业活动如火如荼地开展起来，并逐渐成为记者工作的主要内容。

世纪之交，采访者的称谓完成了从“访员”到“记者”的转变。邵飘萍对诞生之初的访员有这样的描述：“一方面充当报馆访员（或访事）之人物，大半皆缺新闻学上之知识，且并非有何训练修养，不欲以此为永久固定之职业；亦有视为不得已之一种过渡生活，在秘密中探访消息，不居报馆访员之名义者。凡此种种，既

① 见1905年2月7日《申报》的《整顿报务十一条》。

② 彭家发：《基础新闻学》，三民书局，1992，第193页。

③ 外国人在中国办的最早的通讯社是1872年英国路透社在上海设立的远东通讯社，最早的国人自办通讯社是1904年在广州创立的“中兴通讯社”。参见方汉奇主编《中国新闻传播史》，中国人民大学出版社，2002，第139、167页。

不为政治上社会上各方面之所重视，即自身亦不认识所居地位之重要及与国家社会有如何重大之关系。”① 可见当时的访员多为兼职工作者，他们主要通过报纸上公开的“招聘启事”进入报馆工作，水平有限，与报馆只是一种供稿关系，他们的工作与专业化的采访还有一定的距离。与之相对应的是，晚清访员们的稿酬都很低，成都报馆当时的甲等稿件给一吊钱，丁等新闻得酬尚不足银圆一分。而且由于早期访员仅做打探工作，写作和发表均由报馆或通讯社负责，所以文章皆不署名。②

随着新闻业的发展，报馆对于访员的要求不断提高，聘请的访员逐渐由兼职变成了专职。尤其在民国之后，新闻通讯越来越受到重视，各报在本埠、外埠增设专职访员，并且不惜重金聘请有才干、有经验的专职访员常驻北京，产生了“特派员”这样分工细致的职业化岗位③。这些驻京特派员对北京政界内幕非常了解，常能采访到独家重大新闻。如黄远生、邵飘萍、张季鸾等人，采写出了很多有影响的消息通讯，成为当时有口皆碑的著名新闻记者。而为了加大国际新闻报道力度，一些大报还派出驻外特派员赴国外采访，如 1918 年胡政之就代表《大公报》参加巴黎和会的采访活动，是采访该会的唯一中国记者。在这些以采访见长的知名记者的影响下，访员的工作受到重视，地位也随之提高，他们开始普遍在通讯里自称为“记者”，由此“记者”一词也被社会广泛接受。

---

① 邵飘萍：《实际应用新闻学》，详见宁树藩等编著《新闻文存》，中国新闻出版社，1987，第 386 页。

② 刘丽：《“访员阶级”与近代记者的产生》，《新闻爱好者》2009 年第 4 期。

③ 邵飘萍在《实际应用新闻学》中介绍了自己担任北京特派员的职责，“愚历任上海《申报》、《新申报》、《时事新报》等北京特派员，专司北京方面所发生之种种消息，不问新闻之性质如何，凡关于北京所发生者，皆须负迅速报告之责。”参见宁树藩等编著《新闻文存》，中国新闻出版社，1987，第 417 页。

从“访员”到“记者”，看似只是这个职业的称呼发生了变化，实质上却标志着新闻专业活动者主体地位和自身价值的确立。

三 “采访”最终成为规范的新闻专业术语

从19世纪末开始，近代色彩的“采访”术语就已大量使用了。1897年10月，严复在《〈国闻报〉缘起》中谈到报刊内容时就称：“本馆取报之例，大要有二：一翻译，一采访”，“采访之报，如天津本地，如保定省会，如京师，如河南……访事之地，大小凡百余处；访事之人，中外凡数十位”。这里出现的“采访”和“访事”，都可看做是“采访”近代意义形成之前的试用词，这里的“采访”访的是“报”而不是“事”，尽管如此，仍有了些近代意义的模样。

随着专业的采访活动在这一时期的蓬勃开展，近代意义的“采访”的试用词群也进一步扩大，如“访问”、“访事”、“探访”等词同时使用，而其中“调查”、“外交”义项的引入更是“采访”在向近代意义“定着”过程中一个不容忽视的因素。

1905年，郑贯公在《拒约须急设机关日报议》中使用了“调查”的概念，他认为记者在新闻工作中，“调查不能不周密也”，“而肩调查之任者，又不能以不学无术、眼光不到之人，一任其道听途说，草草塞责以了事，必也魄力雄，善驰骤；脑力足，善记忆；腕力速，善徭录”。这里的“调查”可以视为“采访”近代意义形成过程中的一个近义词，也可视为“采访”在成为规范的新闻专业术语前的一个试用词。之后，随着访员地位的提升和工作活动的丰富，在民初更是产生了“调查员”这一特殊的记者称谓，将“调查”与记者的工作直接联系了起来，当时的《云南》杂志就有了署名为“本社调查员”的采访者发表的新闻报道[①]。而民初新闻记者巨擘黄远生在解释记者“四能说”中“脑筋能想”的内涵时，即指为“调查研究，有种种素养”，将“调查研究”当做记者最基本的专业素质。[②]

“调查”的加入，丰富了“采访”的内涵，意味着对新闻真实性、客观性的追求在采访中被强调和重视，“有闻必录”的新闻时代退出了历史舞台，专业主义的采访活动在新闻实践中凸显出来。

至于“外交”，黄远生早在记者“四能说”里就有涉及。他解释“腿脚能奔走”为“交游肆应，能深知各方面势力之所存，以时访接”。当时的黄远生未想到使用“外交”一词，用“交游肆应”这一说法强调了社交能力在记者采访中的重要性。“外交”这一概念由邵飘萍在他的著作《实际应用新闻学》里正式提出，他称记者为“外交记者”，这是从日本引进的称呼，泛指外勤记者，和从事内勤工作的编辑相对应。邵飘萍多次提到记者的“新闻外交术”，他认为“外交记者发挥其社会之手腕，与各方重要人物相周旋，最易得一般社会之信仰”，“外交记者活动之第一关键在于交际”，“无论何种人皆须与之周旋”。[③] 在他看来，记者的交际能力是最重要的职业素质，人际交往是采访活动的本质。通过“外交”这一意义的引入，采访突出了作为一种专业的人际交往所表现出来的特征，如交际对象的广泛性、交际双方的平等性、交际关系的自由性等，“采访”的近代意义也变得更加丰满。

---

① 罗以澄：《新闻采访新论》，武汉大学出版社，2002，第28页。

② 详见黄远生《远生遗著·忏悔录》，商务印书馆，1984，第132～133页。

③ 邵飘萍：《实际应用新闻学》，详见宁树藩等编著《新闻文存》，中国新闻出版社，1987，第388～402页。

而随着采访在新闻活动实践中的地位逐渐凸显，国人的新闻学研究视角也开始由宏观的媒体研究向微观的新闻业务领域深入，采访也随之成为新闻学研究的重点内容。

1899 年在日本出版的松本君平的《新闻学》，对新闻采访的重要性和采访方法做了归纳总结，上海商务印书馆于 1903 年翻译了该著，译文称“采访”为“探访”，这也是对日文原著中“探訪する（たんほぅする）”的直译。在日语中，“采访”的近义词群还有“取材する（しゅさぃする）”、“訪問する（ほぅもんする）”、“記事（きじ）”、“調査（ちょぅさ）”等。其中，“探訪する（たんほぅする）”和“取材する（しゅさぃする）”最接近“采访”的近代意义。

1913 年，上海广学会翻译了美国人休曼的《实用新闻学》一书，这是美国第一本新闻学专著，也是我国最早翻译的西方新闻学著作。休曼在书中指出，采访（interview）始于美国，由《纽约先驱报》于 1859 年首创，此书还以一章的篇幅对新闻采访作了有益的经验总结，有趣的是，“interview”被译成中文时，用的是“会晤”一词①，而在翻译与之相联系的“assignment”、“story”、“news”等名词时，却使用了“采访”，分别译为“采访之事”、“采访所闻”、“采访之新闻”②。这说明国人已经开始讲究“采访”的近代意义的运用，但是与国外的这一概念并未完全对接起来。

国人对于中国新闻采访进行专门的学术探讨，始于 1919 年徐宝璜的《新闻学》。徐宝璜将“采访”拆分为“采集”和“访问”两个概念，认为“访问”是新闻“采集”的一种手段，已接近了

① “尤有一事，为访事人所难能者，亲面一事之要人，而刺取其议论见解是也，是日会晤。”参见宁树藩等编著《新闻文存》，中国新闻出版社，1987，第 185 页。

② 休曼：《实用新闻学》，详见宁树藩等编著《新闻文存》，中国新闻出版社，1987，第 184～191 页。

现代新闻学中“采访”的定义。

1923 年邵飘萍的《实际应用新闻学》是中国第一部新闻采访学专著。这本著作中，邵飘萍对“采访”概念里的“访”即“访问”这一“采访”手段进行了较为系统的阐释。他正式将“访问”翻译为英文“interview”，显示出邵飘萍具有相当的新闻学术自觉。从此，“采访”这一概念就与国外的“interview”意义对接起来了。[①]

徐宝璜和邵飘萍都指出“供给新闻”是报刊的首要任务。[②] 他们重视新闻在报刊中的主体地位，从而完成了从报纸的政治文化价值到报纸的新闻文化特性的研究视角转换。近代新闻观念的发展由此进入了“以新闻为本位”的时代。[③]

到了 1925 年前后，《申报》《新闻报》《时报》等报社相继在编辑部设立专门的“采访科（部）”，组建编内的外勤队伍。[④] 这比美国专业分工完善的现代化报刊编辑部出现晚了将近四十年。[⑤] 至此，采访作为记者新闻活动的主要内容在中国得到了确定和认可，“采访”一词向近代意义的历史演进也基本完成，并开始在现实中被广泛运用。

到了 1928 年，周孝庵的《最新实验新闻学》出版，这部专门论述新闻采访与新闻编辑的著作将“采访”作为一种专业术语多

---

① 甘惜分主编的《新闻学大辞典》中，将“采访”拆分义项，提出了“news gathering”和“news interview”两种译法，但大多数中外新闻学术著作还是认可“采访”与“interview”的直接对译。

② 徐宝璜在《新闻学》里指出“供给新闻”是报纸的第一职务；邵飘萍也在《实际应用新闻学》提出：“报纸之第一任务，在报告读者以最新而又最有兴味，最有关系之各种消息，故构成报纸之最要原料厥惟新闻。”参见宁树藩等编著《新闻文存》，中国新闻出版社，1987，第 284、385 页。

③ 单波：《20 世纪中国新闻与传播学应用（新闻学卷）》，复旦大学出版社，2001，第 45 页。

④ 戈公振：《中国报学史》，三联书店，1955，第 199 ~ 200 页。

⑤ 迈克尔·埃默里、埃德温·埃默里、南希·L 罗伯茨著《美国新闻史——大众传播媒介解释史》（第九版），展江译，中国人民大学出版社，2004，第 179 ~ 228 页。

次使用，详细讲述了新闻采访的各种方法，如“采访新闻之标准”、“战时新闻之采访法”、“突发事件之采访”等。1941年，中美日报读讯会的《实用采访学》出版，标志着采访学作为应用新闻学的一门独立学科正式形成。[①] “采访”作为一个规范的新闻专业术语最终确立下来。

① 邓绍根：《“采访”词源新证及其术语的形成》，《当代传播》2009年第6期。

“报学”与“新闻学”*

——近代新闻学两个学科用名的竞争

一般认为，1920年前后，中国近代新闻学开始创建起来，它开始拥有自己独立的研究群体，出版了最早一批由国人编写的新闻学著作，当时的高等院校也相继开设了有关专业课程。但是，综观近代最后30年的学科史，可以发现，中国近代新闻学的学科用名遭受着一些独特的困扰，它不像其他新兴学科命名那样往往一锤定音，或只经过最初几年短暂争论后便尘埃落定。近代新闻学的学科用名实际上可以开列出一份冗长的清单：报学、新闻学、报道学、集纳学、新闻科学、报纸新闻学等。这与其说是因为它缺少一个华丽的命名仪式，还不如说十足地反映了近代新闻学的不成熟。在这些已经入围的名称中，“报学”无疑是“新闻学”最强有力的挑战者，它们之间的较量甚至越过了1949年，余音绕梁，直到20世纪末才渐渐平息下来。

一 “新闻学”与“报学”之初现

“新闻学”一名创自日本人，时间当不晚于1899年，即使不是由松本君平（1870～1944）首创，也是新创不久，未曾流行，所以为博文馆版《新闻学》作序的田口卯吉才会发出“新闻之业

* 此文发表于《湖北大学学报（哲学社会科学版）》2012年第4期，合作者刘瑞。

亦有学乎？”① 这样的疑问。根据现有材料，“新闻学”这一名词最早于1901年为中国方面所注意。中国留日学生出版的《译书汇编》，在1901年6～8月间的新书广告中，提到“新闻学松本君平著”。半年后，梁启超在《清议报一百册祝辞并论报馆之责任及本馆之经历》一文的第二部分“报馆之势力及其责任”中向中国读者介绍说：

> 日本松本君平氏著《新闻学》一书，其颂报馆之功德也，曰：“彼如豫言者，驱国民之运命；彼如裁判官，断国民之疑狱；彼如大立法家，制定律令；彼如大哲学家，教育国民；彼如大圣贤，弹劾国民之罪恶；彼如救世主，察国民之无告苦痛而与以救济之途。”谅哉言乎！

“新闻学”一名就这样由中国旅日人士直接借用过来了。1903年，商务印书馆编译所出版了松本君平的《新闻学》，书名“新闻学”照旧，但中译本删去了书名副题“歐米新聞事業”。中译本编译者不详，估计是由商务印书馆收购的《译书汇编》同人合译的初稿。

“报学”之名差不多同时出现。1904年正月，基督教广学会机关报《万国公报》在“译报随笔”栏发表《报学专科之设立》，该文介绍了美国《世界报》老板普利策（Joseph Pulitzer，1847－1911）资助创设哥伦比亚新闻学院一事：

> 西国分类学堂，为最近之进步。各专科之间，于新闻杂志一类，所谓报学者则犹未遑也。近日美国纽约世界报主人布列

① 田口卯吉时任日本众议院议员，每日新闻社主笔。1903年中译本删去了田口序。参见周光明、孙晓萌《松本君平〈新闻学〉新探》，《新闻大学》2011年第2期。

> 周，拟捐出美金二百万元，特为报学专科，立一学堂。盖世界报乃纽约最大之报馆，其房屋一项，至值美金一百万元。每日所出之报，自五十万纸，至一百万纸。故布列周之意，尝谓美国报馆之多，而报学界上，独无专科之教育，致能通知报学者尚少。必当以报学，立为科学一项，方足收效。因以美金一百万元置于纽约哥伦比亚大书院中，先行举办。俟三年之后，此种学堂，通于各处，愿再捐美金一百万元云。①

但截至1918年北京大学新闻学研究会成立，“新闻学”与“报学”出现次数都不算多，“报学”用得更少一些，它们两者之间尚无竞争关系，在前新闻学时代（黄天鹏称之为“新闻学术启蒙时期”），这两个用名所受到的待遇，并不比“物质学”、“平准学”、“资生学”等新学语优越多少。

这两个学科用名都是域外影响的结果。“新聞学”（しんぶんがく）是日本人使用的汉字词，“报学”则是美籍传教士林乐知（Young John Allen，1836－1907）与“秉笔华士”范玮的创制，相比较而言，“报学”更具中国风味。此前的1897年，《知新报》载吴恒炜《知新报缘起》一文曾使用过“治报之学”。“报学”一词，或由此脱胎而来。

二　对“新闻学”名称的质疑

“新闻学”与“报学”最初是可以并用的。1912年，全国报界俱进会议设“报业学堂”；1920年，全国报界联合会又议设“新

① 林乐知主编《万国公报》第28册（台湾影印本），华文书局，1968，第22315～22317页。

闻大学”，两个名称意思是一样的。1919 年国人编写的第一部新闻学著作试着如此界定新闻学：

> 此学名新闻学，亦名新闻纸学。既在发育时期，本难以下定义，姑曰：“新闻学者，研究新闻纸之各问题而求得一正当解决之学也。”①

新闻纸既等同报纸，那“新闻学”与“报学”也就没什么区别。所以，在 20 世纪 20 年代初新开设的大学新闻教育专业中，有叫“报学系”的（如圣约翰大学），也有叫“新闻学系”的（如燕京大学）。第一代著名新闻学家戈公振（1890 - 1935），1925 年出版译著《新闻学撮要》，1927 年出版《中国报学史》，两个学科用名的使用比较随意，似乎两不干扰。到底用哪个更合适？最早意识到这一问题重要性的是黄天鹏（1905 - 1982）。1929 年，他决定将中国近代第一种正式的新闻学杂志《新闻学刊》（季刊）更名为《报学月刊》。在他《报学月刊》第一卷第一期的《报学弁言》中申述道：

> 案新闻有学，为近数十年间事，译自东瀛，习用已久，创刊之时，姑从俗尚。顾以报纸学术之意义而言，则以改称报学之为当。盖报纸全部事业，包罗万有，新闻不过其一端，他若广告、印刷，殆如鼎足，近通称新闻学，实难概括也。观夫日洲于报业教育之分为编辑经营两科，欧美之劈为新闻广告两系，其义益见明显，而究以“报学”之音简而义广也。本刊既以整个报业为对象，则新闻学广告学固应并重，即报馆经营

① 徐宝璜：《新闻学》，北京大学新闻学研究会，1919，第 1 页。

管理，报纸发行推销，以及印刷、写真、纸墨、邮电，亦皆应为等量之注意。际此二周改弦更张之时，乃行更名报学月刊，亦示新猷之意，非仅便利发行已也。但本刊勇往直前之精神，则始终如一，过去较注意与新闻之学。自后范围既广，编制略有变更，内容亦大增益。

留美归来的汪英宾（1897－1971）赞同黄天鹏的意见。他在《报学月刊》第1卷第4期（1929年）发表《释报》一文说："以报为业谓之报业，报业之学术谓之报学，凡属于报业之人谓之报人。"

"报学"派人士都认为"新闻"或"新闻学"范围太小，明显不如"报纸"或"报学"涵盖广泛。直到1948年，袁昶超仍坚持己见，《报学杂志》第1卷第3期发表《初期的报学教育》一文说：

笔者早年研究报学的时候，就感觉一般人士惯用的"新闻学"一辞，不能包括报学的范围，因此主张以"报学"为Journalism的正确释名，大学和专科以上学校的"新闻学系"，应一律改称为"报学系"。这个意见一直支持了十年之久，获得报界和教育界许多朋友的赞同，但没有正式向关系方面提议采用。

尽管如此，在近代新闻学界和业界的具体使用中，"新闻学"用名仍居上风。其实，"报学"与"新闻学"两者之间的纠葛，解决办法并不困难，只需对"新闻学"做广义解释即可。1948年，袁昶超在《报学杂志》第1卷第5期发表《中国的报学教育》一文，承认更名之不易：

笔者向来主张把"新闻学系"改称报学系，但以各校都沿用“新闻学系”一词，是以本文引用专名时，仍照其旧称。

继而又在《报学杂志》第1卷第8期载文《报学教育和职业训练》，提出了妥协办法：

社会人士对于沿用“新闻学”一词，只知其狭义的解释，不知作广义的研究，大都以为凡报学系的毕业生，都只能担任普通新闻报社的记者，那种职业是范围狭小，待遇菲薄和工作辛劳的，这也是阻碍报学教育发展的原因。

但是，“新闻学”用名之所以被更多人士认可，还因为它适应了传播媒介发展的新形势。第二次世界大战以后，印刷新闻传播面临着更大的挑战，对此，胡道静（1913－2003）总结道：

一般谈新闻事业史的，都习惯于“口头新闻”、“手写新闻”和“印刷新闻”的三个进化阶段的说法。但自第一次世界大战以后，新闻事业已跃进到另一个新阶段，即入于“广播新闻”时代，而自第二次世界大战以后，又探向一个新的世纪，要成为“电视新闻”的时代了。[①]

新形势使“报学”变得有些陈旧，也受到了更多的排斥。最终新闻学兼并了传统的报学领域，而使报学变成了它的初级阶段。

三 Journalism或“集纳”

无论是“报学”还是“新闻学”，它们的英文对应词都是

① 胡道静：《新闻史上的新时代》，世界书局，1946，第1页。

Journalism。1927 年，戈公振在其《中国报学史》中解释“报学史”用名的时候说：

> 民国十四年夏，国民大学成立，延予讲中国报学史。予维报学（Journalism）一名词，在欧美亦甚新颖，其在我国，则更无成书可考。无已，姑取关于报纸之掌故与事实，附以己见，编次成书。①

1933 年，吴晓芝在其所编《新闻学之理论与实用》一书中这样介绍新闻学：

> 新闻学（Journalism）为治政治学、法学、经济学、文学、教育学、哲学及社会学诸学者之必修学科，即为一种最饶兴趣之实用科学也。②

“Journalism”的原义究竟是什么？2005 年牛津大学出版社出版的 *The New Oxford American Dictionary* 第二版中对“Journalism”的解释是：the activity or profession of writing for newspapers or magazines or of broadcasting news on radio or television（报纸、杂志、广播、电视新闻报道活动或职业），该字典同时也提供了“Journalism”一词的引申义“the product of such activity”（此类活动的成果）。

外语教学与研究出版社 2006 年版的《韦氏高阶美语英汉双解词典》中“Journalism”一词的汉译为“新闻业、新闻工作；新闻

① 戈公振：《中国报学史》，商务印书馆，1927，第 3 页。

② 吴晓芝：《新闻学之理论与实用》，北平立达书局，1933，第 18 页。

写作、新闻报道”。从英文辞典的解释看来，“Journalism”一词在英文中的含义都是“新闻业”，与“新闻学”关联并不大。

而对于这个“学”与“术”分离的问题，早期的新闻学者也有所认识。1928 年 11 月陈布雷为周孝庵的《最新实验新闻学》作序说：“新闻学之成为一种独立的学科，为时盖犹未久，世人或谓 Journalism 者，与其谓之学，无宁谓之术。”

1935 年，一位署名君健的作者在《报学季刊》第 1 卷第 2 期（申时电讯社编辑并发行）的《新闻术语》栏目，对“Journalism”作了专门解释：

> “集纳”是英文 Journalism 的译音。原意就是新闻事业，或新闻主义。

1936 年，刘元钊则在其《新闻学讲话》中对“Journalism”进行词根分析，对“Journalism”作为“学”提出质疑：

> 新闻学的原名叫 Journalism，这字的语尾是 ISM，这三个字母的意义是“方法”的意思，不过在普通的外国的学科名词，他们的语尾，后面都是 LOGY 四字母，而新闻学的名词却独异，在这一点，我们可以推测外国学者对于新闻学的这个东西，从来不把他列于科学的地位。①

袁殊（1911－1987）的《“集纳”题解》则索性笼而统之：“关于报纸的学术、报纸业、杂志业等，就统称为 Journalism。”②

---

① 刘元钊：《新闻学讲话》，乐华图书公司，1936，第 18 页。

② 袁殊：《“集纳”题解》，《记者道》，群力书店，1936，第 84 页。

似乎是感觉到“Journalism”不好译成合适的中文名称，或是要特别显示新潮，一些学者干脆直接用“Journalism”代表“新闻学”或“报学”。如黄天鹏1927年在其所编《新闻学刊》第1卷第3期刊《第二卷新闻学刊革新计划》一文称：

> 本刊旨趣，在唤起国人对Journalism之兴趣与注意，谋同业有研究与讨论之机关，以促进新闻事业之发展，期与国际同业共臻世界大同。

但也有学者更喜欢直接使用音译词“集纳”。

以袁殊为代表的一批青年学者曾探讨过当时的“新闻用语与新闻用字”问题，他建议使用汉字“集纳”对译“Journalism”，而且还强调这不是个简单的音译词，袁殊注意到报刊除“时间性”这一条件外，同时还具有“集纳性”特征，即报刊的无所不包的特性，但报刊又不是大杂烩，报人也不应该是被动的旁观者。他说：

> （报刊的）各种内容材料，必须经过搜求、蒐集、编制以及类别归纳过程。而内容的质别，也绝非的单纯专一的。所以以前有人把Journalism译作“拉杂主义”，这在字面上讲，未始不可。但在字义上讲，则Journalism完全是“报导”的意义：报者，将事务之全貌作正确的报告；导者即在报告上负有对社会的倡导批判的任务。所谓倡导批判，是根据客观的社会的需要的，是有目的意识的，是在选择与舍取的，而到集纳的完成。①

---

① 袁殊：《“集纳”题解》，《记者道》，群力书店，1936，第85页。

不过“集纳”在新闻业务上，还带有精采精编的意味。如中国新闻学会（1913年成立）宣言中称：

在淞沪战中，该报（指《大晚报》——引者注）特派记者黄震遐、张若谷等冒险赴战地探访消息，写来更是生动活虎，确实地获得了集纳（Journalism）空前的效果。[①]

四 “报学”一名的淡出

在近代新闻学时期，本学科的用名并不限于“报学”、“新闻学”两种，此外还有“集纳”、“集纳学”、“报道学”、“报导学”、“新闻纸学”、“新闻科学”、“报学科学”、“报纸新闻学”、“Journalism”等，其中，“集纳学”一名在20世纪30年代影响较大。袁殊力挺“集纳学”，其所作《集纳学术研究的发端》写道：

集纳学（新闻学），实在是很浅近的一种实验的学术；不如哲学那样的玄奥，也不如数理那样的深邃。[②]

在袁殊那里，“集纳”即“新闻学”，但“集纳”一名胜过“新闻学”，更不用说“报学”了。他在《“集纳”题解》中言道：

“集纳”究是什么呢？很简接的说，就是“新闻学”的一个新的名称。是从英语的“Journalism”的译音和译义而拟定

① 胡道静：《上海新闻事业之史的发展》，上海市通志馆，1935，第87页。

② 袁殊：《“集纳”题解》，《记者道》，群力书店，1936，第5页。

> 的……“新闻”与“消息”同一语义，即 News。以“新闻学”作为代表，关于报纸上之一切的学术，似嫌狭隘。(如果用“报学”二字，则更狭隘了。)[①]

袁殊还说“集纳学”一名曾征询过新闻学家谢六逸（时任复旦大学新闻系主任）和任白涛（著有《实用新闻学》），二氏均表示同意。但“集纳学”用名终究还是局限于上海左翼运动的小圈子，没能撼动“新闻学”与“报学”的地位，“新闻学”稳居榜首，“报学”次之。以近代新闻学书目（包括专著、译著、文集及资料汇编）用名的情况来看（如表 1），可见一斑。表中统计数据来自 1989 年新华出版社的林德海编《中国新闻学书目大全》：

表 1　近代新闻学书目用名统计表

年份	1900 ~ 1909	1910 ~ 1919	1920 ~ 1929	1930 ~ 1939	1940 ~ 1949
新闻学	1	2	7	24	16
报　学	0	0	2	1	2

“新闻学”之所以流行，除前述理由外，还因为中文“新闻”一词本就不止“消息”、“报道”两义。对此，萨空了的《科学的新闻学概论》（1947 年）总结说：

> 现在我们决定仍沿用“新闻学”这一名词，一方因为他在中国比较为人所熟知，一方也因为“新闻”二字，广义的看来，未尝不可以包括 Journalism 一字所含“报道”以外的意义。——像评论专栏论文，是提供一种新的意见；对读者自也

① 袁殊：《“集纳”题解》，《记者道》，群力书店，1936，第 83 ~ 84 页。

可说是一种新的见闻。[①]

1949年之后，“报学”之名渐渐不再使用了，在中国大陆它几乎成了历史名词，港台地区也使用不多。但奇怪的是，“新闻学”一名仍受到不断的质疑，究其根源还是由于对“Journalism”的理解，即对“Journalism”的中英文差异的困惑。

关于“Journalism”的翻译问题不能简单地归咎于日本人，说是日本人先错了然后我们也跟着犯错。近代新闻学输入有日本渠道，也有美国渠道，也许还存在着一条德国渠道。早期的四大新闻学名著[②]前两本译著分别来自日美两国，任白涛等学者受日本方面影响明显，他毫不迟疑地使用“新闻学”，但留美学者汪英宾主张用“报学”，另一个留美学者徐宝璜则是调和派。实际上，日本方面后来作过纠正，如他们将“消息（News）”从“新闻”中抽出来一样（用片假名ニュース表示），他们也试着将新闻学与新闻事业分开，后者使用片假名ジャーナリズム表示。

到底中文怎么翻译“Journalism”合适，缺乏一个权威的学术仲裁机构，这倒不一定是坏事。对“Journalism”，现当代学者仍不断发表意见。台湾学者林大椿在为戴华山《新闻学理论与实务》（台湾学生书局，1980）所作序中，将“Journalism”译为“报刊集纳之学”；旅美学者赵心树则在《新闻学与传播学的命名、使命、及构成——与李希光、潘忠党商榷》（《清华大学学报》哲学社会科学版2007年第5期）译为“期刊学”。

---

① 萨空了：《科学的新闻学概论》，上海书店，1947，第13页。

② 此处借用了台湾学者彭家发教授的说法，原文为“四大启蒙典籍”。这四大名著是指《新闻学》（松本君平，1903）、《实用新闻学》（休曼，1913）、《新闻学》（徐宝璜，1919）、《实际应用新闻学》（邵飘萍，1923）。参见彭家发《基础新闻学》，三民书局股份有限公司，1992，第219页。

大陆学者宁树藩教授以“本义新闻学”与“广义新闻学”的划分，回应了近代以来“新闻学”与“报学”之争，但宁先生承认“Journalism”与“新闻学”之间的名实不符已经相当严重了，他说：

> “新闻学”这个称呼已经100多年了，约定俗成了，已经形成思维定式，还得承认它的存在，但只能看作一种符号。为了避免研究中的混乱，还得给不同含义的“新闻学”取个称呼，即真正研究“新闻”之学的可称为“本义新闻学”，研究“报业”的可称为“广义新闻学”。①

台湾学者陈世敏甚至认为这个译名已经涉及我们这个“学门”的正当性问题，他说：

> 将技艺无限上纲为“学”，是患了大头症。不如此思维，便是故意加以美化，好像“新闻”之后加了个“学”字，便从此登堂入室，摇身一变为学术。这种心态我称之为“美丽的错误”。②

回顾百年来新闻学科用名问题，其中的种种纷扰，不仅仅是“Journalism”由欧美到远东旅行中的译名之正确与否，也展示了新闻学科其独特性质的一面。我们的基本观点是，报学为新闻学的初级阶段，新闻学又分为狭义新闻学与广义新闻学，狭义新闻学是指

---

① 王晓梅：《清理百年“新闻学”概念——访复旦大学新闻学院教授宁树藩先生》，《新闻与写作》2008年第1期。

② 陈世敏：《关于传播学入门科目的一些想法》，中华传播学会年会专题讨论论文，1999年。我们曾就新闻学译名问题，与陈世敏先生在邮件中交流过。

新闻学理论或新闻学原理，广义新闻学是指包括新闻理论在内的新闻学实务、新闻传播史等。如今，近代以来的“新闻学”与“报学”用名之争，仿佛已被“新闻学”与“传播学”用名之争所替代，随着新闻传播事业的不断发展，学科交叉与融合也不断上演。学术的进步表明，从来没有什么一成不变的学科边界，扩充“新闻学”内涵，曾经是一条出路；“新闻传播学”则代表了另一条出路。

近代业界称谓与群体符号边界*

——以“新闻界”为中心

近年来，学术界对近代新闻从业者职业化的研究，可谓成绩斐然。他们或是分析传统士人向新闻从业者转化的内在动力，或是考察报界团体形成的阶段性变化，或是描述近代报人的“职业心灵史”，或是从新闻记者社团的名称变化中看到了新闻职业公共性的增强。① 以上的研究多关注于清末民初激烈转型期，本文拟全景式的考察近代新闻从业者的各种业界称谓，从其群体符号标识入手，分析其群体认同与社会认同的复杂情形。

一

在中国古代社会，新闻业是一个不发达的职业门类，其称谓也比较模糊，如“抄报的”、“抄报行”。② 近代以来，根据我们的

---

* 此文发表于《新闻与传播研究》2013 年第 10 期，合作者丁倩。

① 比较有代表性的成果有：程丽红：《从落拓文人到报界闻人——对晚清职业报人的群体透视》，《吉林大学社会科学学报》2006 年第 3 期；桑兵：《清末民初传播业的民间化与社会变迁》，《近代史研究》1991 年第 6 期；赵建国：《分解与重构：清季民初的报界团体》，三联书店，2008；樊亚平：《中国新闻从业者职业认同研究（1815 ~ 1927）》，人民出版社，2011；徐小群：《民国时期的国家与社会——自由职业团体在上海的兴起 1912 ~ 1937》，新星出版社，2007。

② 方汉奇主编《中国新闻事业通史（第一卷）》，中国人民大学出版社，2004，第 103 ~ 104 页。

文献检索[①]，发现新闻业界称谓共有十四种之多，它们分别是“报界”、“报坛”、“报海”、“报林”、“报苑”、“言论界”、“舆论界”、“新闻界”、“新闻圈”、“记者圈”、“操觚界”、“评论界”、“新闻世界”、“新闻社会”。其中以“界”为后缀词的竟达七种。[②]

“界”不是一个平凡的字眼。在汉语中，用来标识具有共同职业特征的词语原本就有“坛”、“苑”、“圈”、“林”、“海”、“业”、“场”、“行”、“群”、“会”等多种，但在这些类词缀中，“界”最为活跃。这不仅因为“界”具有明显的语言学优势[③]，更与清末民初来自日本的影响有莫大关系。

王力、马西尼等学者在研究现代汉语外来词时曾注意到，因受诸多域外因素的影响，清末民初汉语中出现了大量的后缀新名词，如“～～学”、“～～机”、“～～界”等。此前，实藤惠秀总结了名为“中国人承认来自日语的现代汉语词汇一览表”，将“～界”列入其中。刘禾则将“～～界（かい）”和“～～论（ろん）”、“～～观（かん）”、“～～问题（もんだい）”等26个词语纳入了“源自现代日语的后缀前缀复合词采样”中。在“界（world，circle）”这一条目下列举了“艺术界”、“教育界”、“金融界”、“思想界”、“新闻界”、“司法界”、“文学界”、“出版界”

---

① 我们的文献检索主要借助上海图书馆上海科学技术情报研究所《全国报刊索引》编辑部制作并推出的《晚清期刊全文数据库（1833～1911）》和《民国时期期刊全文数据库（1911～1949）》。

② “界”也可以看作是“世界”的简称，如1901年，罗振玉在上海创办了名为《教育世界》的杂志。

③ 从音节上说，“界”可以和单音节、双音节和多音节词语自由组合；从语义上说，“界”作为地界、边界、界限之类的意义，有很强的延展性，基本可以与任何职业、工作、领域搭配，适应了目前社会分工越来越细密的状况；从语用上说，“界”的感情色彩呈中性，略有严肃和尊敬之感；从虚化程度上说，“界”的虚化程度较弱，还可单独使用。参见傅京《试论类后缀“界”、“圈”、“坛”》，《广西师范学院学报（哲学社会科学版）》2008年第29卷第3期。

八个用例。[①] 概而言之，“界”是一种表达社会身份的新方式，它标志着“一个易于识别但外表相当松散的多中心的‘亚文化圈世界（界）’的形成”[②]。

在上述十四种用以标识新闻业界的符号中，又以“报界”、“言论界”、“舆论界”和“新闻界”为主（见表1）。

这四种主要表征方式概括起来有三层含义：一是指从事新闻职业并由此聚合而成的职业群体，二是指报纸、杂志等媒介形态，三是指报刊专栏或传媒组织的名称。

表1　近代新闻业界称谓在报刊标题中出现的次数

新闻业界称谓	出现次数	新闻业界称谓	出现次数
报　界	631	报　　坛	77
新闻界	1564	新 闻 圈	16
言论界	113	记 者 圈	1
舆论界	149	操 觚 界	0
报　海	9	评 论 界	0
报　苑	0	新闻社会	0
报　林	0	新闻世界	0

一般来说，“报界”包含报纸和杂志，如“报界有二，曰新闻，其饷社会以普通见闻者耶；曰杂志，其饷社会以高等知识者耶”[③]。待杂志从“报界”中分离出来单独组成“杂志界”后，“报界”就仅指报纸。

“言论界”和“舆论界”或仅指报刊，如“所谓言论界者，即

① 参见刘禾著《跨语际实践——文学，民族文化与被译介的现代性（中国，1900～1937)》，宋伟杰等译，生活·读书·新知三联书店，2002，第439页。

② 章清：《学术与社会：近代中国“社会重心”的转移与读书人新的角色》，上海人民出版社，2012，第96页。

③ 沈曾植：《题辞》，《法政学交通社杂志》1906年第1期。

指一切定期或不定期之报纸杂志而言”[①]；或指包含报刊、通讯社等多种新闻媒介形式；或泛指一切可以发表言论的媒介形式。

“新闻界”大部分情况下包含各种形式的新闻媒介，但有时也仅指报纸。[②]

“报界”、“言论界”和“新闻界”都曾出现在报刊专栏名称之中，但“言论界”和“新闻界”又都含有一种特殊用法，即不再代表新闻业界，而是表示一组新闻或论坛之意。[③]“报界”还常出现在同业组织名称中，如广州报界公会、中国报界俱进会成立、“报界大王”、“报界托辣斯”等。

二

“Press”到底何时被西方用来标识整个新闻业界，目前尚无明确考证。从19世纪的英汉词典中看，“Press”的释义基本处于传播技术层面[④]，是循着“压机——印刷机——印刷品（出版物）——报刊——新闻界，等等”[⑤]的轨迹演变而来的。

“报界”与“新闻界”是近代新闻从业者最常见的群体符号标记或社会称谓，犹如族徽一般。“报界”最早[⑥]见于1901年《清议报》，

① 赖琏：《论今日之言论界》，《中央日报》1920年2月3日。

② 如“在沪之中国国民党中央执行委员会昨日下午二时开茶会招待本埠新闻界及杂志界同人……”参见《国民党中央会招待新闻界》，《大同》1926年第1期。

③ 如1934年《福音光》的第41期，设置了名为“新闻界”和“言论界”的栏目，“新闻界”内容涉及世界各地宗教界最新动态，“言论界”囊括了政治、经济、军事等各个方面的评论。

④ 桂莉、聂长顺：《从早期英汉词典看新闻用语的生成》，《新闻与传播评论》2012年卷。

⑤ 〔美〕新闻自由委员会编《一个自由而负责的新闻界》，展江、王征、王涛译，中国人民大学出版社，2009，第3页。

⑥ 关于“报界”、“新闻界”最早用例之判定，我们还参考了香港中国语文学会编《近现代汉语新词词源词典》（2001年）和黄河清编《近现代辞源》（2010年）等重要的汉语工具书。

梁启超在《本馆第一百册祝辞并论报馆之责任及本馆之经历》中曾两次使用，“报界”也同时出现在报刊标题上——《报界一斑：中国各报存佚表》。“新闻界”最早见于松本君平《新闻学》的中译本，如第三十一章英国新闻事业》中，就一连4次使用“新闻界”——

> 英《尼孤播士脱》、《士但打把德利》、《义犹斯》三大新闻，其于英国之新闻界，其主义在为保守派之代表，然不失为新闻界之三大雄镇也。近时朝刊新闻，如《特赖古拉布》及《古洛尼苦路》；夕刊新闻，如《沙能》及《加撒指把》者，乃新闻界崛起之新派。于英国之新闻界，而能别开生面，然皆各有特色异彩也。①

“新闻界”最早见于报刊标题则是在1905年，《广益丛报》在其第61期上发表了一篇名为《新闻界之霸王》的文章。

“报界”与“新闻界”名称相继出现，但最初的使用是比较随意的，并用与混用的情形也是明显的，其实这就是所谓的新名词试用现象，不独中国，日本方面也大同小异。松本君平的《新闻学》（日文版）一书中就有“新闻界”、“新闻业界”、“新闻社会”、“新闻坛”等多种并列称谓。中国方面的情况，略举两例。如邵飘萍在《从新闻学上批评院秘厅对新闻界之态度》一文中说：

> 各报上先后登载国务院秘书长行文警察厅命令报馆更正新闻，且加以种种恫吓，又于端节发送“（综）〈粽〉敬”，将新闻记者分为三等各事，引起报界一部分人之评议。此等现

① 以上“新闻界”的译名，其实是中文译者对“新闻社会”的转译。参见松本君平著《新闻学》，东京博文馆，1898，第235～236页。

象，若从新闻学上批评之，乃政府当局承认新闻界地位与否之问题……[①]

还如：

固自纸价暴腾以来，新闻界中亦有提倡加价者，而卒以恐读报者更难担负而终止……此行往谒大隈侯，侯亦言凡属官僚无不心慕报界中人。[②]

大致说来，“报界”在清末民初较多使用，而“新闻界”的较多使用则始于20世纪20年代（如图1、图2[③]）。

“报界”最初的流行可能与“报界”的词语占位有关。“词语的显现常有个‘先入为主’的现象，如果想‘后来居上’，除非有特殊的表达效果，或者与同形的‘先入者’不在同一个语境中出现。这就是词语的占位问题。词语的占位问题是历时与共时交互作用的结果。”[④]“报界”由梁启超率先使用，而梁氏在当时报界的地位决定了他的许多新闻话语被奉为圭臬。令人叹服的是，近代新闻学界早在20世纪20年代就对此有了清醒的认识：

自近数十年以来，一切名词有因果袭日本者，有出于我国之仓促译成者，未必皆能确当。故严复博士昔曾有审定名词之

---

① 邵飘萍著，肖东发、邓绍根编《北京大学新闻学研究会丛书——邵飘萍新闻学论集》，北京大学出版社，2008，第218页。

② 包天笑：《考察日本新闻记略》，商务印书馆，1918，第42～43页。

③ 我们在尽可能全面地搜集梁启超、邵飘萍留下的各种文献的基础上，制作了下列图表。邵飘萍的文献搜集相对简单一些，主要参考了《邵飘萍选集》、《邵飘萍新闻学论集》；梁启超的文献搜集工作量相当大，主要参考了《饮冰室合集》、《饮冰室合集集外集》、《梁任公先生年谱长编》、《梁启超全集》。

④ 施春宏：《说“界”和“坛”》，《汉语学习》2002年第1期。

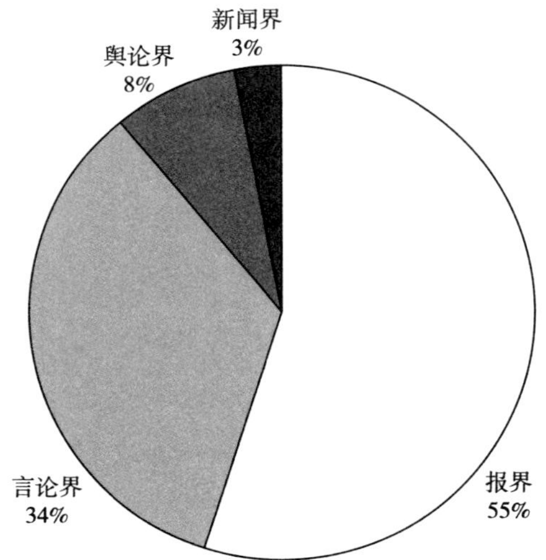

图 1　梁启超的新闻业界称谓使用情况

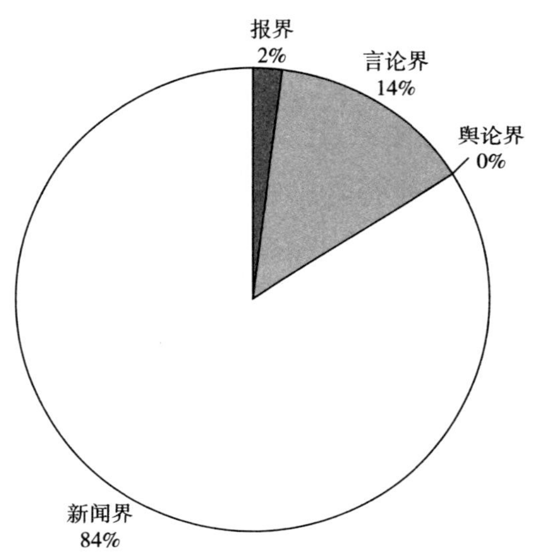

图 2　邵飘萍的新闻业界称谓使用情况

举，如 Unit 之译作么匿，Logic 之译作名学，Economy 之译作计学之类。虽比日本名词较有意义，然竟不能如日本名词之通行。因此等名词，以意义论，未必恰合于愿意，以便于使用及

> 便于公共之认识论，则先入为主，应就普用者久用者用之，其理由与用典同，所以达宣传意识之目的而已。[①]

从整个近代的使用情况来看（如图3），20世纪30年代中期以后，“新闻界”的风头越过了“报界”，其情形类似于“新闻学”与“报学”这两个学科用名的竞争[②]，当然也有可能更符合“语言的经济原则”[③]。

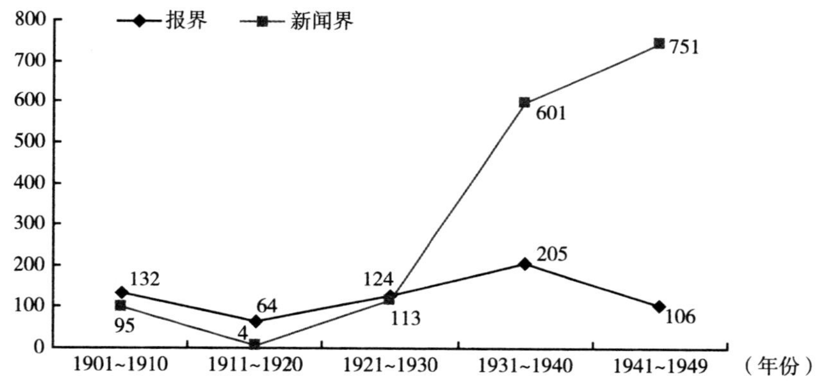

图3　近代报刊标题的整体使用情况

三

边界（boundary），首先意味着差异（difference）、区隔

① 黄天鹏编《新闻学刊》1927年第1卷第3期。

② 参见周光明、刘瑞《“报学”与“新闻学”：近代新闻学两个学科用名的竞争》，《湖北大学学报（哲学社会科学版）》2012年第4期。

③ “根据法国语言学家马丁内提出的语言的经济原则，一种语言系统中，不会长期出现两种完全相同的词汇并用的现象。经济原则以保证完成语言交际功能为前提，同时有意无意地对言语活动中力量的消耗做出合乎经济要求的安排。”参见朴美玉《“季”族词词义演变模式浅析》，《南昌教育学院学报（文学艺术）》2012年第8期。

(distinction) 或界限 (border)。符号边界 (symbolic boundary) 可界定为社会行动者在对人和物进行分类时所获得的概念上的区分，并且这种区分是社会共识性的。而群体符号边界，就是社会实在中有关群际差异的共识性的概念区分。群体符号边界，同时也就是群际符号边界。[①] 近代新闻从业群体符号边界的形成过程如图 4。

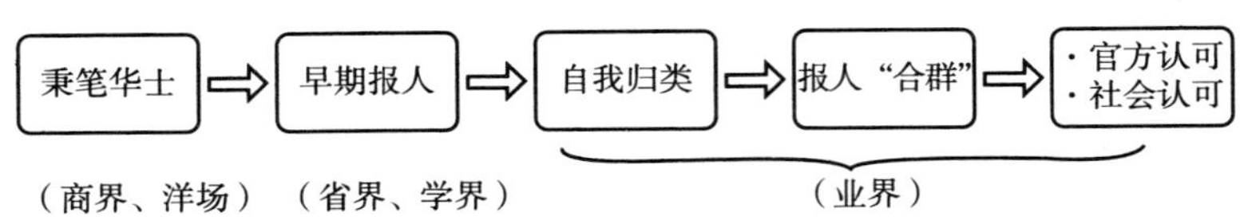

图 4　近代新闻从业群体符号边界形成过程

"群体符号边界，实质上是人的社会身份之'门'。"那么，称谓可以说是群体成员社会身份的"门牌"了。从梁启超首次使用"报界"开始，到"新闻界"、"言论界"、"舆论界"等多种称谓之层出不穷，再到社会各界的广泛使用，新闻业界称谓的使用循着自发—自为的路径不断走向成熟。业界称谓不仅是群内 (in－group) 和群外 (out－group) 成员的身份标志，而且它们在被反复操演或重复言说中使群体符号边界进一步固化。

由于社会行动者有多重的群体资格或范畴身份，不同群体之间难免有所越界。"'出门'、'串门'和'破门'，表明了在分层社会中人之处境和相应的行动策略。"[②] 近代新闻界植根于文学界、出版界、思想界，当新闻界发展成一个独立界别时，和此三界仍然具有重叠部分；新闻界虽然早期和学界、教育界界限模糊不清，但后来已完全独立出来，已无重合之处；杂志最早被包含于新闻界

① 方文：《学科制度和社会认同》，中国人民大学出版社，2008，第 96 页。

② 方文：《学科制度和社会认同》，中国人民大学出版社，2008，第 117 页。

中，尽管此后发展为独立界别，但仍旧是属于新闻界的多个子界之一。新闻从业群体上述这般的“出门”、“串门”活动（如图5）也都反映在新闻业界称谓和这几种他界称谓的混用、并用上。新闻业界称谓从模糊到清晰的使用，也折射出新闻从业群体符号边界的强化过程。

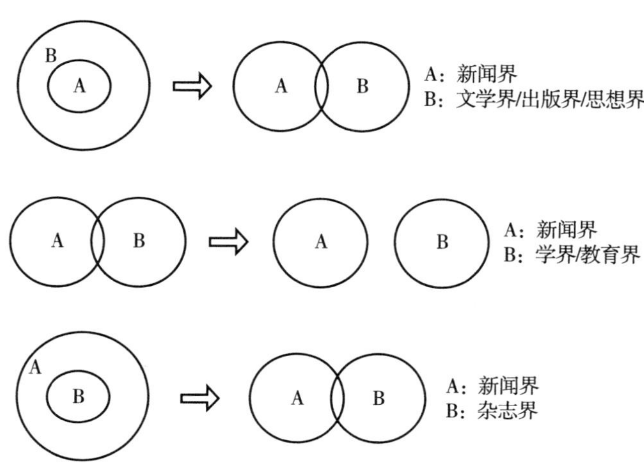

图5

1. “新闻界”和“文学界”

“文学界”较“新闻界”出现得早，在唐代就有“文学界”的用例。起初人们普遍认为：“杂志与日刊，皆为近世文学界之新产物”，新闻事业属于文学事业的一个分支，因此常用“文学界”代替“新闻界”。如黄远生就“提倡新文学”以振兴“言论界”，黄天鹏还最早创制了“新闻文学”一词。

当“新闻界”和“文学界”并列使用时，有两方面原因，一是新闻事业有其特殊性，二是新闻事业的发展程度足以形成独立界别。如曹聚仁在《文坛五十年》中就将中国的文坛和报坛比喻成血缘关系密切的“表姊妹”。

2. “新闻界”和“出版界”

“出版界”在清末就已出现，“出版界”与“新闻界”不仅有替代和并用情况，两者甚至结合成“言论出版界”、“报纸出版界”、“杂志出版界”和“新闻出版界”等新称谓。

从媒介种类上说，当“出版界”包括报纸、杂志和书籍等多种媒介时，它可以替代“新闻界”，如：

> 中国新文化的勃兴，可说是以出版事业为基础的……其所持的工具，莫非为报章、杂志、书籍，凡此无一不属于出版事业。[①]

当“出版界”仅指杂志和书籍时，它有“新闻界”的含义。如郑振铎《1919年的中国出版界》一文中仅包括杂志和书籍的情况。

当“出版界”仅指书籍、书业或印刷机构、出版机关时，它没有“新闻界”的含义，也不能替代“新闻界”使用。如邹韬奋在介绍德国乌斯太音的出版印刷机关时，并列使用两界：“因为乌斯太音一向在德国出版界和报界都很占势力，也许可视为一种代表典型。”[②]

3. “报界”、“新闻界”和“思想界”

“思想界”这一表述最早出现在晚清，但当时并未对“思想界”赋予明确的内涵。章清认为，思想界的表征正是依托于“制度性传播媒介”和“新的社群媒体”两大要素。

由此可见，以报刊为代表的传播媒介对思想界的萌发具有重要作用，因此，人们常常用“报界”来映射思想界的发展。如曹聚仁在《近百年来中国思想界之近路（一）》一文中，按照时间先后顺序，梳理了近代中国的几份著名杂志，如《中外公报》《中国日

① 杨寿清：《中国出版简史》，上海永祥印书馆，1936，第75页。

② 穆欣编《邹韬奋新闻工作文集》，新华出版社，1985，第172页。

报》《国民报》《庸言》等，欲以“中国杂志界之嬗变”来探讨百年来思想界的“幻变百出”之目的。

尽管如此，我们仍不能轻易地得出“报界”从属于“思想界”的结论。正如章清所说：“值得重视的是，报纸杂志在晚清的流行，并非与‘思想界’的表述同步发生。而带有浓厚‘公共’色彩的‘思想界’，所应对的却是作为‘公共舆论’的报纸杂志。”“报界”、“思想界”这两个“亚文化圈”都是在晚清时期形成的，但分别形成的具体标志、孰先孰后却难以考证。此外，还由于“思想界”这一界别的职业特征并不明显，与“思想界”密切联系在一起的读书人有多重身份，“思想界”的内涵就显得不那么明确了。[①]“思想界”同“报界”一样，也都有“出版界”、“学界”、“教育界”等相类似的表述。因此，“报界”与“思想界”终归是有交叉关系，但却不能说完全重合。

4. “报界”、“新闻界”和“学界”、“教育界”

从报纸栏目设置角度上，我们发现了“新闻界”被纳入“学界”、“教育界”的情况。如《东方杂志》1904 年第 10 期，在“教育”栏目下设置了“各国报界汇志”的子版块，刊登报界最新消息；《善导报》和《兴华》都曾在“教务要闻”的栏目下刊登有关报界的文章。《环球》第 2 卷第 2 期，“学界要闻”栏目下发表了《报界俱乐部之演说会》一文，并附上图片；1922 年，《学生》第 9 卷第 1 期，在“时事”栏目下刊登了各界最新动态，在“教育界学术界消息”子标题下，刊登了《世界报界大会》一文。

待到 20 世纪 30 年代，“新闻界”、“学界”和“教育界”三“界”界限已完全明晰，已可并列使用。

① 章清：《学术与社会：近代中国“社会重心”的转移与读书人新的角色》，上海人民出版社，2012，第 108 页。

5. “报界”、“新闻界”和“杂志界”

戈公振在《中国报学史》的《报纸之定义》一章中专门讨论了报纸和杂志的区别，认为“报纸与杂志之区别，如上所言，自以从内容乃至原质之特色而决定为最适当”。此外，戈氏还在《杂志之勃兴》一章中专门介绍杂志。尽管如此，他还是认为杂志属于报纸的一部分，“报界”之“报”应当包括报纸和杂志等定期出版物：

> 我国之所谓报，即日本之新闻（我国之所谓新闻，在日本为报道，报知，杂道，新知，新报），英国之 Newspaper，德国之 Zeitung，Nachricht，Bericht……惟报字称谓简而含义广，且习用已久，故本书之所谓报，尝包括杂志及其他定期刊物而言。①
>
> 不过杂志终属报纸之一部分，则可直率的加以判断者也。②

当杂志蓬勃发展以至于从“报界”中分离出来时，“杂志界”开始和“报界”、“新闻界”并列使用。如邹韬奋在介绍美国的新闻事业时，就在《杂志国》一文中单独谈“美国杂志界的最近趋向”，而在《美国的新闻事业》中又专门介绍了美国报业。

四

纵观中国近代新闻从业群体，他们从“末路文人”的“不敢

---

① 戈公振：《中国报学史》，上海三联书店，1955，第1页。

② 戈公振：《中国报学史》，上海三联书店，1955，第6页。

自鸣于世”到以“耳目喉舌”自居，再到以“第四种族”自誉；他们从“日日言群学之理”到开辟“尊闻阁”与“息楼”等报人沙龙（即黄远生所谓的“新闻记者派”），再到组建区域性报业团体，最后走向全国联合……新闻从业群体符号边界逐渐清晰起来。

语言和社会二者是共变的关系，有限的业界称谓链背后却隐含着无限的意蕴。业界称谓作为一种差异性标记来强化新闻从业群体符号边界，更偏向于一种外在的、形式上的建构。它不仅具有建构报人社会身份并与其他职业群体区分的功能，而且早期称谓混用的现象也折射了早期新闻事业发展程度不高、报人群体意识欠缺、报界群体和他群体边界模糊的图景。应当指出的是，在中国近代社会激烈转型的过程中，新闻界不同于一般的界别，它具有一定的原创性和根源性。换言之，它是具有生发和安排其他界别功能的一种界别。业界称谓在出现→混用→独立使用中勾勒了新闻从业群体边界形成并在模糊中走向清晰的过程。建构边界的核心概念之一是“认同”，业界称谓也不可避免地反映了新闻从业者的认同过程。而在角色概念中，业界称谓从“报界”到“言论界”、“舆论界”再到最后的“新闻界”的定型，也反映了新闻从业者的岗位角色从最初的以“报”为主到“论政工具”、“言论阵地”，再到最后的“新闻本位”，在演变过程中完成了早期的新闻专业主义和新闻职业化。

不可忽视的是，业界称谓并不只是一种被动的反映。无论是群体的自我意识，还是他界对该群体的社会标记，共同群体称谓可以看做是群体“我群意识（We - consciousness，Ourness）”的符号化表征，共同称谓与群体自我意识是一表一里相互作用的群体构成要素。“报界”、“新闻界”、“新闻社会”、“新闻世界”等带有类词缀的用法，是清末民初汉字文化圈受日本影响的表现之一。这些词语本身“带有典型概念归类的特点，在大量的细化分类词的使用中，自然而然地就会增强阐述和分析问题的层次性、准确化、细密化”[①]，对人们思维方式的现代化也具有重要的意义。

梁启超在1901年第一次使用“报界”时，当时中国报业发展程度低而尚不能形成“界”的事实是毋庸置疑的。随后，当多种称谓方式都争先恐后地标识新闻业界时，被冠有“界”之称的报人群体自然会结社组团，增强其“岗位意识”，转变其角色功能，以求“名”与“实”的统一。这些称谓可等同于一种“概念工具”，它们在微妙地影响着报人和社会各界的心理，人们利用这些工具思考、整理和赋予日常事件以新的意义，并付诸实践。因此可以说，业界称谓在反映其成长轨迹时，也在积极建构和推动着新闻从业群体的发展，这是一种“双向拉扯”的过程，而群体符号边界也得以进一步实现了内固或强化。

① 黄兴涛：《清末民初新名词新概念的“现代性”问题——兼论“思想现代性”与现代性“社会”概念的中国认同》，《天津社会科学》2005年第4期。

“新闻自由”概念考略*

新闻自由，是新闻传播学最重要的关键词之一。研究中国近现代新闻自由思想的人，没有不注意新闻自由概念的早期使用情况的。但长期以来，中国大陆新闻传播学术界的相关研究存在着一些误区，主要是对原始文献解读上存在着很大问题，一些学者常常把概念和观念混为一谈，如认为19世纪30年代就产生了中文语境中的“新闻自由”概念[①]，或只是推迟到稍后的王韬时代。有些学者称王韬为“中国最早的报刊自由主义大师”[②]、“王韬是论述新闻自由思想的中国第一人”[③]。后一种对王韬报刊思想的赞评虽没明说新闻自由概念的首创者，但应是意在言中[④]，实则这些学者大多忘记了中国本土的清议传统。以上的结论程度不同地存在着对原始文

---

* 此文发表于《国际新闻界》2014年第9期。发表时题名加有“中文”字样，今改回。

① 童兵、林涵：《20世纪中国新闻学与传播学·理论新闻学卷》，复旦大学出版社，2001，第58页；马光仁：《中国近代新闻法制史》，上海社会科学院出版社，2007，第39页。

② “王韬是近代中国第一个提出报刊言论自由思想的人，同时也是第一个将西方的自由主义理念系统传输进这个古老帝国的新型知识分子和自由主义报人……特别是从他对英国老牌的自由主义报纸《泰晤士报》的仰慕和竭力追效中，可以让人知道，他对自由主义是多么的沉醉和神往。”张育仁：《自由的历险——中国自由主义新闻思想史》，云南人民出版社，2003，第71页。

③ 李秀云：《中国新闻学术史（1834～1949）》，新华出版社，2004，第45页；李秀云：《中国现代新闻思想史》，中国社会科学出版社，2007，第134页。

④ 实则“王韬思想言论所受于西方学术之影响者甚微……王韬于穆勒氏之宏论未之与闻，更无论洛克、孟德斯鸠及卢骚等西哲政治学说。”参见赖光临《中国近代报人与报业》，台湾商务印书馆，1987，第151页。王韬的《漫游随录》记录了其在1867～1870年间的欧洲游历以及较长时间居住在英国的所见所闻。其时，穆勒《论自由》（1859年）出版不久，王韬竟只字未提。王韬不无夸耀地描述自己在牛津大学演讲孔子学说的情形，说明他的传道者身份（“吾道其西”）远过于他的取经者身份。读者还可以参见林启彦、黄文江主编《王韬与近代世界》，香港教育图书公司，2000。

献的过度诠释，或可称之为“回溯性追认”[①]、“时代误置”[②]。论者对近代自由概念的理解偏差恐怕也是其中的一个重要原因。笔者拟在本文中，对新闻自由概念从学科术语角度，而不是从一般思想史的角度进行考察，即以原始文献中是否出现“新闻自由”的中文表达或类似词语为主要依据。本文的新闻自由概念界定明确，可以借用20世纪40年代中国新闻界的说法：“所谓新闻自由，不外以下三事曰：采访自由、传递自由、受授及发表自由。”[③] 即狭义的新闻自由概念，其中包含的各项指标都是很具体的。

一 “新闻自由”在中文世界中的最早使用

最近的研究表明，“新闻自由”一说最早出现于1944年的下半年，1945年之后逐渐流行开来。[④] 在当时，“新闻自由”的确是一个比较新的词语。时任《中央日报》社长的马星野在1946年7月曾写道：“新闻自由之名词，为輓近所提出，其较旧之名词，则为出版自由。”[⑤] 笔者通过“民国期刊全文数据库”检索，得相关

① 参见葛兆光《中国思想史导论：思想史的写法》，复旦大学出版社，2005，第12页。

② 转见黄旦《媒介就是知识：中国现代报刊思想的源起》，《学术月刊》2011年第12期。

③ 《大公报》，1944年11月21日。1951年国际新闻学会（International press institute）解释新闻自由，含有四个要点：接近新闻的自由（free acess to news）、传播新闻的自由（free transmission of news）、发行报纸的自由（free publication of newspapers）和表达意见的自由（free expression of views）。参见苏进添《日本新闻自由与传播事业》，致良出版社，1990，第5页；台湾学者李瞻将新闻自由分解为八个要点：1. 出版前不用请领执照或特许状，亦无需缴纳保证金；2. 出版前免于检查，出版后除担负法律责任外，不受干涉；3. 有报道、讨论及批评公共事务的自由；4. 政府不得以重税或其他经济手段迫害新闻事业，亦不得以财力津贴或贿赂新闻工作者；5. 政府不得参与新闻事业之经营；6. 自由接近新闻来源，保障采访自由；7. 自由使用意见传达工具，免于检查，保障传递自由；8. 阅读及收听自由，包括不阅读不收听之自由。参见李瞻《比较新闻学》，1972，第35页。

④ 参见路鹏程《晚清言论自由思想的肇始与演变（1833～1911）》，博士学位论文，华中科技大学，2009，第11～17页。

⑤ 马星野：《出版自由论》，《报学》双周刊1946年7月8日。见马星野著《新闻自由论》，中央日报印行，1948，第49页。

文献 121 篇，其中 1944 年 6 篇，1945 年 22 篇，1946 年 21 篇，1947 年 32 篇，1948 年 34 篇，1949 年 5 篇，“新闻自由”一词流行的情况可见一斑。

不过，在这次文献检索中，意外地得到 1941 年的“新闻自由”用例，它是一首名为《新闻自由》的小诗：

新闻自由

［一面要竭力支持战士，而要保全战士们所争取的我们所重视的自由］——诺伊斯扔下王冠的英雄们/夺回新闻的自由/因为你们的声音/是人民的眼睛/坚持新闻的自由/看/希特勒的欧罗巴/地下火腾空而起/报纸/在地下室透明……①

以上文献检索中显示 1941 年只有 1 个用例，但它却并不是“新闻自由”的首例。《国际报界专家会议时之报告书》中，有如下记录：

本委员会（记者委员会——笔者注）深信平时检查新闻，不论公开的或秘密的，皆为国际间通常交换消息的根本障碍，影响于国际间之接近极大。且检查之举，并不能阻止不实消息与捏造消息之传播，于施行此种检查之政府，无益而有害。此点已详电报通信社委员会报告书中，故本委员会，深愿检查新闻之举，立即并永远取消。

根据新闻自由（着重点为笔者所加）之原则，苟国家犹保存平时检查新闻之举，则记者至少必须要求左列之保证：

（一）检查电报之法，必须由专门家管理，检查之后，须

① 祥麟：《自由神（小时事诗集）：中国海岸登陆》，《诗垦地丛刊》1941 年第 6 期。

立即发出。

（二）给予专门家之训令，须预为通知各记者，俾彼等自行注意。

（三）电报中删去一段或传递特别迟延，必须通知该记者等，俾彼等将已经检查或迟延之新闻加以选择，决定登载与否。

（四）凡因检查或迟延之电报，已经预付电费者，必须按照删去之字数，给还电费。

（五）对于各新闻记者，须完全平等待遇，无少歧视。[①]

此份报告书与1927年在瑞士日内瓦召开的国际新闻专家会议有关，笔者初步判断此报告书中文文本的提供者为戈公振[②]。以笔者掌握的现有材料看，此处应是中文“新闻自由”的首见书证，即可以此断言“新闻自由”在中文世界中的出现不晚于1930年。

二　中文“新闻自由”概念的生成

“新闻自由”是新闻+自由的偏正词组，“新闻”与“自由”在中国古代词汇中早已存在，它们联结为一个合成词，按理说并不难。但是，我们今天使用的“新闻自由”概念中的“新闻”与“自由”，严格地说，几乎完全都是近代词语。至于“新闻”与

---

① 黄天鹏编《新闻学名论集·附录》，上海联合书店，1930，第315～316页。

② 《国际报界专家会议时之报告书》是以附录的形式出现在黄天鹏1930年编辑的《新闻学名论集》中，原稿无译作者。但以上引文部分又见于戈公振的《国际报界专家会议记略》，此份《会议记略》也是以附录的形式出现在戈公振编的《新闻学撮要》（1929年版）一书中，而戈公振是中国方面唯一应邀与会的报界人士。1927年8月24日，戈公振在瑞士日内瓦举行的国际新闻专家会议上，作了题为《新闻电费率与新闻检查法》的发言，此文后为黄天鹏1930年编辑的《新闻学刊全集》所收录。不过，《国际报界专家会议时之报告书》使用的是“新闻自由”，而此前的《国际报界专家会议记略》则使用“新闻之自由”。

news、newspaper，"自由"与 freedom 或 liberty 是如何对接与转换的，因不是本文讨论的重点，从略。

笔者认为，"新闻自由"概念起源于 19 世纪初——甚至更早的明末清初①——传入中国的某些新观念。先有新闻自由观念或类似的观念，然后才有中文"新闻自由"的概念。

19 世纪 30 年代，这种新闻出版自由观念通过中英文两种渠道传入中国。1833 年，马礼逊在英文《广东纪录报》上发表《论印刷自由》（*The Press*）一文②，他援引了法国 1830 年的新宪章，对葡萄牙天主教会禁止其在澳门从事出版活动提出抗议（Eliza A. Morrison，Robert Morrison，Samuel Kidd，1839：479－481）。此文因写给英语读者看的，故对华影响非常有限。另一份重要文本就是 1834 年发表在《东西洋考每月统记传》上的《新闻纸略论》③，在这篇仅有 332 字的短文中，对西方主要国家的言论出版自由有所

---

① 据笔者的初步研究，新闻出版自由观念输入的中文渠道实际上在 17 世纪初就已开通了。明天启三年（1623 年）意大利籍传教士艾儒略在其编译的《职方外纪》中说："其诸国所读书籍皆圣贤撰著，从古相传，而一以天主经典为宗。即后贤有作，亦必合于大道，乃许流传国内。亦专设检书官，着详群书，经详定讫，方准书肆刊行。故书院积书至数十万卷，毋容一字蛊惑人心，败坏风俗者。"（明）李之藻编《天学初函》，台湾学生书局，1986，第 1361～1362 页。

② "The Press"的中文译名为后人所加。"The Press"也可直译为"论出版"，"论印刷自由"中文名是根据文章大意而翻译的。也有译为"印刷自由论"的，这一译名较早见于台湾学者赖光临的著作（赖光临：《中国新闻传播史》，三民书局，1978，第 27 页）。大陆学者顾长声则译为"论印刷自由"（马礼逊夫人编《马礼逊回忆录》，顾长声译，广西师范大学出版社，2004，第 285～286 页）。本文从顾译。顺便说一句，英文输入渠道所涉及的报刊不限于《广东记录报》，其他的一些报刊，尤其是《中国丛报》（*The Chinese Repository*，1832－1851）其实也很重要。最新的研究还可参见于翠玲、郭毅《马礼逊的〈印刷自由论〉版本探源及价值新论》，《北京行政学院学报》2013 年第 6 期。

③ 此前学界大多称其为中国近代新闻学的第一篇专文，但据最新的研究，第一篇专文应是刊载于 1833 年 8 月 29 日《杂闻篇》第二期上的《外国书论》，这篇仅百余字的短文，是最早介绍西方报业的中文文献。参见林玉凤《中国境内的第一份近代化中文期刊——〈杂闻篇〉考》，《国际新闻界》2006 年第 11 期。就"新闻纸"概念的早期使用而言，《外国书论》比《新闻纸略论》的确要早一些，但就新闻自由观念的输入而言，《新闻纸略论》仍比《外国书论》更具代表性。

介绍，但以“各可随自意论诸事”、“其理论各事更为随意”含糊其词，在这篇连“新闻纸”用名到底合不合适都不敢确定的短文中[①]，要传教士们找到中文言论出版自由的恰当表达也是太难为他们了。

值得一提的是，在19世纪60年代编纂的罗存德词典中已收录“liberty of the press”这一短语，当时译作“任人印，随人印”[②]。

自1899年梁启超率先使用“言论自由”、“出版自由”起[③]，这两个概念在很长时间里包含了新闻自由的意思。但是，随着中国近代新闻传播事业的发展，针对越来越活跃的报刊业务而言，不可避免地会逐渐产生一些新的说法。以下大致按时间先后顺序介绍几种。

（一）“出报自由”

民国初年，身为《民立报》主笔的章士钊，在一篇评论新闻立法的文章中，从英国宪法重视个人权利出发，认为自由不过是特

---

① 《新闻纸略论》中表达“新闻纸”的词语同时还有“新闻纸篇”、“书纸”、“加西打”、“篇纸”。“各可随自意论诸事”、“其理论各事更为随意，于例无禁”之类，其实就是想表达出“言论自由”的意思，换句话说，《东西洋考每月统记传》的编辑当时可能正在寻找“言论自由”这个中文概念，沈国威称这一过程为“词化”。“在引入域外新概念时，能否发生词化要受到各种因素的左右。一般来说，在容受社会出现频率高的概念比较容易词化，否则将停留在词组和短语等说明性（非命名性）表达的层面上。外来的新概念在引介初期常常采取词组或短语的形式来表达；词组、短语常常在反复使用中逐渐凝缩成一个词，完成词化。”沈国威：《近代关键词与近代观念史》，关西大学文化交涉学教育研究中心、出版博物馆编《印刷出版与知识环流——十六世纪以后的东亚》，上海人民出版社，2011，第424页。

② 桂莉、聂长顺：《从早期英汉词典看新闻用语的生成》，《新闻与传播评论》2012年卷，第93～98页。

③ 1899年梁启超在《清议报》上多次提到言论出版自由，如“厘定臣民之权利及职分，皆各国宪法中之要端也，如言论著作之自由……”（《各国宪法异同论》）；“西儒约翰·穆勒曰：‘人群之进化，莫要于思想自由、言论自由和出版自由’。”（《自由书序》）；“思想自由，言论自由，出版自由，此三大自由者，实惟一切文明之母。”（《清议报一百册祝辞并论报馆之责任及本馆之经历》）。

许的对立面。文中谈到了通信自由、出版自由、言论自由、集会自由等多项自由，接着他写道：

> 知此理者，则甲乙欲向丙丁戊己以至千万人日日同在某地发言，日日同在某地刊行其言，以至千百万张，必为自由自然之序，是何也？即出报自由也。英人所持之原则如此。[①]

（二）“采访上之自由心证主义”

20世纪20年代末，报人周孝庵在其新闻学著作中的“采访新闻之标准”一节，针对美国报界使用的标准，他写道：

> 予以为采访新闻与编辑新闻之标准，系一元的、非多元的。换言之，无刊登之价值者，即无采访之必要。至采访之标准，则概括言之：（一）在合于“新闻价值”；（二）在有益于多数人（国家、社会、民众，而非一人、一团体、一公司）。其有新闻价值者采访之、编刊之，但虽有新闻价值而有害于多数人时，仍不应为之刊载，此必然之理。曾忆法学上有一种自由心证主义，即对于刑之轻重，法官有参酌案情而决定之权。若采访新闻，亦只须以上列二个标准，由访员观察新闻价值而决定其应访与否。故采访上之自由心证主义，当较美报所刻板规定者为活动。[②]

此处是指新闻采编业务上的“自由裁量权”，与后来的“采访

① 《民立报》1912年3月6日。

② 周孝庵：《最新实验新闻学》，中华书局，1928，第33~34页。

自由”不是一回事，但就“新闻自由”概念演变而言，仍具有一定的参考价值。

（三）“纪载自由”

“纪载自由”在1930年前后较多为新闻界所使用[①]，如：“纪载自由各国法律所许可，欧洲二十世纪时纪载自由已臻极盛，然纪载自由妨害国家社会或私人之利益者，得取缔之，其责任问题，亦明白规定。”[②]

“纪载自由”也写作“记载自由”，如：

> 在去年上海市新闻记者公会秋季委员大会中讨论“争取言论自由记载自由以恢复报格案”时，有许多会员就是这样地想，他用“我们虽不能争得言论自由，我们不能不作这样一个表示，以免外界的人，对记者不谅解的态度”来讨论。而抹去了原案中自己所能做到的具体步骤。[③]

又如：

> 要谋发达，首在经济独立，其次一须引起一般人阅报之兴味——社会一般人士，对阅报毫无兴趣，新闻快缓，自所不问，读者既少，新闻何能发达，要图补救之法，首在增加兴趣之材料，唤起阅读之需要。换言之，阅报者为数过少，实新闻事业不

① 较早提到“纪载自由”的是邵飘萍，他在1923年出版的《新闻学总论》中专门有一节谈到“纪载自由”（该书第七章“新闻纸之法律问题”之第三十二节）。参见肖东发、邓绍根编《邵飘萍新闻学论集》，北京大学出版社，2008，第164页。

② 吴凯声：《新闻纸违法纪载之责任问题》，《报学月刊》1929年第2期。

③ 袁殊：《记者道》，群力书店出版社，1936，第6~7页。

> 发达之第一原因也。二须澄清政治——政治不上轨道，记载即失自由，而新闻宣传性成分既多，即失读者之信仰而为茶余酒后之消遣，此新闻事业不能发达之第二原因也。三须健全社会。[①]

“纪载自由”非常接近今天我们所使用的狭义的“新闻自由”[②]，类似的表达还有“截载自由”、“揭载自由”等。

（四）“报纸自由”（报纸的自由）

1940 年，一个署名无念的作者发表了《报纸自由的呼唤》，文中写道：

> 英国标准晚报（Evening Standard）编辑佛兰克欧文（Frank Owen）最近在图画邮报（Picture Post）上发表了一篇文章，题名“保持我们报纸的自由”。[③]

此前几年，还有一篇由梁士纯写的《读“报纸的自由”后》的文章。[④]

此外，接近“新闻自由”概念的还有“采用自由”、“传达自由”、“报馆的自由”[⑤]、“（新闻）交换自由”、“处理新闻的自由”、“报纸言语自由”、“言论记载之自由权”、“新闻界言论自由权”

---

① 胡政之：《中国新闻事业》，黄天鹏编《新闻学刊全集（影印版）》，上海书店，1990，第 246 页。

② 路鹏程：《言论自由、出版自由与新闻自由概念传入中国的历史考察》，《中国传媒报告》2009 年第 8 卷第 4 期。

③ 无念：《报纸自由的呼唤》，《燕京新闻》1940 年 7 月 8 日。

④ 梁士纯：《读“报纸的自由”后》，《平津新闻学会会刊》1936 年第 1 期。

⑤ 更早的类似说法还有汪康年的“报章之自由”。《刍言报》，1910 年（宣统二年）10 月 16 日。转见于宋石男《中国早期新闻思想研究》，硕士学位论文，四川大学，2007，第 31 页。

等等。但是，文献检索显示，1944 年前，新闻界使用“言论自由”的频率是最高的。

三 “新闻自由”概念生成过程所受日本方面的影响

中国近代的新闻自由概念或新闻自由观念受到域外影响十分明显，最初新观念输入的情形，是不必赘述的。20 世纪 20 年代末“新闻自由”的首次使用得益于当时中国新闻界参与的国际新闻交流活动，而 20 世纪 40 年代由美国发起并推广的国际新闻运动，使得“新闻自由”在中国成了流行词语，成为当时一个耀眼的热词。那么，其中日本方面影响该如何评估呢？

在日本办报的梁启超无疑是直接受到日本观念影响的。梁启超在 1903 年松本君平《新闻学》中译本出版之前就阅读了其中的内容，“第四种族”概念即是如此照搬过来的。[①] 在松本君平的《新闻学》中，“思想自由”（思想の自由）、“言论自由”（言論の自由）、“出版自由”（出版の自由）、“言论自由之权”、“言论出版之自由”均有大量使用。顺便说一句，津田真道（1829 - 1903）在《明六杂志》中发表过一篇关于出版自由的论说，表明“出版自由”在日本的使用应不晚于 1874 年（明治七年）。[②]

我国早期的新闻学者（邵飘萍、任白涛、袁殊等）受日本方面的影响也是很大的，邹宗孟在《日本新闻界一瞥》中也提到“日本新闻与言论之自由”[③]。但就“新闻自由”概念而言，尚无直

① 周光明、孙晓萌：《松本君平〈新闻学〉新探》，《新闻大学》2011 年第 2 期。

② 邵艳红：《明治初期日语汉字词研究——以〈明六杂志〉（1874 ~ 1875）为中心》，南开大学出版社，2011，第 245 页。

③ 黄天鹏：《新闻学刊全集（影印版）》，上海书店，1990，第 68 页。

接证据显示日本方面的重大作用。“报纸的自由”、“新闻的自由”很像直接来自日文“新聞の自由”，但笔者通过日本国立情报学研究所论文检索系统发现，目前查到的最早文献是，1945年联合国最高司令官总司令部颁布的《有关言论及新闻自由备忘录》（言論及び新聞の自由に関する覚書），可见，“新聞の自由”也是不久前才在昭和日本开始使用的。所以，小野秀雄在《新闻原论》中有如下说明——“Freedom of The Press”或“Liberty of The Press”，有时表示涵盖所有出版物的“出版自由”，有时又意味着仅限于报刊领域的“新闻自由”。“我为避免定义上的混淆，以‘出版自由’或宪法用语之‘刊印自由’指代以所有出版物为对象的自由，而以‘新闻自由’仅指代以报刊为对象的自由。”[①]

在日文中，最接近狭义“新闻自由”的词语是“报道の自由”。日文“報道の自由”也有广狭义之别，广义指包括采访（日文汉字为收集、取材）、编辑（日文汉字为整理、编集）、发表（日文汉字为发表、报道）三个过程的新闻传播活动的自由。[②] 20世纪40年代，中国方面将美国发动并推广的国际新闻自由（Freedom of Information）译为“新闻自由”，日本方面则译为“报道の自由”。

四　结语

“新闻自由”概念是在第一份近代中文报刊创办一百多年之后，“言论自由”、“出版自由”概念使用了三十年左右才出现的。在“言论自由”、“出版自由”不能覆盖或被覆盖但尚未明确的地

---

① 小野秀雄：《新闻原论》，日本东京堂株式会社，1948，第215～216页。

② 参见朝山善成《報道の自由》，《大手前女子大学论集》1983年第17期。

带，存在着“新闻自由”产生的土壤。

“新闻自由”概念的产生与使用，明显受到域外近代新观念的影响，其中也包括来自日本方面的影响，这种影响不能低估，尽管目前尚未找到更多直接的证据。

“新闻自由”在20世纪20年代末的首次使用与在20世纪40年代下半期的流行，都是依据信息自由传播这一基本精神的，其主要目标就是针对当时的新闻检查制度。[①] 从1944年开始，对于美国发起并推行的国际新闻自由运动，中国国内社会各界的立场短时间内罕见地达成一致，朝野形成了一股欢迎新闻自由的合力。[②]

通过阅读近代的新闻自由方面的文献，我们还可以看到，当时中国新闻界对新闻自由的讨论，其对新闻自由概念内涵的理解与阐发，的确达到了相当高的水平。

---

① 1927年在日内瓦召开的国际报界专家会议决议案所倡导的新闻自由原则是直接针对“平时检查法”（和平时期的新闻检查）的，决议称：“本会全体一致，深信平时检查法，不论其公然实行或尤为更大障碍之秘密实行，在根本上为国际间交换消息之阻力，使国际间了解，益为困难。”（戈公振编《新闻学撮要》，上海商务印书馆，1929，第496页）；而1944年美国发起“国际新闻自由运动”，经美国报纸主编协会投票决定：一、在全球范围开展一场推广信息自由原则（Freedom of Information）的大规模行动，以利用国际条约的形式来废除新闻检查制度、垄断制度和歧视制度；二、成立一个新闻自由委员会，在国内向政府和社会各界开展新闻自由宣传，并积极谋求改善新闻界的形象。（参见路鹏程《晚清言论自由思想的肇始与演变（1833～1911）》，博士学位论文，华中科技大学，2009，第12页）1945年3月28日，美国代表团来到陪都重庆。29日，该团三代表福勒斯特、麦吉尔、亚更曼拜会了当时的国民党中宣部部长王世杰，交换了有关新闻自由方面的意见，王部长在会上发言：“自新闻自由运动在美国发展后，中国人士对之极感兴趣，中国在战后很可能废除检查制度，中国目前在战时，对于检查尺度，时时力求放宽，关于如何放宽检查尺度问题，国防最高委员会在缜密讨论。故不仅人民希望放宽检查尺度，而政府方面亦竭力在做。进一步言之，不仅党外有此希望，而党内亦力求实现。”马星野：《拥护新闻自由》，《中央日报》1945年3月30日。

② 当时的国民政府迫于美国压力，也勉强持欢迎态度。《不承认新闻自由国家不予以救济贷款》，《中央日报》1945年10月15日。

附录一　近代新闻传播关键词研究综述*

任何一门现代学科都有一套特有的言说方式，词汇或术语就是其中的重要组成部分。“某一中心词汇在不断地扩延、迁徙、旅行和回返中，与不同的文化层面的使用产生交互作用，形成新的概念范围和解说系统。”① 因此，对关键词的研究不仅日益成为学界的热点，也可以说是当代学界很重要的一项基础性研究。

20 世纪后期，西方学界就开始了对人文社会科学不同领域的关键词的研究。最具筚路蓝缕之功的要数英国文化研究学者雷蒙·威廉斯（Raymond Williams）1976 年出版的《关键词：文化与社会词汇》（*Keywords: A Vocabulary of Culture and Society*）。该书对“文化”、“社会”等 130 多个基本词汇进行了“一种词汇质疑探寻的记录”，探讨了词汇所折射的社会、文化、历史等深层含义，为关键词研究提供了一种初步构想。1991 年，此书被引介到我国，引起了学界的高度重视；2005 年，三联书店出版了中译本，关键词研究一度空前活跃，似乎无远弗届，陈平原甚至形容其为“幽灵一般的‘关键词’”②。

雷蒙·威廉斯是这样理解“关键词”的——“有两种相关的

* 此文发表于《中国媒体发展研究报告》2013 年卷，合作者丁倩。

① 王晓路等：《文化批评关键词研究》，北京大学出版社，2007，第 6 页。

② 陈平原：《学术视野中的“关键词”（上）》，《读书》2008 年第 4 期。

意涵：一方面，在某些情境及诠释里，它们是重要且相关的词；另一方面，在某些思想领域，它们是意味深长且具指示性的词。它们的某些用法与了解‘文化’、‘社会’（两个最普遍的词汇）的方法息息相关。”[①] 本文所选取的关键词还取决于它们“在今天被谈论的频率”和“在今天的文化理论领域中的重要性”[②]，兼有术语、核心概念、学科新词等含义。

新闻传播学是一门社会科学，与一般人文学科不同，它是由一个特定行业来支撑的。其术语体系形成的基本态势是：行业术语先行，学科术语跟进。在初期相当长的时间里，业界对自己的“社会方言”的使用自觉性并不高，直到近代新闻学的诞生。

最早关注此项工作的应属第一代著名新闻学者戈公振。在他编译的《新闻学撮要》[③] 中，在第四十一章“Technical or Newspaper Terms”中共收录了17个词条，如下：

广告（Ad. or Adv）标题（Caption）销数（Circulation）

稿子（Copy）日报（Daily）脚注（Footnote）月报（Monthly）

模型（Matrix）排字（Composition or Composing）

半周刊（Semiweekly）恶写稿（Bad copy）二月刊（Bimonthly）

二周刊（Biweekly）大写字（Capital letters）活字箱（Case）

手写的稿子（Manucript）广告经理人（Advertising agent）

---

① 雷蒙·威廉斯：《关键词：文化与社会词汇》，刘建基译，三联书店，2005，第7页。

② 汪民安：《文化研究关键词》，江苏人民出版社，2007，第3页。

③ 〔美〕开乐凯（Fower Nathaniel Clark，Jr.）著《新闻学撮要》，戈公振编译，商务印书馆，1929。

在译文之后，又附注了他当时收集的27个词条，如下：

周刊　增刊　号外　访事　代派　掮客　样子　毛坯　小样　大样　清样　初校　二校　三校　空铅　刻坯　对开　三开　脱班　更正　小报　第一张　第二张　第三张　第一张主笔　第二张主笔　第三张主笔

1932年6月，由燕京大学新闻学系编辑的《新闻学研究》一书，在北平出版，该书收录有张铁生的《新闻界常用术语略述》一文，列有中英文术语60余条。1933年，《申报月刊》第1卷第6期起，在“新辞源”栏目下对“电视”下了明确的定义，此后又刊登了“传播论”、“第四阶级”、“黄色新闻”、“集纳主义”①等词语。1934年，申时电讯社出版的《报学季刊》第1卷第2期辟有“新闻术语”栏目，共收录“访事员、常务访事、特务访事、特派通信员、特约通信员、自由通信员、独占的新闻”7个词语。20世纪30年代初中期，以袁殊为代表的一批文艺青年发起研究新闻的集纳运动，对“新闻用语与新闻用字”②有一些专门的讨论。其中，袁殊的成绩比较突出，他在《“集纳”题解》《“新闻(News)”语源考》《报人非“自然人”辩》《Jazz主义的流俗报道》《关于壁新闻》等多篇论文中，涉及一二十个新闻术语的界定与辨析。

1949年之后，中国大陆新闻传播方面的术语建设工作几乎停滞下来了，仅有少量的学习资料出版，如1976年广州铁路工人报

① “传播论”见1933年第2卷第2期；“第四阶级”见1933年第2卷第10期；“黄色新闻”见1933年第2卷第11期；“集纳主义”见1935年第4卷第11期。

② 袁殊：《集纳学术研究的发端》，参见袁殊《记者道》，群力书店，1936，第5页。

社编写的《通讯员学习资料（新闻学小辞典）》。[①] 改革开放后，术语建设工作才又重新启动，陆续有一些学科工具书问世，如余家宏、宁树藩、徐培汀、谭启泰编写的《新闻学简明辞典》，陈力丹编写的《新闻学小辞典》等。到了21世纪，陈力丹、易正林编著的《传播学关键词》，由英国鲍勃·富兰克林等著，诸葛蔚东等译的《新闻学关键概念》收录了新闻传播领域若干词汇，虽然在每个词语后都附列了相关阅读文献，但两本书更像是名词解释，而缺乏深入的分析。单篇论文方面，马光仁的《〈申报〉与新闻学研究》倒是对“报律”、“言论自由”、“舆论自由”等关键词的用例提供了宝贵史料。此外，海外学界也有一些研究文献，如朱传誉对“宣传”、“传播”、“杂志”、“校对”等词语的研究[②]，彭家发对“新闻”、“新闻学”、“第四等级”等词语的探讨[③]，日本学者斋藤毅对“新闻”、“新闻纸”等词语的研究[④]，以及近年来陈国明对“跨文化传播”系列术语的研究等[⑤]。

通过检查期刊网论文，我们发现研究成果比较多地集中在1998年以后，特别是近五年以来（如图）。21世纪以来，对传播

① 我们搜集了近十种此类小型工具书，如《新闻学小辞典》，大同报编辑部编，大同报编辑部出版，1975年5月；《新闻学小辞典》，复旦大学新闻系编，衡阳日报社翻印，1975年9月；《新闻学小辞典》，作者不详，襄阳报社出版社，1976年3月；《新闻学小辞典》，新闻学小辞典小组编，人民出版社，1976年3月；《新闻学小辞典》，复旦大学新闻系编，出版社不详，1976年5月；《新闻学小辞典（初稿）》，新闻系编，内蒙古日报出版，1976年；《新闻学小辞典》，作者不详，湖北日报社出版，1983年7月；《新闻学小辞典》，湖北青年杂志社编，湖北青年杂志社出版，出版时间不详；《新闻学小辞典》，辽宁青年杂志社编，辽宁青年杂志社出版，出版时间不详。以上各种无一不是带有浓烈“文革”风格的培训手册。

② 朱传誉：《报人、报史、报学》，台湾商务印书馆，1980。

③ 彭家发：《基础新闻学》，三民书局，1992；彭家发：《新闻学勾沉》，亚太出版社，2000。

④ 〔日〕斋藤毅：《新闻名辞考》，《参考书志研究》第6期，1972。

⑤ 陈国明：《“跨文化传播”术语和学科的生成发展》，《学术研究》2010年第11期；陈国明：《跨文化传播学关键术语解读》，中国社会科学出版社，2010。

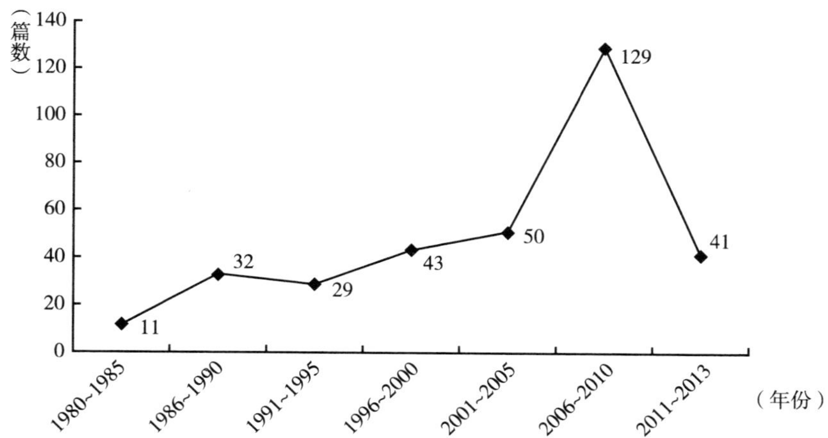

学、媒介生态、媒介素养、自媒体、全媒体、公民新闻、公共新闻、新闻策划等当代关键词也有不少研究，但本文是以近代（1815～1949）新闻传播关键词为对象的，到目前为止，相关文献大概有370篇（见下表）。

关键词	篇数	关键词	篇数	关键词	篇数
新闻	40	清议	4	消息	2
信息	19	事实	4	新闻传播	2
宣传	17	文人论政	4	新闻漫画	2
新闻真实	16	言论自由	4	新闻文学	2
新闻价值	14	有闻必录	4	官报	2
耳目喉舌	13	舆情	4	报学	1
舆论	13	版本	3	出版学	1
新闻学	12	报纸	3	电报	1
舆论监督	12	采访	3	公报	1
出版	12	出版自由	3	报道	1
编辑	11	副刊	3	报章	1
杂志	11	号外	3	连续出版物	1

续表

关键词	篇数	关键词	篇数	关键词	篇数
新闻自由	11	全党办报	3	特约评论员	1
传播	9	印刷	3	通信	1
媒介	9	版权	2	晚报	1
政治家办报	8	报	2	无冕之王	1
记者	7	朝报	2	新报	1
第四等级	7	传媒	2	新闻根据	1
期刊	6	第四权力	2	新闻检察官	1
客观性	6	对外传播	2	新闻评论	1
媒体	5	画报	2	新闻业	1
发行	4	黄色新闻	2	新闻由头	1
邸报	4	京报	2	印行	1
访员	4	客观主义	2		
广告	4	通讯	2		

目前，学术界采用话语分析、抽样研究和文化语义学和观念史等多种方法来研究“关键词”。

话语分析是一门从语言学、文学理论、心理学等人文科学和社会科学中发展起来的新的交叉学科。话语分析一般划分为文本分析和语境分析两个层次，多用于跨文化传播中的中外新闻报道比较研究。但事实证明，这也不失为研究关键词的一种好方法。如郭镇之以六十年《人民日报》（1948～2008）为样本，统计了“人民”、“阶级”、“公众”、“工人”、“农民”等相关词语的使用频率，发现了可以反映社会变迁轨迹的一些话语走势。邓绍根采用定性和定量方法，考证了《人民日报》60多年以来“报纸批评”、“舆论监督”和“新闻媒体监督”三个词语的起承转合，并在此基础上剖析了中国舆论监督的实践活动和理论建树。

孙旭培和殷莉等学者以清末民初《大公报》为样本的研究，

揭示了当时新闻自由观念的表现形式及其实际水平；文春英和李世琳的《“广告”一词在近代中国的流变》主要以六十年《申报》（1861～1920）为样本，反映“广告”概念的变迁曲线，研究发现，1862～1864 年，为“告白”、“启”、“声明”等多词混用期；1865～1900 年，为“告白”主导期；1901～1905 年，为“广告”、“告白”并用时期；1906 之后为“广告”主导期。[①] 张忠民、阳欣哲和张国良等学者以文献计量法考究了“媒介”、“媒体”和“传媒”三个关键词 2008 年度在四种核心期刊上的使用情况。

文化语义学旨在考察术语或概念在古今对接、中外转换中所产生的各种纷繁复杂的现象及其所包含的历史文化内涵。通过追溯汉语新名词的源流，寻找其生成机制，揭示其不同时期的历史文化特征。[②] 而观念史方法则往往通过关键词意义增减、形态变化和使用频率的盛衰来研究诸种观念的出现及其意义演变过程，金观涛、刘青峰合著的《观念史研究——中国现代重要政治术语的形成》即是观念史研究的代表性成果。

从研究路径来看，已有研究虽然有交叉之处，但仍有不同的侧重点，大致可以分为以下几种：

1. 学科术语规范化的路径

1998 年，中国人民大学新闻学院童兵教授在回应“新闻无学论”时，也呼吁要重视新闻学词语的正名。[③] 这种“正名”既包括对“新闻”、“舆论”、“舆论监督”等旧有词语定义的辨析，如陈力丹对“新闻”、“喉舌”、“新闻业”、“舆论监督”、“第四权力”

---

① 文春英、李世琳：《“广告”一词在近代中国的流变》，《当代传播》2011 年第 3 期。

② 冯天瑜、余来明：《历史文化语义学的现状和未来》，《社会科学报》2007 年 8 月 16 日。

③ 童兵：《从界定每一个新闻学术语做起——兼论改造新闻学研究的学风》，《新闻界》1998 年第 3 期。

的考察，张允若在外国新闻史的研究中对“新闻”、“新闻自由”等新的理解；也包括对译名正确的探讨，如宋昭勋的《传播学理论译介中 Communication 一词的误译、误解及误用》，郜书锴的《新闻自由还是出版自由，这是个问题——兼论 Freedom of the Press 的翻译问题》。

此外，学者们还热衷于通过词语比较的方法来规范学术用语，已有研究多集中于以下几组词语中。

媒体、媒介、传媒。杨鹏的《厘清“媒介”概念规范学术用语——兼及“媒体”“新闻媒介”等概念的辨析》从词源角度理解了“媒介”，从信息传播角度定义了“传播媒介”，再介绍了狭义的“大众传播媒介”，然后从“媒介”转到“媒体”——对“媒体”、“新闻媒介”、“传媒”、“大众传媒”等相关概念进行了区分。李玮、谢娟的《“媒介”、“媒体”及其延伸概念的辨析与规范》从词源学、大众传播学和英汉互译三个视角区分了“媒介”和“媒体”，然后又辨析了“多媒体”、“全媒体”、“跨媒体/媒介”等新兴词语。张忠民、阳欣哲和张国良采用文献计量法，以 2008 年《新闻记者》、《新闻大学》、《现代传播》和《新闻与传播研究》涉及“媒介”、“媒体”、“传媒”三词的文章为样本，从出现频次、作者情况和期刊性质等角度探究使用情况，通过“限定词在前”、“限定词在后”和“三词混用”三方面分析其延伸意义，最终得出“媒介 < 媒体 < 传媒”的结论。[①]

传播、传媒。郭潇雅的《传媒与传播之辨》指出了目前对“Communication”和“Media”翻译的混乱，并从语言和理论两个

① 张忠民、阳欣哲、张国良：《新闻传播学领域对“媒介”、“媒体”、“传媒”三词使用现状分析——以文献计量方法对四种专业核心期刊的研究》，《新闻记者》2010 年第 12 期。

层面区分了“传媒”和“传播”，得出了“传播是基础，传播包含了媒介，而媒介又对传播造成反作用”的结论。

宣传、传播、新闻。赵心树和林之达都对“宣传”、“传播”和“新闻”三词概念进行了辨析，但方法不同。赵心树从语源、语义的角度，先厘清了“宣”、“传”、“新”、“闻”、“传”、“播”六字字义及它们的规律，再考辨了“宣传”、“传播”和“新闻”三词。[①] 而林之达先从传播的基元出发解释“传播”，再把“宣传”、“新闻”作为“传播”属概念中两个相互交叉的种概念进行考察，最后揭示出三者的异同。[②] 段京肃的《“宣传”不等于“传播”》从“宣传”的西方词源入手探讨了“宣传”的特性，与一般意义的“传播”相区别。

报纸、杂志、期刊。陈江的《“报”与“刊”的分离及杂志的定义——中国近现代期刊史札记之一》梳理了“报纸”与“杂志”两词从混用到独立使用的情况，并着重于对“杂志”定义演变的考证。林穗芳的《“杂志”和“期刊”的词源和概念》详细地介绍了二词的概念在古今中外的演变，而二者的区别在大量的史实中不言自明。龚维忠在考证了“杂志”和“期刊”的由来后，偏重于从现代期刊的定义及规范名称的意义的角度去考察“杂志”和“期刊”的区别。[③]

新闻自由、言论自由、出版自由。董丹从历史渊源、主体和含义三方面辨析了“新闻自由”和“言论自由”[④]，而部书锴从“Freedom of the Press”的翻译问题区分了“新闻自由”和“出版

---

① 赵心树：《从语源、语义论“宣传”、“传播”和“新闻”的异同》，《新闻与传播研究》1995 年第 1 期。

② 林之达：《宣传、新闻、传播三概念辨析》，《当代传播》2007 年第 5 期。

③ 龚维忠：《杂志与期刊概念辨析》，《湘潭大学学报（哲学社会科学版）》2004 年第 6 期。

④ 董丹：《言论自由和新闻自由概念辨析》，《青年记者》2010 年第 12 期。

自由"[①]。

新闻根据、新闻由头。尹德刚的《"新闻根据"与"新闻由头"辨析》先从词源角度考察了"根据"和"由头"，然后从新闻采访和写作的角度分别理解二词的含义。

此外，版权与著作权，舆论与舆情，舆论监督与媒体监督等词语的辨析也是学界研究的热点。

2. 文化语义学的路径

早在20世纪80年代，就已有学者用文化语义学的方法考察"出版"、"发行"、"喉舌"、"新闻漫画"等词语。其中宁树藩和姚福申的研究成果较为显著。宁树藩的《"有闻必录"考》在确定了"有闻必录"观念（同时也是一种新闻写作体例）出现的最早时间后，厘清了此用语的古今转换和中外对接，分析了其包含的三层含义，从而完成了对该概念的名实辩证。姚福申的《中国古代官报名实考》和《中国古代官报名实考（续）》详细地考证了"朝报"、"进奏院状"、"邸报"、"京报"这四种封建官报的名称的最早时间、用法及含义的演变。

近几年，采用这一研究路径的学者人数大概有十多位，主要学者及其研究成果有：邓绍根关于"记者"、"采访"、"新闻"、"新闻学"、"舆论监督"、"特约评论员"的关键词研究；周光明关于"新闻"、"杂志"、"采访"、"报学"、"新闻学"、"黄色新闻"的关键词研究；焦中栋关于"采访"、"朝报"、"编辑"、"出版"、"新闻"、"邸报"的关键词研究；孔正毅关于"京报"、"邸报"、"新闻"、"消息"的关键词研究；李开军关于"记者"、"无冕之王"的关键词研究。

---

① 部书锴：《新闻自由还是出版自由，这是个问题——兼论 Freedom of the Press 的翻译问题》，《大理学院学报》2007年第1期。

就实际成果而言，学界似乎较偏好使用文化语义学这一路径来研究关键词。以“新闻”一词的研究为例，在40篇文献中采用该方法的就将近一半。在20世纪末，学者们着重考察“新闻”的词源及最早用例，如赵心树、笪开源、史文贵等人①；对“新闻”在文献中的使用也很重视，如姚福申对唐代孙处玄使用“新闻”进行了考辨②，陈力丹考察了“新闻”在马克思、恩格斯著作中的使用及含义③，余琦则偏重于考证“新闻”在军事传播中的使用④。到了21世纪，除了厘清“新闻”一词含义的嬗变，它折射的文化观念和社会意义等也成了研究重点。如孔正毅认为“新闻”一词含义的流变与古代新闻观念的嬗变和新闻意识的觉醒密切相关⑤；王樊逸在“新闻”观念的史前史再考察基础上，指出中国传统社会的“新闻”尚未承载传播的观念和功能⑥。

3. 新闻思想史研究的路径

新闻思想史研究是很传统的一种路径，因为中国大陆既有的新闻理论体系可以说差不多就等于马克思主义新闻思想史。著名学者童兵、郑保卫、陈力丹等人都谈到过当年他们学习新闻理论时翻阅马、恩全集做卡片的经历。20世纪90年代以后，新闻思想史的研究开始从西方传播思潮与本土文化传统中寻找

---

① 赵心树：《从语源、语义论“宣传”、“传播”和“新闻”的异同》，《新闻与传播研究》1995年第1期；笪开源：《“新闻”词源重考》，《新闻知识》1998年第5期；史文贵：《“新闻”一词始于何时?》，《新闻爱好者》1999年第9期。

② 姚福申：《唐代孙处玄使用“新闻”一语的考辨》，《新闻大学》1989年第1期。

③ 陈力丹：《马克思、恩格斯著作中的新闻概念》，《现代传播》1991年第2期。

④ 余琦：《“新闻”词源及军事新闻传播始用“新闻”考》，《南京政治学院学报》1999年第2期。

⑤ 孔正毅：《“新闻”一词的出现及内涵的演变》，《国际新闻界》2009年第9期。

⑥ 王樊逸：《“新”旧之分　耳学之“闻”——中国古代“新闻”观的语义学再考》，《国际新闻界》2010年第2期。

灵感，出现了一批很有影响力的学术成果，主要集中在以下几方面。

媒介理念：以“政治家办报”、“文人论政”、“全党办报”为关键词。对“政治家办报”研究得较多，芮必峰在特定的“历史”语境中分析了毛泽东的“政治家办报”的核心内容，并叙述了该观念不断被赋予的新意[①]；吴廷俊更强调“政治家办报”在新闻实践中的内涵——“为（替）政治家办报”的故意省略[②]。李新颖叙述了“文人论政”的萌芽、发展、衰退和复兴过程，并指出了局限性[③]；朱至刚的《试论“文人论政”的流变——以报人的自我期许为中心》梳理了“以‘完整良好’自命”、“以‘纯粹公民’为理由”、“是且仅是‘我们的态度’”三代“文人论政”的嬗变，以此考察了近代报刊理念的流变及成因。黄旦从手工作坊的简陋形式中看到了组织传播的力量，对“全党办报”有较为新颖的理解[④]。

媒介角色：以“耳目喉舌”、“第四权力”、“第四种族（等级）”为关键词。吴廷俊的《对“耳目喉舌”论历史的回顾与反思》分析了“耳目喉舌”的提出及其社会背景，并从理论上对该观念进行了三重反思；黄旦以“耳目”（以新闻为本位）“喉舌”（以宣传）为切入点，探究了戊戌变法、辛亥革命、五四运动、20世纪40年代前后、1956年前后等不同阶段我国新闻思想的主要倾向及成因，他还特别考察了戊戌变法前后以“耳目喉舌”观念主

① 芮必峰：《“政治家办报”的历史解读》，《新闻与写作》2009年第2期。

② 吴廷俊：《“政治家办报”——研究二十世纪五六十年代中国新闻史的一个关键词》，《国际新闻界》2010年第3期。

③ 李新颖：《解读中国近代报刊的“文人论政”》，硕士学位论文，黑龙江大学，2008；李新颖：《中国近代报刊“文人论政”的嬗变过程》，《学术交流》2008年第5期。

④ 黄旦：《组织办报与“手工业”工作方式——“全党办报”的历史学诠释》，《新闻大学》2004年第3期。

导的办报实践对政治格局的影响[①]。张妤玟对“第四等级”的研究共有四篇文献，考察了该观念的出现及在英国的新闻实践特点[②]。

新闻采写：以“客观性”、“客观主义”、“事实”、“新闻价值”、“新闻真实”、“有闻必录”为关键词。王宗华、肖芳和赵步云分别探析了“新闻客观性”在美国和中国的发展脉络[③]；而董天策和陈映的《新闻客观性：语境、进路与未来》则将“新闻客观性”放置于特定的“社会史”中进行全景式的回顾和梳理。李秀云在《客观主义报道思想在中国的兴衰》中按照时间顺序，剖析了客观主义报道思想在中国的传入、流行及淡出过程；而在《事实与意见：新闻报道思想历史演进的内在逻辑》中又在“事实”与“意见”相分离和用“事实”表达“意见”等关系的演进中管窥我国新闻报道思想的内在逻辑。钱婕全面地总结了“新闻价值”的“素质说”、“标准说”、“效果说”、“关系说”、“系统说”等各种定义，在此基础上考察了我国新闻价值观念的流变[④]。阳海洪考察了“新闻真实观”在我国经历了“有闻必录”、“客观主义”、“存大信、失小信”、“本质真实”的演变[⑤]，而姚福申的《解读古代新闻的真实性观念——兼论新闻真实性观念的演进》则更重视

---

① 黄旦：《“耳目”与“喉舌”的历史性变化：中国百年新闻思想主潮论》，《新闻记者》1998 年第 10 期；黄旦：《耳目喉舌：旧知识与新交往——基于戊戌变法前后报刊的考察》，《学术月刊》2012 年第 11 期。

② 张妤玟：《“第四等级”报刊观念的政治学说基础以洛克、边沁与詹姆斯·密尔为例》，《新闻大学》2009 年第 3 期；张妤玟：《第四等级：一个关于英国报刊观念的历史》，硕士学位论文，复旦大学，2010；张妤玟：《谁提出第四等级的报刊观念？——从埃德蒙·伯克到托马斯·卡莱尔》，《国际新闻界》2010 年第 5 期；张妤玟：《第四等级报刊观念：基于历史文本的解读》，《国际新闻界》2012 年第 2 期。

③ 王宗华、肖芳：《美国“新闻客观性”概念内涵的历史性解读》，《编辑之友》2011 年第 3 期；赵步云：《新闻客观性在中国的历史发展脉络探析》，硕士学位论文，兰州大学，2008。

④ 钱婕：《从新闻价值定义的发展看新闻价值观的演变》，《新闻传播》2003 年第 7 期。

⑤ 阳海洪：《新闻真实观的演变脉络探微》，《当代传播》2009 年第 5 期。

评价古代新闻真实观念演进背后的意义。

新闻自由：以“新闻自由”、“出版自由”、“言论自由”为关键词。孙旭培认为“新闻自由”的演变主要遵循着民主主义和精英主义两种路径，他重点考察了精英主义新闻观念的演变，并考辨了与“新闻自由”相关的三对范畴①。路鹏程的《晚清言论自由思想的肇始与演变（1833～1911）》按照时间顺序梳理了“言论自由”在中国各个时期的主要特征及内涵、代表人物，并对晚清八十年言论自由思想进行了反思。

报刊舆论：以“舆论”、“舆论监督”为关键词。黄旦从“报纸批评”和“舆论监督”，孙江波、纪殿禄从“舆论监督”和“媒体监督”，邓绍根从“报纸批评”、“舆论监督”和“新闻舆论监督”的变迁中管窥我国新闻舆论监督种种面相。②

新闻编辑：以“编辑”为关键词。李秀云的《中国报纸编辑理念的历史变迁》按照时间顺序，梳理了我国报纸编辑理念从“综合编辑”到“精益编辑”再到“大众化编辑”的演变。

4. 新闻学术史研究的路径

近年来，学者们开始关注我国近代新闻学的建立和发展，如李秀云的《中国新闻学术史（1834～1949）》一书，而以关键词为切入点的单篇论文也有不少显著成果。

李秀云叙述了早期国人通过翻译新闻学著作和著书立说两种形式将日本“实益主义”新闻观引介到中国，成为中国新闻学的重

---

① 孙旭培：《从精英主义新闻观念到无产阶级新闻自由》，《新闻与传播评论》2008年第12期。

② 黄旦：《身份与角色的两难：中国的“报刊批评”和“舆论监督”》，见郑保卫《新闻学论集》（第20辑），经济日报出版社，2008；孙江波、纪殿禄：《从“舆论监督”到“媒体监督”》，《青年记者》2008年第25期；孙江波、纪殿禄：《用“媒体监督”代替“舆论监督”——基于四种语境下的舆论监督分析》，《中国浦东干部学院学报》2009年第1期；邓绍根、温旭红：《“舆论监督”小史》，《中华新闻报》2004年10月8日。

要理论来源，也推动了中国新闻和言论的分离及新闻事业的职业化进程。[①]

邓绍根和周光明都在考证“新闻学”一词源流的基础之上探究了我国新闻学科的引入和发展[②]；而芮必峰和赵心树则详细地剖析了“新闻学”、“传播学”、“新闻传播学”的含义，试图为该学科及子学科的正名、使命和构成迈出建设性的一步[③]。

5. 新闻文化研究的路径

20 世纪 80 年代中后期，在西方“媒介文化”研究的基础上，中国学者提出了“新闻文化”的概念，强调新闻活动是一种文化现象，新闻研究是一种文化研究。[④] 实际上，此项研究可以追溯至 20 世纪 30 年代初，第一代著名学者黄天鹏提出了“新闻文学”的概念。[⑤] 最近 20 年来，刘智与方延明这两位学者多有建树。刘智的《新闻文化论》（云南人民出版社，1989 年）是中国大陆最早系统论述新闻文化的专著；方延明则著有《新闻文化导论》和《新闻文化外延论》。

最近十年来，一些相关研究更加深入。秦志希认为，新闻传播学关键词是学科理论体系建设中的“筋骨”、“脉络”，应将新闻传播学放入社会转型过程中进行考察，他发现大陆一元化的新闻话语体系开始瓦解，进而转变为一种二元对应关系，比如由“党性”

---

① 李秀云：《日本实益主义新闻观的引介及其历史贡献》，《齐齐哈尔大学学报（哲学社会科学版）》2008 年第 6 期。

② 邓绍根：《从“新闻学”一词的源流演变看中国新闻学学科的兴起和发展》，见郑保卫《新时期中国新闻学学科建设 30 年》，经济日报出版社，2008；周光明：《“新闻学”的引入与新闻学的创立》，《湖北大学学报（哲学社会科学版）》2009 年第 5 期。

③ 芮必峰：《新闻学·传播学·新闻传播学》，《安徽大学学报》1988 年第 1 期；赵心树：《新闻学与传播学的命名、使命及构成——与李希光、潘忠党商榷》，《清华大学学报（哲学社会科学版）》2007 年第 5 期。

④ 郑自军：《近 15 年来新闻文化研究回顾》，《新闻界》2004 年第 3 期。

⑤ 黄天鹏：《新闻文学概论》，光华书局，1930。

转变为“党性—人民性”。稍晚以后，他又对“大众”、“产业化”、“公共性”等概念作了一番阐释，在一般新闻文化研究之上，增添了一些传播政治经济学的批判成分。[①]

在众多关键词中，对“新闻真实”研究大多都采用了新闻文化研究路径。学者们以“新闻真实”的“元概念”为基础，对“新闻真实”的相关衍生概念进行了再界定和辨析，如郑保卫的《对新闻真实理论中两组概念的解读》，杨保军的《试论具体真实与整体真实的含义》，秦志希和涂艳的《对新闻真实及“宏观真实论”思维的反思》，何光的《新闻真实论——新闻“本质真实论”再质疑》，赵太常的《新闻的“基本真实”与“法律真实”》等。

应该说，以上的研究工作取得了不小的成绩，但其中水平却参差不齐，良莠互现。虽然一些学者具有较高的研究兴趣，也不乏学科术语研究的自觉，但缺乏必要的学术分工。若比较人文学科的文史哲和法学、政治学、社会学等社会科学，新闻传播学在这方面的研究还相对滞后。

新闻传播关键词研究总体而言尚在起步阶段，若仅就新闻传播学科术语建设而言，应从源头做起，从近代做起。随着最早一批近代传播媒介的登陆，一些术语或准术语就诞生了。值得说明的是，这些所谓的“行话”并非全为崭新的舶来品，如“新闻”、“有闻必录”等，它们无不携带着传统文化的丰富意味。在未来搜集术语标本的工作中，我们当然没有通过语言学来解决思想史问题的企图，但经过努力初步建立起一个行业或学科术语谱系的目标，则是可以期待的。

---

① 秦志希：《文化视野中的媒介演变》，《浙江大学学报（人文社会科学版）》2002 年第 2 期；秦志希：《由新闻学关键词看新时期新闻理论的变迁》，《新闻与传播研究》2001 年第 3 期；秦志希：《新闻学关键词的兑演及文化内含》，《武汉大学学报（人文科学版）》2001 年第 3 期。

主要参考文献

冯天瑜：《新语探源——中西文化互动与近代汉字术语生成》，中华书局，2004。

单波：《20世纪中国新闻学与传播学·应用新闻学卷》，复旦大学出版社，2001。

黄旦：《传者图像：新闻专业主义的建构与消解》，复旦大学出版社，2005。

金观涛、刘青峰：《观念史研究——中国现代重要政治术语的形成》，法律出版社，2011。

〔德〕郎宓榭、阿梅龙、顾有信编《新词语新概念：西学译介与晚清汉语词汇之变迁》，赵兴胜译，山东画报出版社，2012。

李秀云：《中国现代新闻思想史》，中国社会科学出版社，2007。

童兵、林涵：《20世纪中国新闻学与传播学·理论新闻学卷》，复旦大学出版社，2001。

徐培汀、裘正义：《中国新闻传播学说史》，重庆出版社，1994。

附录二　中日近代新闻交流大事记

（19 世纪 50 年代 ~20 世纪 40 年代）

1. 1853 ~1854 年，《澳门月报》（即 *Chinese Repository*，一般多译为《中国丛报》，日译为《支那丛报》）被翻刻介绍到日本。鹿儿岛藩士乡田仲兵卫、川上式部从外国军舰上获得两册香港英华书院编的中文月刊《遐迩贯珍》，并将月刊杂志与有关太平军的情报一起送往幕府。

2. 《遐迩贯珍》（1853 年）创刊没多久，该刊即传入日本，但“只以抄本的形式在不大的范围流传”。因国外图书的自由流入是在 1859 年以后（但翻译、翻刻仍需得到幕府的批准），此时《遐迩贯珍》已经停刊。

3. 《六合丛谈》也是创刊不久即传入日本的，1857 年正月的《六合丛谈》第 1 号在当年六月即被译为日文。

4. 日本文久年间（1861 ~1863 年），出版《官板中外新报》、《官板六合丛谈》、《官板香港新闻》、《官板中外杂志》等，“官板”即是幕府删定本之意。

5. 1862 年，高杉晋作与中牟田仓之助在上海访问英国人主持的“新闻纸屋”（报馆），并购得《上海新报》以归。

6. 日本近代新闻界先驱柳河春三在《横滨繁昌记》（1861 年）一书中的“舶来书籍”一节，专门介绍国外图书流入的情况，其中有“新闻纪事之属。则遐迩贯珍。六合丛谈。中外新报。上海新闻等”。

7. 小野秀雄把上述各种“官板翻刻报纸”与《官板巴达维亚新闻》，称之为“我邦报纸之祖”。

8. 1874 年，《万国公报》报道日本近代报刊的出版情况。

9. 1876 年，旅日华侨在日本创办《华字新报》，是华人在日最早的办报活动。一说最早为《东亚报》（1898 年 6 月创办）。

10. 1876 年，日本人创办的 *Fast East*（中译名《远东》），1870 年 5 月创刊，到 1875 年 10 月停刊后，由日本迁至上海复刊，续办至 1877 年 6 月。

11. 1877 年，《申报》也较早地报道了日本的新闻出版情况，提到《万国闺阁新闻纸》，说它是女子报，“以新式衣饰为一大宗”。

12. 1878 年王韬的《普法战纪》被陆军文库加以翻刻，也成为最后一本在日本翻刻的汉译西书。

13. 1879 年，主持《循环日报》的王韬（1828 – 1897）应邀访问日本。访问始于当年 4 月 29 日，止于同年 8 月 31 日，历时四月有余。访日期间，王韬与栗本锄云、小西义敬等日本新闻界人士有密切交往，在报知新闻社寄住了将近三个月。其后，王韬将其访日日记稍加整理，汇集成《扶桑游记》一书，由栗本锄云（1822 – 1897）在东京“报知社”付印，凡三卷。

14. 1882 年 7 月，由冈正康、江南哲夫等创办的日文期刊《上海商业杂报》，为日人在华创办的第一种报刊，1883 年 10 月停刊。“上海日本商人新出报章一本，共 28 页，其中虽以贸易为主，然亦兼论国事及别种要情，嗣后按月一出。上海日商不多而竟能设报，殊属难得。”

15. 黄遵宪（1848 – 1905）随何如璋出使日本期间（1877 ~ 1882 年），广泛搜集资料，写作《日本国志》一书（1887 年完成），其中有对明治初中期日本新闻业的考察。一般认为，“新闻记者”一词即系黄氏最先引入中国。

16. 1890年6月，日文《上海新报》在上海创办，是日人在华出版的最早一份日文报纸，松野平三郎主编，修文书馆发行，不到一年即停刊。

17. 1894年1月，《佛门日报》在上海创办，佐野则吾主编，日本东本愿寺别院主办，“以济度支那人为目的”。该报为日本在华创办的第一份中文报纸。

18. 1896年2月，汉口《汉报》（即《字林汉报》）易手，由宗方小太郎（1864－1923）接办，成为日本在华的第一家舆论机关。

19. 1896年6月，《苏报》在上海创办，胡璋（铁梅）主办，由胡的日籍妻子生驹悦出名在日本驻沪领事馆注册，以日商报纸面目出现。胡璋时期的《苏报》与日方关系密切，有日本外务省机关报之称。

20. 1896年8月，由黄遵宪、吴德潇、邹凌翰、汪康年、梁启超五人发起创办《时务报》，聘古城贞吉为东文编译。（古城贞吉，号坦堂，熊本县士族古城贞的三男，在故乡熊本县与狩野直喜、野田宽、宇野哲人等被称为汉学界的权威。）日籍人士参与中国报刊的编务工作，似自古城贞吉始，稍后有《知新报》的山本正义。更早也许可以追溯至19世纪30年代一日籍船员参与《中国丛报》的印刷事务。

21. 1897年12月底至1898年1月中旬，汪康年、曾广铨一行访问东瀛，考察日本新闻业，并商谈中日报刊互换互销事宜。在日期间，汪康年还特别参观了大阪朝日新闻社，《大阪朝日新闻》专门刊登介绍《时务报》的《上海时务报》一文，向日本读者郑重推介了《时务报》。《大阪每日新闻》亦对汪、曾两人进行了跟踪报道。

22. 1898 年 3 月，天津《国闻报》刊登广告，宣布该报转让给日本人西村博。

23. 1898 年 5 月，《台湾日日新报》在台北创刊，该报由《台湾新报》和《台湾日报》合并而成，受日本驻台总督府节制，中日文合刊。

24. 1898 年 6 月，《亚东时报》在上海创办，日本乙未会主办，该报以中日携手相标榜，中日双方轮流主编，创刊号有汪康年所写的《亚东时报叙》。

25. 1898 年《东亚报》（亚东报）（Eastern Asia News）在日本神户创刊，为康梁系的机关刊物，有不少日籍人士参与，以“救中国”、“兴东亚”为宗旨，有人称此报为在日本出版的最早的中文报纸。同年 10 月出至第 11 期停办。

26. 1898 年 9 月，戊戌政变爆发，章太炎（1869－1936）避走台湾，任《台湾日日新报》记者（一说“社友”）。该报明治三十一年（1898）12 月 7 日有《社员添聘》：“此次本社添聘浙江文士章炳麟，号枚淑，经于一昨日从上海买棹安抵台湾，现已入社整理寓庐矣。”在与汪康年的通信中，章希望《昌言报》能与“台报互换”。后因撰文抨击台湾总督府的日本官僚“擅作威福，压制人民”，而遭到社长守屋善兵卫斥责，愤然离台赴日。

27. 1898 年 12 月，《清议报》在日本横滨创刊，发行编辑人署名“英国人冯镜如”，印刷人署名“日本人铃本鹤太郎”，实际上主持编务的是梁启超，宗旨中有“交通支那、日本两国之声气，联其情谊”。之后，中日两国政府曾为约束《清议报》在华发行大起交涉。

28. 自 1898 年起，上海印刷业开始采用日本仿制的欧式轮转印刷机，还陆续聘请日本印刷业技师来华工作，如 1904 年，文明书局雇佣日本技师。1905 年，商务印书馆聘请日本技师。报刊的编辑工作在日本的影响下，也进行了重大改革并得到改进。仿效当时日本报刊编辑工作中的方式，采用大字、多行、加框、配评论等多种编排手段。此外，洋装本也在20世纪之初由日本传入，并逐渐流行开来。

29. 1901年10月，《顺天时报》（初创时名《燕京时报》）在北京创刊，日人中岛真雄主办，受日本财阀及外务省支持，为日人在华的重要舆论机关。1930年3月，出版至9284号后停刊。稍早之前，日本曾在八国联军攻占北京后抢先在北京内城甘雨胡同办了一个《北京公报》，为日人在京城所办的第一份报刊，但因京报房拒绝为其发行，旋即停刊。

30. 1903年7月，《天津日日新闻》（由日人西村博于1901年3月创办）的记者沈荩（1872－1903），因将探得之《中俄密约》披露于天津英文报纸《新闻西报》，引发“沈荩案”，其时正值沈荩以自立军头目而遭缉捕之中。

31. 1903年，商务印书馆出版松本君平《新闻学》中译本，该译本为中国留日学生多人仓促编译而成。此书为中国第一本比较全面的新闻学译著。此前或同时的译著还有《泰西新报源流表》与《报章源流》。

32. 1905年4～6月，天津《大公报》总理英华（字敛之，1867－1926）在日驻华外交官的安排下，赴日访问。两个月后回国，由此该报言论逐渐转为亲日。

33. 林白水（原名林獬，1874－1926），曾于1903年、1905年、1907年三次渡日，并于1905年7月底第二次东渡日本时，进入东京早稻田大学主修法政，兼修新闻，有人说他是“中国留学外国学新闻学的第一人”。

34. 1906年1月，宋教仁（1882－1913）赴东京新智分社会晤该社社长宫崎德太郎，联系委托该社上海分社代销《民报》事宜，以“《民报》内容太激烈”，双方未能达成协议。

35. 1906 年 3 月，中日合资的《北方日报》在天津创刊，主编李大义。该报由《繁华报》与《白话报》合并而成。

36. 1906 年 6 月，英敛之（时任大公报馆社长）联合天津三家日报社（足立传一郎的《北洋日报》、木村笃的《北支那每日新闻报》、方若与津村宣光的《天津日日新闻》）倡议设立“报馆俱乐部”，以便天津报界同行“研究报务交换知识”，共叙“中东两邦”兄弟之谊。同年 7 月 1 日，在天津日租界第一次集会，宣布俱乐部正式成立。7 月 29 日，英敛之发表《报馆俱乐部第二次开会小启》，就“驻京某西人谓我辈此举为意在排外，因聚集者只有中日两国，无西洋也”等指责，作出回应。

37. 1908 年 3 月，清政府宪政编查馆参考日本新闻条例，审定并公布《大清报律》。

38. 1909 年 4 月，日本《大和新闻》《东京每日新闻》《国民新闻》《东京朝日新闻》《京都新闻》等多家新闻机构组团来华游历考察。5 月抵达沈阳，《盛京时报》与国人自办的《东三省日报》设宴欢迎。

39. 1910 年 1 月，《北京日报》主笔朱淇发起中日记者联合会。

40. 1910 年 3 月，《盛京时报》与《东三省日报》联合发起赴日观光团，考察日本报业及社会情形，引起强烈反映，被称赞为组织观光团出国游历之滥觞。

41. 1910 年 6 月，日本东京大阪各报游历记者团往观南洋劝业会过沪，两国报界记者在赵家花园会晤，上海日报社长井手三郎致《中日报界大会祝辞》。

42. 1911 年 4 月，就北京《公论实报》在有关日本公使伊集院来华活动的报道中，使用“倭奴”二字，中日双方又起交涉，《公论实报》据理力争。

43. 1912 年 10 月，中华民国总统府秘书长梁士诒召开中日记者招待会，日本记者亀井陆郎、奈良一雄、神田正雄、井上孝之助、内藤顺太郎、石桥贞男等，中国记者黄为基（黄远生）、朱淇、丁佛言、蓝公武等应邀出席，另有汪荣宝、林少泉（林白水）等多个政要与会。

44. 1912 年 11 月，中华民国参议院议员张伯烈、刘成禺在北京中华饭店召开中日记者招待会，《顺天时报》亀井陆郎在发言中指出中日两国报界存在不少误会，他说："两国亲交，新闻实为代表，而最近中国新闻之态度，实有为日本人所不愉快者。"并一一指出中国报纸报道失误之处。中国记者黄远生对此加以反驳，"新闻纸之不甚合吾人理想，则中日两国报纸皆有之"。

45. 1913 年 1 月，东三省中日记者大会在长春举行，出席大会的中日双方记者达 80 余人。1913 年 9 月在大连召开第二次大会。1914 年 10 月，在沈阳召开第三次大会。

46. 1913 年 2 月，中日记者俱乐部召开成立大会，并通过"承认中华民国决议案"。该俱乐部"传承研究时事问题，且敦睦中日邦交"，活动侧重于联络中日政要，政治色彩浓厚。1913 年 7 月，中日记者俱乐部在醉琼林开会，推举汤漪代理中国干事职务。1914 年 1 月，俱乐部又在六国饭店召开"恳亲会"。1915 年 9 月，在六国饭店再次开会，改选干事，推举评议员。

47. 1913 年 6 月，中外报界恳亲会在北京举行，到会的中、日、德、法、英等国记者共百余人，会上通过了组织中外报界联合会等议案。

48. 1914 年 4 月，袁世凯政府参照日本新闻纸条例，制定《报纸条例》共 35 条，因其过于严苛，引起报界强烈批评。

49. 1914 年 9 月，汉口日文《汉口日报》社长冈幸七郎发起"中日报界恳亲会"，以与武汉报界联谊为名，以图缓解抵制日货风潮，遭到中方冷待，应邀与会的中方人士仅 2 人。

50. 1915 年 10 月，邵飘萍（1886 - 1926）在日本留学期间，搜集海外新闻学资料，着手编著《新闻学》。当年 12 月 13 日，在上海《时事新报》头版头条上发表《论新闻学》一文，自称“篇中事实多取材于松本君平氏之《新闻学》”。《论新闻学》为国人最早的以“新闻学”为题的专科研究文章。

51. 1916 年 1 月，上海《商务报》宣布，该报将招收学生 10 名，赴日留学，专攻新闻。具体办法有四项：一、与日本新闻学会商定，由日方聘请教员每天讲授新闻学两小时；二、年赠学费 300 日元；三、学生留日期间，除必修新闻学外，还可自由选择去其他实业学校学习；四、学习留日期间，每月需给《商务报》提供 4 至 5 篇通讯稿，学成回国后，需担任该报馆新闻学教授 1 年。

52. 1917 年 11 月，日本《国民新闻》的记者德富苏峰、《时事新闻》的石河干明抵达上海，邀请上海记者前赴日本考察新闻业。此事由东方通讯社的波多博与《神州日报》的余大雄向各报馆分头接洽，并由上海日报工会发起组织。当时上海各报所派的成员有《申报》张竹平、《时事新报》冯心支、《神州日报》余大雄、《中华新报》张岳军（群）、《新申报》沈泊尘，以及《时报》包天笑和《民国日报》、《新闻报》的人员。包天笑（1876 - 1973）据此编写了《考察日本新闻记略》一书，于 1918 年 6 月由上海商务印书馆出版。

53. 1918 年 4 月，北京地区《爱国白话报》、《晨钟报》、《京津时报》、《北京日报》、《大中华日报》等 15 家报社联合组成北京报纸视察团，赴日本考察报业。

54. 任白涛（1890 ~ 1952）留学日本期间，编著《应用新闻学》一书，于 1918 年夏季完成初稿，任氏自称此书多参考杉村氏之写作体例，此处指的是《最近新闻纸学》。杉村楚人冠（本名广太郎，1872－1945），1903 年在《朝日新闻》做记者，1910 年做中央大学新闻研究科讲师，1915 年杉村将其讲义编成《最近新闻纸学》。

55. 1919 年 5 月 15 日，上海《申报》《新闻报》《民国日报》《时事新报》《时报》《神州日报》《中华新报》7 家大报宣布自即日起，拒绝刊登日商广告，响应并执行全国报界联合会之决定。此项决定的执行据说一直延续至 1933 年。

56. 1920 年 2 月，邵飘萍为张季鸾推荐受聘朝日新闻社，日方保证人寺尾享，中方保证人为殷汝耕。《正告日本国民》一文，为其第一篇《朝日新闻》稿件。

57. 1920 年，日本官方派波多博来华，将原上海日人自办的东方通讯社改组扩充，成为日本外务省在华官方通讯社，自此，该社开始向中国报刊发华文稿，实现其“在中国表示东京的意见”的使命。其后又多次改名为日本新闻联合社（1926 年）、日联社分社（1929 年）、同盟通讯社（1936 年）。

58. 1920 年 6 月，全国报界联合会受邀组成由唐宝锷、包志拯等 22 人的游日视察团，前赴日本，八田厚志随行招待。

59. 1921 年 4 月，东亚新闻记者大会（第三次远东新闻记者大会）在日本召开，北京神州通信社主任陈定远自费赴日出席会议。

60. 1921 年 4 月 5 日，全国报界联合会发表《为赴日记者进忠告》一文，对远东新闻大会提出质疑：“若专事游览风景，或可告无罪于国人。万一惑其虚伪之礼貌，入其危险之圈套……其将为众矢之的矣。”

61. 1922 年 5 月，中华报界联合会在北京召开第三届大会，参加者近 200 人（包括外宾）。其中，万国报界协会书记长史炯明发言，主张中外报界应有切实的联络，既可交换意见，又可将我国思想输出于各国。大阪朝日新闻北京特派员大西斋发言称，此次全国报界大会是中国统一的征兆，希望中国舆论界合力共谋东亚和世界的幸福。

62. 1925 年 8 月，戈公振（1890 - 1935）在《报馆剪报室之研究》一文中，介绍日本新闻观念：“日本新闻家本山氏有言：‘新闻贵新鲜，有如蔬菜鱼肉之不可陈腐，而储蓄御冬之计，亦不可不为之绸缪。’吾国报馆，有起而行之者乎？跂予望之！”

63. 1926 年 10 月，四川旅京同乡万县案委员会在北京举行中外新闻记者招待会，与会者达万余人。会上，日本记者横田氏发言表示同情中国的反英斗争，北京记者管翼贤发言呼吁：“新闻界一致援助，取消不平等条约，尤为急务！”

64. 1928 年，黄天鹏（1904 - 1982）因国民党人秘密集会之所“新书林”被警察厅查封，流亡日本，先在新闻研究所学习，后入早稻田大学研修新闻学。先后出版《新闻学入门》、《中国新闻事业》、《新闻文学概论》等十余种著作，是民国时期新闻学著述最多产的一位学者。

65. 1928 年 10 月，管翼贤（1899 - 1951）在北京创办时闻通讯社和《实报》，自任社长。他早年留学日本，与日本关系密切。抗战爆发后，任日伪华北政务委员会情报局局长，并在北平出任《华北新报》《武德报》理事长兼社长，新民会全国协议会副会长。1940 年 7 月任日伪中华新闻学院教务主任兼新闻学总论教授。1943 年 2 月代理日伪华北政务委员会政务厅情报局局长。

66. 1929 年 8 月，戈公振以“中国时报主笔”身份参加国际联盟在日内瓦召集的国际专家会议，日本方面与会者有上野精一（日本朝日新闻社总理）、上田硕三（日本电报通信社总理），会上中日新闻界代表有过交流与合作，戈公振在发言中还说：“予读去岁日本电报通信社代表提出通信社筹备委员会之建议，关乎日本与欧美两洲间之电费，希望减少至三角以下，极为注意。此端与中国系属同一情形，故予对于该代表之意见，希望本会设法使其实现。”“其议案中与中国最关紧要者，为远东交通恶劣而收费过高之问题，此案为中日所合提，由日本电报通信社经理上田氏，中国时报及国闻社记者戈公振氏联合提议。”

67. 1929 年 10 月，济南市新闻记者联合会筹备会首次开会，通过抵制日本在华报纸议案两条：一、应青岛市新闻记者联合会函请，自即日起停止供给日本的宣传工具《大青岛报》新闻材料。二、停止供给在“五卅”惨案中造谣的日人《济南日报》新闻材料，并吁请该报中国员工辞职，脱离该报。

68. 1929 年秋，袁殊（1911 – 1987）赴日，入日本东京东亚预备学校新闻系。1937 年，袁殊翻译了日本人榛村专一写的《新闻法制论》，并由上海群力书店出版。该书被认为是“中国近代最早论述新闻自由与新闻法制的专著”。

69. 1930 年 3 月，日本人主办的《顺天时报》，因受中国人民抗日民气的抵制，销数下跌，难以维持，被迫自行停刊。该报从 1901 年创刊，在华出版近 30 年。

70. 1930 年 5 月，王文萱翻译、黄天鹏校订的《新闻学概论》，由上海联合书店出版，为该书店编纂的新闻学丛书之一。原著者为日人杉村楚人冠，该书为杉村《新闻の话》（1929 年）的中译本。

71. 1930 年 8 月，俞康德翻译日本后藤武男原著《新闻纸研究》一书，由上海光华书局出版。

72. 1930 年冬，张友渔（1898 – 1992）第一次赴日时，在私立日本大学社会学系挂了个研究生的名义转攻新闻学，并给国内一些报纸写日本通讯及日本新闻事业的调查，在《实报》上连续发表了《日本新闻界有长足进展——东京日新社参观记》（1931 年 2 月 8 日至 10 日）、《东京朝日新闻社参观记》（1931 年 2 月 23 日至 25 日）、《东京第二流新闻社参观记》（1931 年 3 月 16 日至 18 日）、

《日本新闻联合社及其他》（1931 年 4 月 19 日至 20 日）等通讯，比较系统地介绍了日本当时的新闻业。1932 年，张友渔又将这些已经发表的通讯整理修改，辑成《日本新闻事业概观》。

73. 1931 年 3 月，南京国民政府外交部拒见日本联合通讯社驻南京记者，交通部亦暂停寄发该社电稿。该社记者在上海以日本记者团名义发布宣言，指责两部“压迫舆论”，要求日本政府交涉。南京方面则列举了该社的一系列不实的报道，指出采取上述措施的目的在促其改正。若仍挑拨造谣，妨碍驻在国治安，将严予取缔。

74. 1931 年 9 月，中外记者水灾筹赈会在北京举办游艺大会，大阪《每日新闻》记者松本代表日本记者团发言，并以“岸之柳”、“道成寿”两种歌舞表演。

75. 1931 年 10 月 6 日，北平新闻记者公会在中山公园招待欧美记者（日本记者未被邀），报告日本在东三省施暴恶行，有 9 个国家的记者出席。10 月 28 日，该会致电南京政府称，因抵制日本新闻纸及一切用品，请政府通令各关卡，凡属国产及欧美新闻纸运销内地，均应予以免税。

76. 1931 年，杜超彬著《最近百年中日两国新闻事业之比较观》，32 开本 1 册，由上海复旦大学新闻学会列为学会丛书出版（实则此书只有出版广告）。

77. 1932 年 1 月 12 日，青岛《国民日报》以所载日皇被刺消息，有“韩国不亡，义士行刺”等语，被当地日侨捣毁，理由是对“天皇”大不敬。14 日，南京国民政府外交部就此事向日本政府提出抗议。

78. 1932 年 4 月 15 日，国际联盟调查团在北京饭店接见平津新闻界，与会代表有胡政之、罗隆基、陈博生、萨空了等人，代表们纷纷揭露日寇自“九·一八”事变后对中国进行的新闻侵略。

79. 1932 年 7、8 月间，张友渔第二次赴日时开始用日文写作

《日本新闻发达史》一书，并于1935年第三次赴日时完成（该书原拟分上、中、下三册用中文在国内发表，因抗战爆发而中断，只出版了上册）。

80. 1933年中日订立《塘沽协定》，据说其中有一秘密条款（或系口头商定），即日方要求中国报纸重刊日商广告。

81. 1934年9月6日，日本朝日新闻社派飞机两架由东京大阪出发飞抵北平，作友好访问，并带有致中国各界书信。天津《大公报》于9月7日发表短评，欢迎善意来访，称该报对中日问题比较持和平主张。

82. 1935年3月20日，日本朝日新闻社飞机飞抵南京访问。是日早7时40分由东京起飞，于下午5时30分抵达南京明故宫飞机场。

83. 1935年5~7月，发生“新生事件”。5月5日，上海日文报纸在头条位置指责《新生》周刊“侮辱天皇”，于是一群日本浪人在日侨聚居的虹口示威游行，捣毁中国商店。日本驻沪总领事以“妨碍邦交”、“侮辱天皇”为由，向国民党上海市政府和南京政府提出抗议，蛮横要求正式“向日谢罪”、“废刊《新生》”、“处罚《新生》责任者及记事执笔者”、“保障今后不再有此类事件发生”等。6月24日，上海市公安局查封《新生》周刊社，对《新生》发行人杜重远提请公诉。因《新生》周刊《闲话皇帝》一文引起的纠纷，起始于5月4日，结束于7月9日，历时两个月零四天，史称“新生事件”。

84. 1937年3月，中国赴日记者团一行19人，由团长陈博生（1891－1957，时任中央通讯社总编辑）率领，赴日本各地及朝鲜汉城访问。

85. 从1940年到1943年，日本先后策划和操纵召开了四次“东亚操觚者大会”。1940年2月，在东京召开第一届；1941年，在广州，汪伪政权举办第二届；1941 年，新京伪满政权举办第三届；1943 年，东京举办第四届。

86. 1943 年，日本东京人文阁出版戈公振所著《中国报学史》一书的日译本，小林保翻译，改书名为《支那新闻学史》，这是中国近代新闻学著作首次被译为外文出版。

主要参考文献

方汉奇主编《中国新闻事业编年史》，福建人民出版社，2000。

〔日〕实藤惠秀著《中国人留学日本史》（增订译本），谭汝谦译，北京大学出版社，2012。

汪向荣：《中国的近代化与日本》，湖南人民出版社，1987。

王晓秋：《近代中国与日本——互动与影响》，昆仑出版社，2005。

周佳荣：《近代日人在华报业活动》，三联书店（香港）有限公司，2007。

图书在版编目（CIP）数据

近代新闻史论稿/周光明著. —北京：社会科学文献出版社，2014.10
（珞珈问道文丛）
ISBN 978-7-5097-6242-4

Ⅰ.①近… Ⅱ.①周… Ⅲ.①新闻事业史-中国-民国-文集 Ⅳ.①G219.295-53

中国版本图书馆 CIP 数据核字（2014）第 146776 号

·珞珈问道文丛·
近代新闻史论稿

著　　者 / 周光明

出 版 人 / 谢寿光
项目统筹 / 祝得彬
责任编辑 / 刘　娟　汪明慧

出　　版 / 社会科学文献出版社·全球与地区问题出版中心（010）59367004
地址：北京市北三环中路甲 29 号院华龙大厦　邮编：100029
网址：www.ssap.com.cn
发　　行 / 市场营销中心（010）59367081　59367090
读者服务中心（010）59367028
印　　装 / 三河市尚艺印装有限公司

规　　格 / 开　本：787mm×1092mm　1/16
印　张：18.5　字　数：239 千字
版　　次 / 2014 年 10 月第 1 版　2014 年 10 月第 1 次印刷
书　　号 / ISBN 978-7-5097-6242-4
定　　价 / 69.00 元